Claus Canisius

Beethoven
»Sehnsucht und Unruhe in der Musik«

Aspekte zu Leben und Werk

Mit 8 Abbildungen auf Tafeln
und 9 Abbildungen im Text

Piper München · Schott Mainz

SERIE MUSIK
PIPER · SCHOTT

ISBN 3-492-18297-6 (Piper)
ISBN 3-7957-8297-X (Schott)
Originalausgabe
Januar 1992

Umschlag: Federico Luci,
unter Verwendung eines Porträts von Ferdinand Schimon (1818/19)
Beethoven-Haus, Bonn
Foto Umschlagrückseite: Walter Neusch, Mannheim
Gesamtherstellung: Clausen & Bosse, Leck
Printed in Germany

Inhalt

Vorwort

Wer zu einem brauchbaren neuen Beethoven-Bild vordringen will, muß eine ganze Reihe von Zerrbildern, Fehl- und Vorurteilen aus dem Weg räumen.

Manche Zeitgenossen hielten Beethoven für einen Königssohn, »Nationalheros« oder, wie Richard Wagner überliefert, einen »Halbwahnsinnigen«. Der Nachwelt erschien er als Genie, das als Sohn eines Provinz-Tenors mit angeblich zu niedrigem IQ und chronisch zu hohem Alkoholspiegel aus kümmerlich kleinbürgerlichen Verhältnissen hervorging.

Im 20. Jahrhundert ist Beethoven posthum von sogenannten Psychohistorikern bedenkenlos als Psychopath bezeichnet worden, worauf Mediziner behaupteten, er habe sich seine Krankheiten als körperliche Reaktion auf neurotisches Verhalten zu einem Teil selbst zuzuschreiben.

Dieses Buch befaßt sich nicht nur mit den genannten Irrtümern, sondern versucht auch neue Wege zu Beethovens Leben und Werk. Die Aspekte liegen etwa in der Mitte zwischen Alexander Wheelock Thayers grundsätzlich die Werkbetrachtung ausklammernder Standardbiographie (1917–1923) und den an poetischer Theorie orientierten Werkexegesen von Carl Dahlhaus (1987).

Da ist zunächst die Schule, aus welcher Beethoven kam. Die frühe professionelle Karriere gründet sich in der Musiker- und Handerwerkertradition seiner Familie. Beethoven war musikalisch kein Einzelkind. Sein Lieblingsbruder Karl hatte vor seinem Wechsel von der Musik ins Bankfach komponiert und Arrangements geschrieben, was ziemlich in Vergessenheit geraten ist. Seine Werke sind keineswegs schlecht. Einige liefen bislang irrtümlich unter Ludwigs Namen.

Die Rolle des Vaters als erfolgreicher musikalischer Früherzieher seiner Söhne erscheint in diesem Zusammenhang in neuem Licht. Auch am stark verzeichneten Charakterbild dieser geschichtlich nicht unwichtigen Vaterfigur ist manches zu ergänzen und zu korrigieren. Wer weiß denn schon, daß

Johann van Beethoven im Schuldenturm zu Bonn einsitzen mußte, und zwar wegen Verfehlungen von Ludwig van Beethoven dem Älteren, bei dem wir uns übrigens nicht ganz sicher sein können, ob er der leibliche Vater Johanns und somit der wirkliche Großvater des Komponisten ist.

Die Geschichte der männlichen Vorfahren wurde hier trotz verdächtiger blinder biographischer Flecken bei Johann van Beethovens Geburt bis zur Zeit der Hexenprozesse in der Renaissance zurückverfolgt, nicht zuletzt auch aus Freude an der Genealogie, die bei einer persönlichen Begegung mit Joseph Schmidt-Görg geweckt worden war, dem unvergessenen Beethoven-Forscher von Rang.

Lückenlos ist eigentlich nur die Geschichte der Nachkommen von Beethovens Bruder Karl. Sie endet in der Zeit des Ersten Weltkriegs, als die letzten männlichen Familienmitglieder entweder Kapital aus dem Ruhm des Komponisten zu schlagen suchten oder als Träger dieses großen Namens verhöhnt wurden.

Eine andere Komponente in Beethovens beruflichem Werdegang ist in den vielfältigen Einflüssen seines klassizistischen Zeitalters zu sehen, denen er begegnete und die er suchte. Alles begann zunächst mit verpaßten Chancen: Ihm war es nicht vergönnt, zur rechten Zeit als Jugendlicher bei Mozart oder Gluck zu studieren. Viel zu lange blieb er in der Bonner Provinz hängen. Aber was er dort handwerklich versäumte, wurde durch die Anregungen seines Lehrers Christian Gottlob Neefe wettgemacht, der in der alten Universitätsstadt Leipzig das Erbe Bachs kennengelernt hatte und hier wie der junge Goethe mit dem epochalen Geist Winckelmanns in Berührung gekommen war.

In Wien suchte sich Beethoven seine Lehrer meistens selbst. Mit der notwendigen Abnabelung ließ er sich Zeit. Doch hat er sich mit der Publikation einer übermütigen Satire an seinen beiden wichtigsten väterlichen Mentoren als eben etwas verspätet emanzipierter Schüler sozusagen öffentlich gerächt.

Seiner Bereitschaft zu musikalischer Fortbildung entsprach ein lebenslanger Hunger nach Bildung. Er stürzte sich geradezu gierig auf ausgewählte zeitgenössische Literatur und Werke der Antike. Aus dieser Beschäftigung fand er zu einer der wichtigsten Quellen seiner Inspiration, namentlich für die Komposition der Neunten Sinfonie. Bei den Arbeiten zum Chor-Finale schlug sich seine Bildung in einer bislang gänzlich übersehenen Fähigkeit zu stilsicherer literarischer Bearbeitung nieder.

Eine andere Quelle für Beethovens Schöpfungen waren seine innerhalb der eigenen vier Wände gespielten Klavierimprovisationen. Von hier fand er zu den Skizzenarbeiten als der unverzichtbaren Vorstufe der meisten Werke. In seinen besten Jahren gelangte er vom Klavierspiel auch direkt zu neuen Formschöpfungen, was im Zusammenhang der verkannten Geschichte des dritten Satzes der Fünften Sinfonie gezeigt wird.

Ein weiterer Zugang zu Beethoven erschließt sich durch den Vergleich einiger Werke aus dem mittleren Schaffensabschnitt mit der bildenden Kunst seiner Zeit. Eine bestimmte Gemeinsamkeit zwischen ihnen war auch das Thema einer Diskussion in Goethes Musikzimmer in Weimar. Nach dem Anhören einer Klaviermusik von Beethoven und dem gleichzeitigen Betrachten eines Bildes von Philipp Otto Runge fiel der im Titel dieses Buches zitierte Ausspruch von »Sehnsucht und Unruhe in der Musik« (1811).

Mit dieser romantischen Formel hatten die damals in Weimar versammelten Gesprächspartner eine verdeckte Ebene der Kunst angesprochen, die sie gleichermaßen in der Musik wie in der Malerei feststellten. Musik und Malerei in dieser Epoche des Übergangs hatten, wie das Beispiel Beethovens und Runges zeigt, eine gemeinsame Konzeption, die hier erörtert werden soll.

Einen abschließenden Aspekt bilden Beethovens wiederholte Bemühungen um eine Adelszugehörigkeit. Durch die Beleuchtung zeitgeschichtlicher und biographischer Zusammenhänge kann sich eine neue Sicht bezüglich seiner Identität ergeben.

Danksagung

Beim Schreiben dieses Buches habe ich von vielen Seiten freundliche Hilfen empfangen. Anstatt die zahlreichen Namen hier aufzuführen, möchte ich wenigstens die Institutionen nennen, an denen diese Fachleute arbeiten:

Das Beethoven-Haus Bonn, die Deutsche Staatsbibliothek Berlin, das Historische Museum der Stadt Wien, das Institut für Musikwissenschaft der Universität Wien, das Germanistische Seminar der Universität Heidelberg, das Musikwissenschaftliche Seminar der Universität Heidelberg, die Universitätsbibliothek Heidelberg, die Hamburger Kunsthalle.

Mein ganz persönlicher Dank gilt Herrn Dr. med. habil. Hans Desaga, Arzt und Mäzen, in dessen »Tusculum« im Hohen Odenwald ich mich zum Arbeiten immer wieder zurückziehen durfte. Er gilt ebenso Ursula Wölfel, der Schriftstellerin, die dieses Refugium liebevoll verwaltet.

1. Die Vorfahren

Rückblick bis zu den Bauern

Die Schule eines Musikers beginnt immer im Vorschulalter. Auf dieser frühen Stufe kommt naturgemäß die Familie ins Spiel. In den Musikerfamilien lag bis zum achtzehnten Jahrhundert die musikalische Früherziehung meistens beim Vater. Beethovens Vater Johann, ein Berufsmusiker bereits in zweiter Generation, war in der Bonner Musikszene als Hofsänger und Privatlehrer tätig. Er gab denn auch seinen drei Söhnen den Anfangsunterricht. Sie wurden übrigens in ihrer Jugend »Louis, Caspar und Nicola« gerufen. Erst später hießen sie Ludwig, Karl und Johann van Beethoven.

Auch in Beethovens Familie mütterlicherseits gab es zwei professionelle Musikergenerationen mit Namen Rovantini. Beide waren Geiger im Bonner Hoforchester. Sie kamen aus Ehrenbreitstein, der alten rechts-rheinischen Festungsstadt gegenüber der Moselmündung, wo auch Beethovens Mutter Maria Magdalena geboren wurde. Der Jüngere dieser beiden Vettern (zweiten Grades) hat Beethoven früh in Violine und Bratsche unterrichtet und mit seinem eigenen Spiel musikalisch offenbar nachhaltig angeregt.

Eine wichtige Rolle als historische Figur in Beethovens familiärem Umfeld spielte mittelbar auch schon der Urgroßvater, Michel van Beethoven. Er stammte aus der flämischen Handelsstadt Mecheln, war von Haus aus Bäckermeister, versuchte sich später jedoch als Kaufmann. Mit der traditionellen Zielstrebigkeit eines Handwerkers hatte er für die frühe musikalische Ausbildung seines dritten Sohnes Ludwig gesorgt. Damit wurden zugleich auch die Weichen für die Berufe der beiden nächsten Generationen dieses ursprünglich handwerklich-bäuerlichen Geschlechts gestellt.

Die Handwerker und Landwirte vor den drei Musikern, Ludwig van Beethoven dem Älteren, Johann van Beethoven, dem Hofsänger, und Ludwig van Beethoven dem Jüngeren, dem Komponisten, konnten mittlerweile bis ins 15. Jahrhundert zurück lückenlos ausgemacht werden.

Der älteste heute bekannte Stammvater hieß wie der Vater des Komponisten Johann, beziehungsweise »Jean« in französischer Schreibweise. Erhalten ist eine Stiftungsurkunde, die ihn und seinen Sohn Markus namentlich erwähnt. Anhand dieses Dokumentes kann mit einiger Sicherheit erschlossen werden, daß Johann van Beethoven I. um 1470 in Campenhout, einer flämischen Bürgermeisterei im Herzogtum Brabant[1], geboren wurde.

Der Ort bildete seinerzeit mit etwa zweihundert steuerpflichtigen Einwohnern eine recht große Gemeinde.[2] Dort führte auch Johanns Sohn Markus als Hoferbe die bäuerliche Tradition der Familie weiter. Offenbar nicht unvermögend, stiftete er zusammen mit seiner Ehefrau Anna eine jährliche Rente von zwei Rheinischen Gulden (das sind umgerechnet nach heutiger Kaufkraft ungefähr 150 DM) zugunsten bedürftiger Bürger ihrer Gemeinde.

Der Besitz konnte durch den nachfolgenden Stammvater, Arnold van Beethoven, noch vergrößert werden. Er kaufte weiteres Land hinzu, so daß ihm neben ein paar Kühen und etwas Jungvieh nunmehr auch Wiesen und Ackerland von mehreren Tagwerken gehörten.

Doch drohte über Nacht alle Habe verloren und die ganze Familie zugrunde zu gehen. Denn Unglück kam über die van Beethovens. Im Juli des Jahres 1595 bezichtigten mehrere Bürger aus Campenhout die Ehefrau Josyne des Arnold van Beethoven, eine geborene van Vlesselaer, mit dem Teufel im Bunde zu stehen.[3] Bürgermeister Jean Baptiste Spoerlberch eröffnete unverzüglich ein Ordnungsverfahren gegen die beschuldigte Bäuerin seiner Gemeinde, als ihm diese Nachreden zugetragen wurden.

Spoerlberch lud sechs Tage lang mehrere Zeugen vor und protokollierte die Aussagen. Am 5. August 1595 hatte er offenbar genügend belastendes Material, wie er meinte, zusammengetragen. Er ließ nämlich Josyne van Beethoven verhaften und unter strenger Bewachung, wie aus den Prozeßakten in den königlichen Generalarchiven hervorgeht, nach Brüssel bringen. Dort wurde sie ins Kommunalgefängnis geworfen. Zwei Wochen lang versuchte der Ortsvorsteher die Beschuldigte zu einem Geständnis zu überreden. Aber Josyne van Beethoven blieb unbeugsam.

Die unerschrockene Haltung der damals etwa sechzig Jahre alten Bäuerin scheint den ehrgeizigen Dorfschulzen erst recht herausgefordert zu haben. Die Angeklagte wurde nach Steenport überstellt. Der Magistrat von Brüssel berief zwei Schöffen als Kommissare für ein inzwischen angesetztes Gerichtsverfahren. In Gegenwart dieser Kommissare wurde Josyne van Beethoven einer sogenannten »peinlichen Befragung« unterzogen. Mit anderen Worten, sie wurde schrecklich mißhandelt.

Damit freilich schien ihr Schicksal im Grunde schon besiegelt. Und in der Tat, am 13. September 1595, von den Qualen der entsetzlichen Folter körperlich und seelisch zerstört, ließ sich Josyne van Beethoven schließlich zu einem vermeintlichen Geständnis erpressen.

Dadurch wurden in den Augen der Justizbeamten die von den Bürgern in Campenhout erhobenen Anschuldigungen zwar bestätigt, aber das genügte den Peinigern noch nicht. Sie setzten ihr brutales Verhör fort, um Josyne van Beethoven noch zur Denunziation einer Komplizin zu zwingen.

Auch darin waren die beiden Schöffen aus Brüssel, ein Bürger namens Schock und Dr. Arnold Baert, ein Mediziner, erfolgreich. Josyne van Beethovens ursprüngliche Standhaftigkeit wurde gebrochen. Sie benannte schließlich die Nachbarin Anna Verstande als ihre »Verbündete«. Damit gab es ein weiteres Opfer.

Die Terror-Nachricht aus Brüssel drang bald nach Campenhout. Prompt wurden dort Anschuldigungen gegen das neue Opfer erhoben. Die Protokolle dieser Vorwürfe sind erhalten. Durch teuflische Machenschaften der Beschuldigten sei das Vieh verdorben worden. Ein Pferd verendete angeblich, weil es auf dem Feld der Angeklagten gearbeitet und anschließend Blut uriniert habe. Selbstredend sei dies ein Indiz für Hexerei! Ein anderer Zeuge gab an, die Milch seiner Kühe habe infolge des teuflischen Wirkens der Bäuerin nicht mehr zu Butter verarbeitet werden können.

Ähnlich lauteten wohl auch die Anschuldigungen gegen Josyne van Beethoven. Vermutlich hatten in beiden Fällen ein paar Bauern einen Störenfried gesucht, den man getrost für das Ausbleiben des »Glücks im Stall«, der uralten unverzichtbaren Grundlage bäuerlicher Existenz verantwortlich machen konnte.

Nachdem die Nachbarin Anna Verstande ebenfalls verhaftet worden war, ließ der Bürgermeister den gesamten Besitz der beiden verfolgten Familien inventarisieren. Das war der erste Schritt zu ihrer Enteigung, offiziell zugunsten des Staatssäckels seiner Majestät König Philipp II., insgeheim aber auch zur persönlichen Bereicherung des Bürgermeisters.

Es ist schwer, sich in die Mentalität jener Epoche zu versetzen, in der schon Selbstgespräche, eine krumme Nase oder Muttermale, ein stechender Blick oder Darmgeräusche, besseres Vieh oder reichere Ernten, als der Nachbar sie einfuhr, Anlaß zu Verdächtigungen und schlimmen Gerüchten geben konnten. Die von solchen üblen Nachreden Getroffenen hatten in den meisten Fällen keine Chance, den Verteufelungen zu entgehen. Der Hexenwahn, von Goethe mit Entsetzen unser »nordisches Erbteil« genannt, befiel die Menschen des späten Mittelalters geradezu wie eine Seuche, saß tief und konnte sich lange halten.

Eine Bulle von Papst Innozenz VIII. untersagte zwar im Jahre 1484 die Foltermethoden. Doch vermochte der Erlaß des Kirchenoberhauptes so gut wie gar nichts zu bewirken. Die dreibändige pseudowissenschaftliche Abhandlung »Malleus Maleficarum«, der berüchtigte »Hexenhammer« der Dominikaner-Inquisitoren Heinrich Institoris und Jakob Sprenger, zweifellos eines der schlimmsten Bücher, die je geschrieben wurden, erschien fünf Jahre nach der Bulle. Diese Schrift sollte die fürchterlichsten Hexenverfolgungen überhaupt erst noch auslösen.[4]

In den Niederlanden allerdings hatte König Philipp II. bereits 1592 in diesem Zusammenhang ein Verbot der Hexenprozesse erlassen. Daß es aber auch umgangen wurde, zeigt sich an dem tragischen Schicksal der Beethovens in Campenhout. Der Hexenwahn, wohl immer noch stärker als selbst der königliche Wille zur Vernunft, verschonte die wackere Familie keineswegs, die, wie wir uns erinnern, auch wohltätig war, bis sie unversehens das Opfer erbarmungsloser Mitmenschen wurde.

Während die Nachbarin Anna Verstande als vermeintliche Komplizin lediglich Verbannung aus Campenhout erhielt, wurde Josyne van Beethoven, die Ahnin des Komponisten verurteilt, bei lebendigem Leibe auf dem Scheiterhaufen verbrannt zu werden.

Zwei Beichtväter, von der Kirche entsandt, um ihr in den beiden letzten Tagen und Nächten von Samstag bis Montag früh beizustehen, konnten wohl keinen Trost mehr spenden. Denn in der Nacht vor ihrer Exekution versuchte sie ihr Leben selbst zu beenden.

Josyne van Beethoven würgte die Scherben eines Steinguttopfes herunter und auch noch andere Gegenstände, deren sie in ihrer Zelle gerade habhaft werden konnte, um daran zu ersticken. Der Selbstmordversuch mißlang aber. Die Obrigkeiten jedoch deuteten sogar noch diese Verzweiflungstat als Eingebung des »Inkubus«, des Buhlteufels. Der »böse Geist« habe ihr ganz offensichtlich versprochen, so reimte man sich zusammen, nicht durch den Henker enden zu müssen. Man erpreßte die Todgeweihte abermals, diesen letzten vermeintlichen Teufelsbund zu gestehen.

Josyne van Beethoven starb den entsetzlichen Flammentod auf dem Schafott vermutlich gegen Ende September des Jahres 1595. Das Urteil wurde auf dem großen, ringsherum von Prachtbauten der Renaissance umgebenen Marktplatz von Brüssel vollstreckt.

Nach ihrem grauenvollen Ende, von dem die Campenhouter Steuerlisten dieser Jahre sogar in Einzelheiten berichten, war für die Hinterbliebenen der Familie, den Witwer Arnold und die Kinder Anna, Markus, Heinrich und Lambert, die Bedrohung durch den Hexenwahn noch keineswegs vorüber. Ein

Geständnis lag vor, zwar durch Folter erpreßt, aber in den Akten dokumentiert und somit in den Augen der Justiz jedenfalls gültig. Deshalb sollte der geltenden Rechtsprechung zufolge das gesamte Vermögen der Familie, von den Immobilien bis zum Mobiliar, dem Staat zufallen.

Des weiteren drohte unter Umständen auch den Angehörigen, nun ihrerseits mit in den Teufelskreis hineingezogen und in einem Indizienprozeß ebenfalls der Hexerei bezichtigt zu werden. In den berüchtigten Folgeprozessen dieser Zeiten blieben oftmals denn auch die männlichen Familienmitglieder nicht mehr ungeschont. Indem sie als »Hexenmeister« oder »Hexer« von Justiz und Denunzianten gejagt wurden, sind häufig ganze Familien auf der Strecke geblieben.

Dank eines starken Willens konnten die van Beethovens schließlich doch überleben. Der Witwer Arnold van Beethoven war zuvor in seinen vielleicht glücklicheren Tagen mehrfach Schöffe in Campenhout gewesen. Dabei hatte er natürlich den Umgang mit Behörden gelernt, was ihm jetzt offenbar zugute kam. Er wehrte sich nämlich mit Erfolg gegen die Raffgier des Bürgermeisters Spoerlberch, der inzwischen eine Versteigerung angesetzt hatte, um sich an der Hälfte des Erlöses auch persönlich bereichern zu können.

Durch ein Gesuch bei der königlichen Rechnungskammer erwirkte Arnold van Beethoven, daß mit einem Beschluß vom 5. Mai des Jahres 1597 die ursprünglich verfügte Enteignung wenigstens in eine ständige Zinszahlung von zwanzig Artois-Sous – das waren lediglich ein paar flandrische Groschen – zugunsten der Domäne umgewandelt wurde. Neun Jahre später, noch zu Lebzeiten des schwer geprüften Bauern, erlosch auch diese Belastung. Das Unheil des Hexenwahns mit allen seinen unseligen Folgen war endgültig wieder von der Familie gewichen.

Arnold van Beethoven, schon seit Jahren an der linken Hand gelähmt, schloß am 1. Februar 1600, sechsundsechzigjährig, offensichtlich in ungebrochener Vitalität mit Petronella Gheerts seine zweite Ehe, aus der ein Jahr später ein Sohn, nämlich ein weiterer Johann van Beethoven hervorging. Arnold van Beethoven starb 1609. Sein Sohn Heinrich aus der ersten Ehe mit Josyne van Vlesselaer wurde der nächste Stammvater.

Den Bauernhof erbte aber der Nachkömmling Johann aus der zweiten Ehe Arnolds. Nachdem sich die verwitwete Mutter Petronella wiederverheiratet hatte, übertrug Johann seine Anrechte als Hoferbe dem Stiefvater. Dieser verkaufte 1623 das Anwesen, gewissermaßen in der unwillkürlichen Erfüllung eines bäuerlichen Sprichwortes, wonach spätestens alle hundert Jahre der Besitz seinen Besitzer wechselt.

Mit dem Verkauf erlosch in Campenhout das Familienbesitztum von Beethovens Vorfahren aus schicksalhafter Zeit.

Die nächsten Stammväter nach Arnold van Beethoven waren der bereits genannte Heinrich, danach Markus und Cornelius und weiterhin Michel.

Sie alle erwarben nach und nach großen Landbesitz. Allen voran Heinrich van Beethoven, der zweite Sohn von Arnold und Josyne. In Boortmerbeck, das auch zur Bürgermeisterei Campenhout gehörte, heiratete er die Landwirtstochter Cathlyne van Boevebeecke. Sie brachte viel Land mit in die Ehe. Das genügte Heinrich van Beethoven aber keineswegs. Fast zwei Jahrzehnte lang bemühte er sich ständig, seinen Grundbesitz durch Ankauf zu vergrößern. Ein Stück Land nach dem anderen kam hinzu. Einmal war es ein volles Tagewerk, mal ein halbes, ein andermal erwarb er eine einzelne Wiese. Die Kaufverträge häuften sich nachgerade.

Heinrich van Beethovens ausgeprägte Erdverbundenheit und die offenkundige Freude am Besitz markieren auf diese Weise wohl auch die Blütezeit der bäuerlichen Vorfahren Ludwig van Beethovens.

Die Handwerker

Heinrich van Beethovens vierter Sohn Markus wurde der nächste Stammvater. Anfangs erwarb er noch weiteres Land in Nederokkerzeel, dem Geburtsort seiner Ehefrau Sara Haessaerts. In seiner Biographie zeichnet sich später ein beruflicher Wandel ab. Denn Markus van Beethoven veräußerte einen Teil seines Grundbesitzes wieder. Er lebte auch nicht mehr auf dem Lande, sondern eine Zeitlang in der alten Handels- und Universitätsstadt Löwen und zuletzt im benachbarten Bertrem.

An beiden Orten dürfte er wohl kaum die väterliche Landwirtschaft weiterbetrieben haben. Wahrscheinlich war er inzwischen Handwerker geworden. Sein dritter Sohn Cornelius, getauft am 20. Oktober 1641 in Bertrem, im Stamme Beethovens der nächste Sproß, wurde Zimmermann. Von diesem Handwerker, der sich in Mecheln niederließ und 1673 dort Katharina van Leempoel heiratete, führen Spuren zum Leben des ersten Musikers der Familie van Beethoven, nämlich zu Ludwig van Beethoven dem Älteren, dem Großvater des Komponisten. (Nach Ludwig van Beethoven d. J., dem Komponisten, hat es übrigens in einer Seitenlinie noch einen weiteren »Ludwig van Beethoven« gegeben.)

Aus dem Leben Cornelius van Beethovens ist unter anderem eine Lohnrechnung für Zimmermannsarbeiten an der Kathedrale St. Romuald in Mecheln überliefert. In diesem großen Gotteshaus mit besonderen, zum Teil auch heute noch lebendigen musikalischen Traditionen erhielt fünfunddreißig Jahre später der Enkel unseres Zimmermanns, Ludwig van Beethoven d. Ä., seine erste musikalische Ausbildung.

Mit dem Zimmermann ging das ursprünglich bäuerliche Geschlecht van Beethoven endgültig ins Bürgertum über. Cornelius veräußerte seinen Landbesitz in Nederokkerzeel. Als letztes verkaufte er eine Wiese in Haacht, die noch von dem, wie schon erwähnt, ganz besonders auf Grundbesitz erpichten Bauern Heinrich van Beethoven erworben worden war.

Cornelius kaufte indessen in Mecheln zwei Häuser, den »Pflug« und das »Windmühlchen«, letzteres ein ehemaliges Gasthaus, in dem zwei Generationen später Ludwig d. Ä. geboren wurde. Neben dem Zimmermannshandwerk betrieb er einen kleinen Kaufladen, in dem er Kerzen und verschiedene andere Haushaltswaren führte. Eine nebenberufliche Tätigkeit also, der übrigens fast alle jüngeren Vorfahren Beethovens dann in ähnlicher Weise nachgegangen sind.

Zwei Söhne des Zimmermanns starben schon im Kindesalter. Doch Michel, der Jüngste, konnte das Geschlecht weiterführen. Er erlernte zunächst das Bäckerhandwerk, sattelte allerdings später auf Handelsgeschäfte um. Aber ihm fehlten nicht nur die kaufmännischen Grundkenntnisse, sondern auch das unverzichtbare Startkapital. Kaum verwunderlich, daß er nicht immer seriös vorging, sich vielmehr abenteuerlich in ein Unternehmen stürzte, das finanziell geradezu katastrophale Folgen für ihn und seine Familie hatte.

Dabei fing alles so gut an. Den Handwerksberuf scheint Michel, der Urgroßvater des Komponisten, zunächst stetig und erfolgreich ausgeübt zu haben. Nach einer siebenjährigen Lehre in Mecheln bestand er 1707 die Meisterprüfung, leistete den Meistereid und heiratete im selben Jahr Marie Louise Stuyckers, die Tochter eines einheimischen Bäckermeisters, in der Ahnentafel des Komponisten also die Urgroßmutter väterlicherseits.

1715 kaufte Michel in der Judengasse in Mecheln ein Eckhaus, das für seine Bäckerei nicht ungünstig lag. Innerhalb von zwölf Jahren brachte er es, unter Aufnahme von Hypotheken, auf vier selbst erworbene Häuser. Weitere fünf erbte er hinzu, darunter auch das »Windmühlchen«.

Vielleicht bekam ihm dieser rasche Aufstieg zum städtischen Großgrundbesitzer aber nicht so recht. Er scheint schon bald seine Bäckermütze für immer an den Nagel gehängt und sich nach anderen, möglicherweise bequemeren Verdienstmöglichkeiten umgesehen zu haben.

Im Jahre 1732 wurde er in einem Prozeß angeklagt, verbotene Geschäfte mit Gemälden und verschiedenem Mobiliar aus Nachlässen getrieben zu haben. Michel van Beethoven erklärte sich unter Eid für nicht schuldig.

Jetzt versuchte er sein Glück als Händler von »Point Malines«, den berühmten flämischen Klöppelspitzen, einem Markenzeichen seiner Geburtsstadt. Zuerst verkaufte er natürlich Erzeugnisse aus der Mechelner Heimindustrie. Dann bestellte er Spitzen aus Brüssel, Kortrijk und Antwerpen. Die Geschäfte liefen jedoch auf Wechsel und waren wohl kaum abgesichert.

Anscheinend wurde ihm in Mecheln nun allmählich der Boden zu heiß. 1739 zog er zusammen mit seiner Frau, die geschäftlich mitverantwortlich war, nach Kleve. Nachdem er sich aus dem Staube gemacht hatte, brach sein Unternehmen zusammen. Zwar konnten die Eheleute im Januar 1740 mit einer Mechelner Spitzenhändlerin, der sie über 855 Gulden schuldeten, noch einen Vergleich schließen. Aber es handelte sich hier wohl nur um die Spitze eines Schuldenberges. Denn genau ein Jahr später sprach das Schöffengericht zu Mecheln zur Sicherung des Vergleichs die »Condamnation volontaire« aus, den nach Niederländischem Recht hierdurch verfügten sogenannten dinglichen Arrest gegen das Besitztum des Michel van Beethoven.

Wie gewonnen, so zerronnen, ging doch sein gesamtes Vermögen, von den Immobilien bis zum Mobiliar und kleinstem Hausrat, verloren. Die Forderungen der Gläubiger, die sich bald aus allen Windrichtungen meldeten, beliefen sich zusammen auf etwa 7200 Gulden für Waren, zumeist die berühmten Spitzen, die sie ihm einst vertrauensvoll geliefert hatten. Außerdem verlangten die Kapuzinermönche in Mecheln, bei denen Michel die Hypotheken für seine Häuser aufgenommen hatte, ihr inzwischen nicht mehr abgesichertes Kapital von dreitausend Gulden zurück.

Die Gesamtsumme der Schulden betrug somit rund zehntausend Gulden und wahrscheinlich noch mehr. Das sind, wenn man die Goldwährung zugrunde legt, umgerechnet etwa eine dreiviertel Million DM!

Mindestens fünf Jahre lang war das Schöffengericht zu Mecheln mit dem Fall Michel van Beethoven beschäftigt. In den ungezählten Akten handelt es sich immer wieder um Urteilsvollstreckungen und Zwangsverkäufe, Forderungsanerkennung und Zedierungen, Reklamationen und Proteste der Kuratoren, Anordnungen öffentlichen Verkaufs und Rückzahlungsbeschlüsse im Vorzugsrang, Zahlungsaufforderungen und noch einiges andere mehr. So groß das Vermögen des glücklosen Michel auch immer gewesen sein mag, die ausstehenden Gelder konnten aus der Konkursmasse keineswegs mehr aufgebracht werden.

1744 erhielten deshalb auch die beiden Söhne Michel van Beethovens, der Kaufmann Kornelius und der Musiker Ludwig, beide wohnhaft in Bonn, vom Zwangsverwalter aus Mecheln gerichtliche Aufforderungen, für die Schulden ihrer flüchtigen Eltern mit aufzukommen.

Die Musiker

Michel van Beethoven verbrachte seinen Lebensabend in Bonn. Er starb am 28. Juni 1749. (Zur geschichtlichen Orientierung: das Datum liegt genau zwei Monate vor Goethes Geburtstag.) In seinem unsteten Leben hatte er wenigstens bei der Erziehung und Ausbildung seines dritten Sohnes, Ludwig, eine gückliche Hand bewiesen.

Ludwig van Beethoven d. Ä. wurde Anfang Januar 1712 in Mecheln, im besagten »Windmühlchen«, geboren. Seinen Vornamen erhielt er nach einem zwei Jahre älteren, aber bereits im frühen Kindesalter verstorbenen Bruder. Der Name sollte dann später auf ähnliche Weise auch auf seinen Enkel, den Komponisten, übergehen.

Der älteste Sohn Michel van Beethovens, Kornelius, war Kaufmann geworden und lebte wie sein Bruder Ludwig d. Ä in Bonn. Erhaltenen Rechnungen des Küchenamtes am dortigen Kurfürstlichen Hof zufolge, machte er große Umsätze als Kerzenhändler. 1708 in Mecheln geboren, war er acht Jahre alt, als sein Großvater, der Zimmermann, starb. Wie schon erwähnt, verkaufte bereits dieser Kornelius van Beethoven nebenbei Kerzen. Der Enkel setzte dieses Geschäft hauptberuflich fort.

Was mag Michel aber wohl bewogen haben, seinen jüngeren Sohn – zwei weitere verstarben im Kindesalter – entgegen der Handwerks- und Kaufmannstradition der männlichen van Beethovens schon sehr früh der Musik zuzuführen?

Michel selbst erhielt sechzehnjährig als Lehrknecht seine erste Ausbildung. Sein Sohn Ludwig d. Ä. war dagegen noch keine sechs Jahre alt, als er auf die Chorknabenschule St. Romuald ging. Am 10. Dezember 1717 wurde er zusammen mit einem weiteren Zögling dort aufgenommen:

»R^{di} Adm. D^{ni} admiserunt Pilippum, Jacobum Bayens et Ludovicum van Beethoven, ut tamquam choraules huic ecclesia serviant«.[5] (Die Verwalter des Herrn zu Romuald nehmen hiermit Pilipp Jacob Bayens und Ludwig van Beethoven auf, damit sie als Chorschüler dieser Kirche dienen mögen.)

Vielleicht hatte ein guter Freund oder Verwandter zur Ausbildung des kleinen Ludwig in dieser alten kirchlichen Institution geraten. Diese bestand an der gotischen Kathedrale St. Romuald bereits seit dem 17. Jahrhundert. Als Stiftung geht sie sogar auf das 13. Jahrhundert zurück und verkörpert auch heute noch das Zentrum der katholischen Kirche Belgiens.

Die Kirche in Wambeek, das in der Nähe von Mecheln liegt, zahlte in den Jahren 1719–1721 einen jährlichen Zuschuß von zwölf Gulden für den Unterhalt Ludwig van Beethovens d. Ä. im Choralenhaus. Der Pfarrer aber, der vermutlich bei der Vergabe eines Stipendiums ein Mitspracherecht hatte, hieß Balthasar van Beethoven. Er war wie Michel, der Bäckermeister und Spitzenhändler, ein Ur-Urenkel des Arnold van Beethoven, dem schon genannten, vom Schicksal schwer geprüften Bauern aus Campenhout.

Nachdem die Chorknabenzeit Ludwig d. Ä. infolge des Stimmbruchs ihr natürliches Ende gefunden hatte, besorgte Michel van Beethoven dem inzwischen dreizehnjährigen Sohn eine Lehrstelle bei Meister Anton Colfs, Domorganist an St. Romuald, der wohl auch das berühmte Glockenspiel an der Kathedrale schlug.

Michel selbst war vor genau fünfundzwanzig Jahren Lehrling bei einem Bäckermeister in Mecheln geworden. Nun schloß er am 29. Oktober 1725 vor einem Notar mit dem Domorganisten einen Vertrag über die weiterführende Ausbildung Ludwig d. Ä. für die Dauer von zwei Jahren. Als Lehrgeld wurden einhundert Gulden vereinbart, zahlbar in vier Raten. Der Unterricht war gefächert in »Tabulatur, Generalbaß, Klavicimbel, Orgel«.

Sechs Jahre später fand Ludwig van Beethoven d. Ä. seine erste Anstellung. Er wurde am 2. November 1731 an der

Hauptkirche St. Peter in Löwen als Tenorist verpflichtet. Als kurz darauf der dortige »Phonascus«, der Gesangsmeister Ludwig Colfs, vermutlich ein Verwandter seines Lehrers in Mecheln, erkrankte, berief das Kapitel von St. Peter den frischgebackenen Tenoristen zum Stellvertreter. Das Sitzungsprotokoll vom 9. November 1731 vermerkt, daß für dieses Amt niemand geeigneter sei als Ludwig van Beethoven!

Das sängerische Talent und Können des erst neunzehn Jahre alten Flamen war offenbar beeindruckend. Aufgrund dieser ausgeprägten Begabung hatte die Ausbildung in Mecheln – im Vertrag wurde das Fach Gesang übrigens gar nicht erwähnt – nicht zur Laufbahn eines Organisten geführt.

Bevor noch das Jahr in Löwen verstrichen war, ging Ludwig d. Ä. nach Lüttich. Hier trat er in St. Lambert, inzwischen in das Fach Baß hinübergewechselt, zunächst unentgeltlich auf Probe, danach gegen ein monatliches Gehalt von 32 brabantischen Gulden in neue musikalische Dienste.

Auch Lüttich sollte nur eine Zwischenstation auf seinem beruflichen Weg sein. Sieben Monate später bat Ludwig um ein schriftliches Zeugnis, das er vermutlich dem Kurfürsten in Bonn vorlegen wollte. Die Geistlichen des Kapitels, die ihm zwar nachträglich auch die Probezeit vergütet hatten, lehnten ab. Das war am 2. März 1733.

Aber noch im selben Jahr siedelte Ludwig van Beethoven d. Ä. nach Bonn über, wo er bis zum Ende seines Lebens ansässig blieb. Durch ein Dekret des Herzogs Clemens August hatte er eine Anstellung als »churfürstlicher Hofmusiker« erhalten. Sein Anfangsgehalt betrug vierhundert rheinische Gulden pro Jahr (umgerechnet ungefähr zwölftausend DM).

Neben der finanziellen Aufbesserung bedeutete dieser berufliche Wechsel vor allem die Übernahme neuer musikalischer Aufgaben, die in der Residenz Bonn, wo eine Hofkapelle und eine Hofbühne unterhalten wurden, naturgemäß mannigfaltiger waren als in den kirchlichen Diensten in Lüttich. Dem kurfürstlichen Dekret nach zu schließen, hatte Ludwig van Beethoven d. Ä. sich selbst um diese Stelle »unterthänigst« beworben. Der zeitgenössische Bäckermeister Gottfried Fischer in Bonn, in dessen elterlichem Haus in Bonn in der Rheingasse die Familie Beethoven vorübergehend wohnte, bringt in seinen »Erinnerungen« eine andere Version.

Kurfürst Clemens August, der als Erzbischof von Köln das Stimmrecht in St. Lambert zu Lüttich hatte, sei anläßlich eines Seminars dort auf Ludwig van Beethoven d. Ä. als hervorragenden Sänger aufmerksam geworden und habe ihn daraufhin an seinen Hof geholt.

Im August 1733, fünf Monate nach seiner Anstellung, bestellte Ludwig van Beethoven d. Ä. in der St. Remigius-Pfarrei das Aufgebot zur Eheschließung mit Maria Josepha Poll. Die Braut war damals neunzehn Jahre alt. Das ist auch das einzige persönliche Datum, das die Forscher kennen. Alles andere über die Herkunft dieser Großmutter väterlicherseits ist bis heute völlig ungeklärt.

Die Hochzeit fand am 7. September 1733 in St. Remigius statt, derselben Kirche, in der siebenunddreißig Jahre später der Enkel dieses Paares, nämlich Ludwig van Beethoven der Jüngere, der spätere Komponist, getauft werden sollte.

Ludwig d. Ä. hatte mit Maria Josepha Poll drei Kinder, von denen die beiden ersten, die Tochter Maria Bernhardina Ludovica und der Sohn Markus Joseph, früh verstarben. Nur das letzte Kind, nämlich der zweite Sohn, Johann, überlebte das Kindesalter.

Ähnlich wie bei seiner Mutter, Maria Josepha, fehlen merkwürdigerweise sämtliche Daten von Johanns Geburt. Lediglich aus einer erhaltenen kurköllnischen Personalakte kann man erschließen, daß er wohl um 1740 geboren wurde.

Wie der älteste Stammvater aus Campenhout, der, wie erinnerlich, um 1470 geboren wurde, trug er nur den einen Vornamen: Johann oder gelegentlich in französischer Schreibweise »Jean«. Dieser Johann van Beethoven war der zweite Musiker in der Familie und der Vater von Ludwig, dem Komponisten.

Ludwig van Beethoven d. Ä. konnte im Lauf der Jahre seine berufliche Stellung am Hof nach und nach ausbauen. 1746 ergab sich für ihn eine günstige Konstellation. Die mit einhundert Rheintalern (umgerechnet dreitausend DM) dotierte Stelle eines Hofinstrumentenbauers wurde nach dem Tod des bisherigen Inhabers nicht mehr besetzt. Nun erhielt Ludwig van Beethoven d. Ä., in offensichtlicher Anerkennung seiner herausragenden Tüchtigkeit, dieses Gehalt als jährliche Zulage, wodurch seine Bezüge etwa um ein Viertel erhöht wurden.

Im Juli 1761, nach dem Tod des Kurfürsten Clemens August, führt er in einem Gesuch an den Nachfolger Maximilian Graf Friedrich seine doppelten Leistungen auf, die er bereits seit einem ganzen Jahr als Bassist und als stellvertretender Dirigent erbracht hatte. Selbstbewußt weist er darauf hin, daß ihm trotz einer Zusicherung auf diese freie Stelle ein anderer, inzwischen aber schon wieder abgesprungener Kapellmeister in unschöner Weise vorgezogen wurde. Da er bei kirchlichen Feierlichkeiten »in puncto corale« ohnehin schon das Ruder führe, möge der Kurfürst ihm doch nun Recht widerfahren lassen, indem er ihn zum Kapellmeister mache und sein Gehalt womöglich erhöhe.

Vielleicht hatte Ludwig d. Ä. dieses Gesuch in einem Gespräch bereits vorbereitet. Denn seine Bitte wurde prompt gewährt. Mit demselben Datum dieses Schreibens ernannte ihn der Kurfürst zu Köln, Maximilian Graf Friedrich, zum Kapellmeister. Das Dekret bestätigte außerdem die Beibehaltung seiner früheren Stellung als Bassist und verfügte eine Gehaltszulage von einem Drittel der bisherigen Vergütungen.

Somit hatte sich der erste Musiker aus der flämischen Familie van Beethoven aus ursprünglich bäuerlich-handwerklicher Tradition in eine Spitzenposition als Künstler emporgedient. Das höfische Amt, das er als Endvierziger antrat, hatte er über zwölf Jahre bis zu seinem Tod inne: mit Erfolg in der Musik wie in der Menschenführung. Er besaß Durchsetzungsvermögen, hatte keine Scheu, respektlose Untergebene in Beschwerdeschreiben streng zu tadeln und andererseits auch Vorgesetzte unerschrocken zu kritisieren, wenn es galt, die ihm anvertrauten Schäfchen zu schützen. Dies geht sehr eindrucksvoll aus mehreren überlieferten Dokumenten hervor.

Wie die anderen Vorfahren betrieb Ludwig d. Ä. mit Lust und einiger Fortune auch die verschiedenartigsten Nebengeschäfte. Erhalten sind einige Urkunden über Geldangelegenheiten. Ein Dokument handelt von zweihundert Talern, die er gegen fünf Prozent Zinsen einem Handwerksmeister geliehen hatte. Seine Forderungen jedoch, die er sogar gerichtlich durchzusetzen sich gezwungen sah, gingen ihm, und nach seinem Tod auch seinem Sohn Johann als alleinigem Erben, verloren.

Mit einer Urkunde vom 21. März 1774 verhält es sich ganz anders. Das Dokument beinhaltet nämlich eine Forderung der jüdischen Gebrüder »Kauffmann auf die Hinterlassenschaft des verstorbenen Kapellmeisters van Beethoven«.

Beethovens Großvater hatte also Geld aufgenommen, aber offensichtlich die Rückzahlungen auf die lange Bank geschoben. Jetzt mußte sein Sohn Johann die Sache ausbaden. Da aber offenbar kein Geld flüssig war, wurde ein Arrest gegen den Erben angeordnet.[6] Und das bedeutete, daß Johann van Beethoven knapp ein Vierteljahr nach dem Tod seines Vaters ohne eigenes Verschulden im Bonner Schuldenturm einsitzen mußte. Ein Umstand, den man bei der biographischen Würdigung dieser geschichtlich bedeutenden Vaterfigur nicht übersehen sollte. Doch kehren wir noch einmal zum Großvater des Komponisten zurück.

Das gewichtigste Nebengeschäft betrieb Ludwig van Beethoven d. Ä. als Händler rheinischer Weine. Dem schon genannten Gewährsmann, Bäckermeister Fischer, zufolge erwarb sich der Hofkapellmeister umfassende Kenntnisse über Qualität und Haltbarkeit der einheimischen Lagen, legte zwei eigene Weinkeller an und verkaufte die ausgewählten Rebensäfte an eine Stammkundschaft in den Niederlanden.

Aber der Lebensherbst Ludwig d. Ä. wurde durch triste häusliche Verhältnisse plötzlich verdüstert. Seine Frau Maria Josepha hatte in ihrem vorgerückten Alter aus irgendeinem unbekannten Grund den rheinischen Weinen, die sie sich wahrscheinlich unschwer beschaffen konnte, übermäßig zugesprochen und war darüber zur Alkoholikerin geworden. Ihre Trunksucht, die in der kurköllnischen Residenz sicherlich nicht verborgen bleiben konnte, vertrug sich natürlich kaum mit der Würde eines Hofkapellmeisters. Ludwig van Beethoven d. Ä.

soll über diese Situation stark bekümmert gewesen sein und in seiner Verzweiflung die Entscheidung getroffen haben, die Kranke in einer Pension oder einem Kloster – genau ist das nicht mehr zu ermitteln – versorgen zu lassen.

Ludwig d. Ä. starb Heiligabend 1733. Maria Josepha überlebte ihn um fast zwei Jahre in einem unbekannten Kloster in Köln oder Bonn. Das Kirchenbuch von St. Remigius vermerkt ihre Beerdigung vom 30. September 1775 in Bonn.

Nach dem Tod des Kapellmeisters war die Aufgabe, für ihren Unterhalt zu sorgen, natürlich auf den einzigen Sohn übergegangen. Johann van Beethoven sah sich aber angesichts seines geringen Gehalts außerstande, jährlich die sechzig Taler aufzubringen, die ihre Versorgung kostete.

Er selbst mußte, um seine Familie überhaupt durchbringen zu können, einige vom Vater geerbte bescheidene Ersparnisse nach und nach aufbrauchen. Die ganze Armseligkeit der Familie kommt in einem Schreiben vom Januar 1774 an den Kurfürsten zum Vorschein, in welchem er um ein Gnadengehalt für seine kranke Mutter bittet.[7] Johann beschreibt ausführlich die finanzielle Misere, in der er nach dem Wegfall väterlicher Unterstützungen steckte. Gleichzeitig ließ er durchblicken, daß ein Zusammenleben mit seiner Mutter nicht mehr möglich sei. Ihr Zustand hatte sich inzwischen wohl stark verschlechtert.

Unterzeichnet ist dieses Schreiben mit »Knecht und musicus jean [sic] van Beethoven«. Frühere Briefe hatte er dagegen selbstbewußt mit seinem Titel »Hofmusiker« unterschrieben. Anläßlich der Geburt seines Sohnes, Ludwig d. J., wurde er wie der Kapellmeister Ludwig d. Ä. sogar als ›Dominus‹ (zu deutsch ›Herr‹) bezeichnet, wie wir dem Taufregister der St. Remigius-Kirche vom 17.12.1770 entnehmen, wo die Abkürzung »D:« jeweils vor den Vornamen steht, was nur Honoratioren vorbehalten war.

Bei dem schon erwähnten Schreiben handelt es sich um eine Bittschrift an einen Souverän, in untertänigem Stil geschrieben, wie das Zeitalter des Absolutismus ihn geprägt hatte. (Und bis zur Französischen Revolution, die natürlich keineswegs alles schlagartig änderte, waren es immerhin noch fünfzehn Jahre.)

Das Gesuch ist ohne Zweifel besonders unterwürfig abgefaßt. Ziemlich linkisch spielt Johann auf die nach dem Tod Ludwig d. Ä. freigewordene Kapellmeisterstelle an. Seine Chancenlosigkeit, durch Erhalt dieser Position seine finanzielle Position verbessern zu können, hatte er selbst offensichtlich klar erkannt. Das Gesuch um das Gnadengehalt für seine kranke Mutter konnte er nur noch »fußfälligst« vortragen. Das Selbstbewußtsein, das aus den Briefen Ludwig d. Ä. spricht, hat Johann van Beethoven, der im Grunde beruflich ohne Fortune war, nie besessen.

Wie aber kam es dazu, daß der Vater des Komponisten nun von Jahr zu Jahr immer tiefer fiel, 1789 sogar wegen Trunksucht der Stadt verwiesen und auf das Land versetzt werden sollte, und daß im selben Jahr die Hälfte seines Gehalts seinem Sohn Ludwig d. J. für den Unterhalt der Geschwister übertragen wurde?

Da gab es, um zunächst ein erstes Glied aus der Kette widriger Ereignisse und trister Umstände im Leben dieses Beethoven herauszugreifen, jene bereits erwähnte Schuldforderung aus dem Jahre 1774. Sie war kraft Gesetz von dem verstorbenen Vater, der sich als Schuldner zweier jüdischer Kaufleute offenbar nicht so gewissenhaft verhielt wie als Gläubiger, auf den Sohn übergegangen.

Ganz gleich, ob der in diesem Zusammenhang verhängte Arrest nun tatsächlich verbüßt oder vielleicht ausgesetzt wurde, man darf darüber keineswegs die gesellschaftlichen Verbindungen Johann van Beethovens vergessen. Neben seinem Hauptberuf als Tenorist in der Hofkapelle war Johann van Beethoven auch ein gefragter Privatmusiklehrer. Er unterrichtete die Söhne und Töchter in Bonn ansässiger Diplomaten aus England, Frankreich und Österreich, der einheimischen Adeligen und Bürger des gehobenen Standes in Klavier und Gesang.

Aus den Berichten des Zeitgenossen Fischer geht hervor, daß Johann van Beethoven von den Gesandten des öfteren Geschenke erhielt, darunter auch reichlich Proben einheimischer

Weine. Er hatte wohl meistens einen vollen Terminkalender. Ohne Zweifel stand er in hohem Ansehen. Vor dem internationalen gesellschaftlichen Hintergrund der Bonner Residenz ist jedoch nicht auszuschließen, daß die Arrestanordnung, welche in die Hofprotokolle aufgenommen worden war und daher wohl kaum geheim bleiben konnte, für Johann van Beethoven eine Schädigung seines Rufs bedeutete.

Die zweifellos unglückliche Episode mag als ein aufschlußreiches Detail das unscharfe Lebensbild dieses Mannes beleuchten. Der Anfang seiner Biographie liegt jedenfalls immer noch völlig im dunkeln. Man weiß nichts über das Geburtsjahr und den Tauftag, nichts über den Geburtsort Johann van Beethovens. Und dies trotz kontinuierlichen Interesses und intensiver Nachforschungen der Biographen seit mehr als hundert Jahren.

Joseph Schmidt-Görg, langjähriger Direktor des Beethovenarchivs Bonn und in der Erforschung der Familie Beethovens ein Experte von Rang, vermutet, daß sich Maria Josepha van Beethoven, geborene Poll, aus unbekanntem Grund bei der Geburt Johanns in ihrer Heimat befand.

Aber sogleich erhebt sich die Frage: Wo liegt denn diese Heimat? Denn just wie bei ihrem Sohn Johann wissen die Genealogen weder etwas über ihren Geburtsort noch über ihre Taufe; außerdem ist ihnen nichts über ihre Familie bekannt. In der Ahnentafel Ludwig van Beethoven des Jüngeren fehlt hierdurch exakt ein Viertel.

Wenn sich Maria Josepha van Beethoven bei der Geburt ihres dritten Kindes aber tatsächlich in ihrer bislang immer noch unbekannten Heimat aufgehalten haben sollte, ist weiterhin zu fragen, warum dies nur bei dem dritten Kind und nicht schon bei der Niederkunft mit Maria Berhardina Ludovica oder Markus Joseph der Fall war, die 1734 und 1736 beide in Bonn geboren und beide in St. Remigius getauft worden waren.

Anders als diese zwei älteren Kinder Maria Josepha van Beethovens erhielt Johann nur einen Vornamen. Der Großvater Ludwig d. Ä. aus Mecheln war am 5. Januar 1712 zwar auch nur auf einen einzigen Vornamen (den vor ihm bereits ein früh verstorbener älterer Bruder erhalten hatte) getauft worden. Bei der Bonner Familie ist ein einzelner Vorname jedoch ungewöhnlich. Dennn nach rheinisch-katholischer Sitte erhielten die Nachkommen zumeist zwei Vornamen, die in der Regel auf die Taufpaten zurückgingen.

Man kann diesen Brauch im Taufregister der St. Remigius Kirche in Bonn verfolgen. Unter der Nummer 166 von 1770 sind vom 12. bis 17. Dezember fünf Geburten registriert. Die »Proles« (Nachkommen) haben dort ihre beiden Vornamen jeweils nach den anwesenden »Patrini« (Paten) erhalten. Die Ausnahme freilich bildet Ludwig van Beethoven d. J., getauft am 17. Dezember 1770, der genau wie der anwesende Großvater Ludwig d. Ä. nur einen Vornamen erhielt.

Dennoch gab es auch hier ursprünglich einen zweiten Namen im Hintergrund: Ludwig van Beethoven d. J. erhielt seinen Vornamen, wie zuvor sein Großvater, nach einem fast zwei Jahre älteren Bruder, der schon früh verstarb und auf die beiden Vornamen Ludwig Maria getauft worden war. (Ludwig van Beethoven d. J. erwähnt diesen erstgeborenen Bruder gleichen Namens später brieflich im Zusammenhang mit einer Ausstellung seiner eigenen Taufurkunde.) Es wurden also in der Familie Ludwig van Beethovens in der väterlichen und großväterlichen Generation in der Regel zwei Vornamen gegeben. Fünf weitere Geschwister des Komponisten erhielten teilweise sogar drei Vornamen: Kaspar Anton Karl, Nikolaus Johann, Anna Maria Franziska, Franz Georg, Maria Margarete Josepha.

Wie ist nun der einzelne Vorname des Johann van Beethoven zu erklären?

Offensichtlich steht diese Namensgebung außerhalb der rheinischen Familientradition. Sie ist möglicherweise darauf zurückzuführen, daß bei dieser Taufe keine »Patrini« anwesend waren. Die Paten, die man zur Teilnahme an der kirchlichen Tauffeier bat, wurden in der Regel aus der nächsten Verwandtschaft und der angrenzenden Nachbarschaft ausgewählt.

Wenn wir nochmals die Vermutung aufgreifen, Maria Josepha van Beethoven habe sich bei der Geburt Johanns nicht in

Bonn, sondern an einem anderen, noch unbekannten Ort aufgehalten (könnte es nicht auch in diesem Fall ein Kloster gewesen sein?), so wäre denkbar, daß weder der Ehemann, Ludwig, der Kapellmeister, noch die üblichen Paten zur Stelle sein konnten, weil entweder die Reise dorthin zu umständlich oder der Geburtsort vielleicht auch damals gar nicht bekannt war.

Die Taufe hätte dann womöglich in aller Stille, vielleicht sogar ohne eine Registrierung stattgefunden, und der Name, der übrigens in der Bonner Verwandtschaft dieser Zeit nicht weiter vorkommt, wäre dann nach einem unbekannten Paten gegeben worden.

Natürlich sind solche Überlegungen Spekulation. Denn die entscheidenden Dokumente, die das Geheimnis entschlüsseln könnten, fehlen bis heute. Das ist um so erstaunlicher, als die Biographen mit größter Akribie rheinauf wie rheinab in jedem irgendwie in Frage kommenden Taufregister danach gesucht haben.

Bei allen anderen Zweigen in Beethovens Ahnentafel waren die unermüdlichen Forscher erfolgreich: Stets sind hier die wichtigsten Daten der Geburt oder Taufe sowie der Geburtsort urkundlich registriert.

Angesichts dieses auffälligen blinden Flecks in Beethovens Ahnentafel sind noch zwei weitere Fragen zu stellen:

Gab es einen besonderen Grund, das dritte und letzte Kind der Maria Josepha van Beethoven, geborene Poll, nicht in Bonn zur Welt kommen und nicht in St. Remigius taufen zu lassen, wo außer ihren beiden ersten Kindern zwei ihres Schwagers Kornelius, des Kerzenlieferanten, und später dann sechs von den sieben Kindern ihres Sohnes Johann das Sakrament der Taufe empfingen.

Wenn diese Frage bejaht werden müßte, wäre eine illegitime Vaterschaft bei Johann van Beethoven anzunehmen. Das auffällige Verschwinden seiner Mutter vor der Niederkunft, das Fehlen der Identitätsurkunden und der einzelne Vorname ließen sich unter einem solchen Umstand plausibel erklären.

Als letztes sei noch eine Frage zur kaum erforschten Biographie Maria Josepha van Beethovens, der Großmutter Ludwig

d. J. väterlicherseits, erlaubt. Am Ende ihres Lebens zur Alkoholikerin geworden, stand sie gesellschaftlich zweifellos in einem auffälligen Gegensatz zu ihrem Gatten, der als angesehener Hofkapellmeister und Mitglied der Bruderschaft vom »Heiligsten Sakrament« zu St. Remigius offensichtlich eine hochgeachtete Persönlichkeit Bonns war. Gab es hier vielleicht einen Zusammenhang zwischen ihrer Süchtigkeit und den Rätseln um die Geburt ihres dritten und letzten Kindes Johann? War die Ehe womöglich wegen der Geburt dieses Kindes zerbrochen und die Mutter deshalb zur Alkoholikerin geworden?

Erst wenn die fehlenden Dokumente – vorausgesetzt, sie existieren überhaupt – eines Tages doch noch auftauchen, kann diese Frage beantwortet und das blinde Viertel in Beethovens Ahnentafel ausgefüllt werden. (Dann ist allerdings nicht auszuschließen, daß einige Abschnitte der Familiengeschichte neu gefaßt werden müssen.)

Doch nun zurück zu der Skizzierung des nur wenig glücklich verlaufenden Lebensweges Johann van Beethovens. Ludwig d. Ä. übernahm die musikalische Erziehung selbst. Er führte ihn als zwölfjährigen Junioren-Sänger in die Hofkapelle ein.

In dieser zielstrebig angelegten Ausbildung sind Parallelen zu seinem eigenen frühen beruflichen Weg erkennbar. Der praktische Unterricht umfaßte Gesang sowie die Instrumente Klavier und Violine. In allen drei Fächern wurde Johann später auch tätig, als »Tenorist« wie zeitweise auch als »Violinist« in der Hofkapelle und, wie bereits berichtet, als privater Klavierlehrer in der Bonner Gesellschaft.

Nach der Grundschule besuchte Johann für etwa ein bis zwei Jahre das Jesuiten-Gymnasium in Bonn. 1750 (zur zeitlichen Orientierung: in Bachs Todesjahr) wirkte er in der Aufführung »Ansberta«, einem Jesuiten-Drama, mit. Das ergab sich aus der eigentümlichen didaktischen Konzeption der Jesuitenschulen, die gezielt auch eine rhetorische Ausbildung ihrer Zöglinge durch ein Agieren als Sänger und Schauspieler auf der Bühne coram publico vorsah.

Im Personenverzeichnis des lateinisch gefaßten Schuldramas »Ansberta« ist Johann van Beethoven, entsprechend diesem pädagogischen Plan, denn auch als Sänger und Darsteller aufgeführt (»Joannes [!] Beethoven Bonnesis Angelus Amor Megaera Genius Orphei Musicus Choreutes«)[8].

Der Besuch des Jesuitengymnasiums wurde jedoch schon bald beendet. Ab etwa 1752 finden wir Johann van Beethoven, damals ungefähr zwölf Jahre alt, in der Bonner Hofkapelle. Er wirkte bei allen anfallenden Aufführungen in der Kirche wie auf der Bühne mit. Zunächst sang er im Sopran, mit fortschreitendem Alter dann im Alt und nach dem Stimmbruch im Tenor.

Damit war die berufliche Laufbahn Johann van Beethovens früh begonnen worden. Zu früh, wie es scheint, wenn wir die weitere Entwicklung verfolgen. Denn zwölf oder dreizehn Jahre mußten immerhin ins Land gehen, bevor er das erste bescheidene Gehalt ausgezahlt bekam.

Auf ein eigenes Gesuch hin wurde er zwar nach vier Jahren unbezahlter Dienste als »accessist« aufgrund seiner sängerischen Geschicklichkeit und Erfahrung, wie das Dekret erwähnt, zum »Hof-Musicanten« ernannt. Dennoch blieb er weitere acht Jahre ohne finanzielle Vergütung, obwohl er auch als ›Anwärter‹ zweifellos eine volle musikalische Leistung zu erbringen hatte. Ein Gehalt von einhundert Rheinthalern erhielt er erst, nachdem sich im April 1764 Ludwig d. Ä., der inzwischen zum Kapellmeister aufgerückt war, in einem an den Kurfürsten gerichteten Schreiben über Stellenbesetzungen und Gehälter auch für seinen Sohn erfolgreich eingesetzt hatte.

Aber diese hundert Taler (das sind umgerechnet nach heutiger Kaufkraft lediglich ungefähr zweihundertundfünfzig DM monatlich) reichten nicht aus, um davon leben zu können. Die kleinen Aufbesserungen von fünfundzwanzig und fünfzig Gulden in den Jahren 1769 und 1772 vermochten an dieser miserablen Situation kaum entscheidend etwas zu ändern. Auch hatten häufige Geldzuwendungen aus dem kärglichen Restvermögen der aus einer Koblenzer Kaufmanns- und Ratsherrenfamilie stammenden Schwiegermutter Anna Klara Westorff, verwitwete Keverich, von denen ein kurtrierisches Aktenstück vom 26. März 1768 berichtet, den Haushalt keineswegs sanieren können.[9]

Am 12. November 1767 heiratete Johann van Beethoven in St. Remigius in Bonn die 21jährige Maria Magdalena Keverich aus Ehrenbreitstein. (Ihr Geburtshaus mit einer besonders schön geschwungenen Wendeltreppe im Innenhof des Anwesens ist dort in der heutigen »Beethovengasse« noch zu besichtigen.)

Maria Magdalena Keverich hatte schon als Sechzehnjährige den Kurfürstlich-Trierschen Leibkammerdiener Johann Leym aus Ehrang bei Trier geheiratet, übrigens einen Witwer, dreizehn Jahre älter als die Braut. Dieser erste Gatte verstarb drei Jahre später, so daß Maria Magdalena Keverich-Leym im Alter von neunzehn Jahren bereits Witwe war.

Aus ihrer ersten Ehe ging am 15. Oktober 1767 der Sohn Johann Peter Anton hervor, der nur einen Monat lang lebte. Beethoven hatte somit neben seinen sechs Geschwistern noch einen Halbbruder aus der ersten Ehe seiner Mutter.

Die finanzielle Situation der Familie Johann van Beethoven war trotz Nebenverdiensten und Gehaltsaufstockungen nie ausgeglichen. Hierin liegt zweifellos eine Ursache der tragischen Entwicklung im Lebensweg von Beethovens Vater.

In einem Personalbericht, den der neue Fürst Maximilian Franz bei seinem Amtsantritt im Jahre 1784 anfertigen ließ, wird Johann van Beethovens Alter mit vierundvierzig Jahren angegeben (hiernach kann also 1740 als das Geburtsjahr Johanns gelten), seine Dienstzeit mit achtundzwanzig Jahren und sein Gehalt mit dreihundertundfünfzehn Gulden pro Jahr. Umgerechnet in heutige Kaufkraft ergibt sich daraus etwa ein monatliches Einkommen von knapp siebenhundertundachtzig DM, für eine fünfköpfige Familie eindeutig ein unter der Grenze des Existenzminimums liegender Betrag.

In einem zusätzlichen Schriftstück zur Hofmusik (»Unterthänigstes Pro-Memoria die Kurfürstliche Hof Musique betrefend«), ebenfalls aus dem Jahr 1784 und vermutlich verfaßt von Graf Salm-Reifferscheid, dem damaligen Intendanten der Hofmusik, findet sich neben den Angaben zur Person: Johann van

Beethoven sei lang in Diensten, sehr arm, von ziemlicher Aufführung und verheiratet, auch eine kritische Bemerkung über seine derzeitige berufliche Qualität als Sänger. »Johan Betthoven hat«, so heißt es unter Nr. 8 des Memorandums, »eine ganz abständige stimm.«[10]

Das Deutsche Wörterbuch von Jacob und Wilhelm Grimm enthält eine Erläuterung jenes zusammengesetzten Eigenschaftswortes, das in Sprache und Schrift inzwischen kaum noch gebräuchlich ist. »Abständig« bedeutet dieser Quelle zufolge soviel wie ›abgestorben, verbraucht‹. Als Beispiele sind dort unter anderem Textstellen des Dichters Stolberg, einem Mitglied des Göttinger Hainbundes, aufgeführt: »abständiges Holz« von Bäumen, die alterten und zum Teil schon »abständig« waren; weiterhin ein »abständiger, abgetragener Rock« und ferner: »nicht abständige, sondern junge, kräftige Leute haben wir nötig«. Grimms Wörterbuch führt außerdem noch als lateinische Übersetzungen »emoriens, deficiens« an, zu deutsch etwa ›zum Sterben gehörig, nicht mehr ausreichend‹.

»Abständig« im Sinn von ›verstorben‹ erscheint übrigens auch in einem Bonner Bewerbungsschreiben der Beethoven-Zeit. Wenige Wochen nach dem Tod Ludwig d. Ä. bat Joseph Demmer, Kantor im Archidiakonalstift zu Bonn, als Nachfolger des »abständigen Bassisten van Beethoven« in die Hofkapelle aufgenommen zu werden.

Doch zurück zu dem Memorandum über die Hofmusik. Im Zusammenhang eines kritischen Vermerks über die Stimme eines langgedienten Berufssängers hat »ganz abständig« zweifellos die Bedeutung von ›verbraucht, verloren, abgestorben‹. Die Aktennotiz aus dem Jahre 1784 dokumentiert also außer der wirtschaftlichen Misere des Familienvaters, Johann van Beethoven, (»sehr arm«) auch noch die berufliche Katastrophe des Hoftenoristen, nämlich den Verlust der Stimme.

In demselben Bericht wird die professionelle Tüchtigkeit seines erst dreizehn Jahre alten Sohnes Ludwig als stellvertretender Organist hervorgehoben. Dies fiel natürlich vorteilhaft auf Johann van Beethoven zurück, der sich schon früh um die Unterrichtung seines ältesten Sohnes, Ludwig, gekümmert hatte und auch, wie in den Personalakten ausdrücklich festgehalten wurde, die beiden jüngeren Söhne, Kaspar Anton und Nikolaus Johann, musikalisch ausbilden ließ. Ferner machten der Bonus seiner langen Dienstzeit von inzwischen schon achtundzwanzig Jahren und sein damals noch guter Leumund sein fachliches Defizit wohl einigermaßen wett. Doch mit einer dringend nötigen Gehaltsaufbesserung konnte er angesichts des in den Akten bekundeten Verlusts der Stimme wohl kaum noch rechnen.

Das Geld aber reichte, wie aus mehreren Briefen hervorgeht, nicht einmal zum Existenzminimum. In der Tat eine aussichtslose und vielleicht auch tragische Lage. Denn als junger Mann hatte er offenbar eine berufliche Chance verpaßt. In diesem Zusammenhang muß man hier noch einmal rund anderthalb Jahrzehnte im Leben Johann van Beethovens zurückgehen.

Im März des Jahres 1770 erhielt er, seinen eigenen Angaben zufolge, brieflich von einem Domherrn aus Lüttich das günstige Angebot, für ein Jahresgehalt von dreihundertundfünfzig Rheinische Gulden als Tenorist in derselben Kathedrale zu wirken, an der bereits Ludwig d. Ä. als Bassist engagiert worden war. Damals vertraute sich Johann van Beethoven einem gewissen kurköllnischen Hofbeamten Belserosky an, der freilich in offensichtlicher Loyalität zum Kurfürsten den beabsichtigen beruflichen Wechsel untersagte und ihn kurzerhand aufforderte, den Minister Graf Belderbusch, den er auch selbst umgehend anschrieb, unter Vorlage des betreffenden Briefes aus Lüttich von seinem Vorhaben zu unterrichten. Damit war die Sache offenbar zugunsten der Bonner Hofkapelle erledigt. (Weitere Dokumente dieser Episode sind bisher nicht aufgetaucht.)

Die ungenützte Chance hat, natürlich vorausgesetzt, daß es sich um keine Finte handelt, übrigens noch einen spekulativen Aspekt: die Möglichkeit, daß Ludwig van Beethoven, der im darauffolgenden Dezember desselben Jahres in Bonn geboren wurde, im Falle eines Zustandekommens der erwogenen beruflichen Veränderung des Vaters nicht als ein kurköllnischer, sondern als ein franko-flämischer Meister in die Geschichte der Musik eingegangen wäre.

Johann van Beethoven blieb jedoch auf Anraten seiner Brotherrn zeitlebens als Hoftenorist in Bonn, wo er beruflich und wirtschaftlich aber nie recht Fuß fassen konnte und am Ende seelisch zerrüttet war.

Unter dem Druck seiner ständigen Geldnot verbündete er sich 1785 mit einem Betrüger. Mit Hilfe von Johannes Steinmüller, einem Juristen von üblem Leumund, richtete er nämlich eine Eingabe an Kurfürst Maximilian Franz, in welcher er verschiedene Geschenke, die er seinerzeit Staatsminister Anton Graf Belderbusch gemacht hatte, jetzt von den Erben zurückforderte.

Mit etlichen Präsenten, darunter eine flämische Bibel und andere Kostbarkeiten, die noch aus dem Besitz von Ludwig d. Ä. stammten, hatte sich Johann van Beethoven, der damals die Nachfolge Ludwig d. Ä. als Hofkapellmeister anstrebte, unter anderem auch wegen einer Patenschaft für seinen dritten Sohn, Nikolaus Johann, der Gunst des Ministers versichern wollen.

Tatsächlich hatte der neugeborene Sohn Johann van Beethovens, wie aus dem Taufregister der Pfarrei St. Gangolph hervorgeht, zwei prominente Paten erhalten, nämlich Kaspar Anton Graf von Belderbusch, Minister des Kurfürsten Max Friedrich, und Karola Gräfin von Satzenhofen, Äbtissin des Stift Villich.[11]

Die Rückgabe der Geschenke rechtfertige sich, wie Johann van Beethoven und Johannes Steinmüller nunmehr behaupteten, aus einer besonderen Vorgeschichte. Sie hätten die Gaben nämlich erst im Anschluß an Bestechungsgelder überreicht, welche der Minister bereits zuvor von ihnen bekommen habe.

Um ihren scheinbar billigen Forderungen zusätzlich noch etwas Nachdruck zu verleihen, wurde Johann van Beethovens Schriftsatz, den vermutlich Steinmüller abgefaßt hatte, mit der gefälschten Unterschrift eines Bonner Hofrats versehen. Dieser blanke Betrug enthüllt den ganzen Vorgang letztlich doch wohl als Schwindel.

Zwei Jahre später, im Juli 1787, starb Maria Magdalena van Beethoven. Infolge ihrer langen Krankheit, die den Haushalt der Familie ohne Zweifel stark belastet hatte, war Johanns Gehalt schon vor Jahresablauf restlos aufgebraucht worden. Auf ein Gesuch an den Kurfürsten mit der Bitte um Vorschuß, in dem er bemerkt, seine gesamten Effekten, die offenbar von Ludwig d. Ä. geerbt waren, verkauft oder versetzt zu haben, erhielt er unter Anrechnung auf das nächste Jahresgehalt einhundert Rheintaler. Damit war der akuten finanziellen Notlage für den Augenblick zwar abgeholfen, doch schien auf längere Sicht – dieser Betrag fehlte im nächsten Jahr natürlich wieder – eine Verschuldung fast unausweichlich.

Vier Monate nach dem Tod seiner Frau starb im Alter von nur anderthalb Jahren noch die Tochter Maria Margarete Josepha, das jüngste Kind aus dieser Ehe. Nach diesem weiteren schweren Verlust verfiel Johann van Beethoven dem Alkoholismus, jener bekanntlich die Lebensgeister bisweilen schwer lähmenden Krankheit, von der es auch heißt, daß sie erblich sei.

Man sah von nun an diesen vom Kummer geplagten Mann immer häufiger in den Weinlokalen der kurköllnischen Residenz Bonn. Dabei gab es auch öffentlichen Ärger. Der zornig aufgebrachte Sohn Ludwig konnte einmal gerade noch verhindern, daß der randalierende Vater von der Polizei vorläufig festgenommen wurde.

Der erst achtzehnjährige Ludwig war schon stark ausgelastet. Er stand in der Bonner Hofkapelle als Bratscher und Organist beruflich seinen Mann. Nebenher studierte er Generalbaß und Komposition bei seinem Lehrer Christian Gottlob Neefe, dem hauptamtlichen, fast dreiundzwanzig Jahre älteren Organisten und Cembalisten am Bonner Hof.

Im Sommer-Semester 1789 war er, wie aus einem namentlichen Eintrag vom 14. Mai in den philosophischen Matrikeln hervorgeht, an der kurköllnischen Universität Bonn eingeschrieben. Zusammen mit den beiden Freunden Karl Kügelgen, dem späteren Maler, und Anton Reicha[12], dem damaligen Flötisten der Hofkapelle, hörte er eine Zeitlang Vorlesungen über Logik, Metaphysik, Moralphilosophie und wahrscheinlich auch griechische Literatur.

Zuhause übernahm er mutig die Verantwortung für das Wohl seiner in desolaten Verhältnissen lebenden Familie. Er sorgte dafür, daß seine beiden unmündigen Brüder, Kaspar Anton Karl und Nikolaus Johann, »gekleidet, genährt und unterrichtet« wurden. Es gelang ihm sogar, die Schulden, die der glücklose Vater gemacht hatte, nach und nach zu tilgen.

Durch ein geschicktes Bittgesuch an den Kurfürsten erreichte er eine günstige Verfügung der Kurfürstlichen Hofkammer an die Landrentmeisterei, wonach die Hälfte des väterlichen Gehalts zur Erziehung seiner jüngeren Geschwister künftig an ihn auszuzahlen sei. Nach einem älteren Modus der Vergütung erhielt er dazu in Naturalien noch drei Malter Korn. (Das ist etwas mehr als ein Doppelzentner.)

In dem betreffenden Schreiben des Fürsten vom 20. September 1789 an den Organisten L. van Beethoven wird zunächst verfügt, daß der Vater von allen weiteren Diensten Dispens erhalten solle und sich außerdem in ein kurköllnisches Landstädtchen zu begeben habe. Tatsächlich wurde Beethovens Vater damals im Alter von etwa 49 Jahren bereits in den vorzeitigen Ruhestand versetzt. Doch durfte er wenigstens in Bonn bleiben, wenngleich auch nicht ohne Auflagen: Nach kurfürstlichem Beschluß stand sogar als Wohnungsinhaber nicht mehr der Vater, sondern künftighin der »Hoforganist Bethofen [sic] junior« der Familie vor.

Johann van Beethoven starb am 18. Dezember 1792, im Alter von ungefähr zweiundfünfzig Jahren. Das war unmittelbar nach dem zweiundzwanzigsten Geburtstag seines ältesten Sohnes, Ludwig, der erst einige Wochen zuvor Bonn um seiner Studienziele willen – für immer, wie sich zeigen sollte – hinter sich gelassen hatte.

2. Die Krone des Familienstammes

Der Proband

Mit dem Tod Johann van Beethovens endet natürlich auch die Skizzierung der Geschichte von Beethovens Vorfahren. Jetzt rückt der sogenannte Proband der Ahnentafel allmählich selbst in den Mittelpunkt der Betrachtungen:

Ludwig van Beethoven, Tonsetzer, geboren wahrscheinlich am 16. Dezember 1770 im Gartengebäude der Bonngasse Nr. 515, getauft am 17. Dezember 1770 in St. Remigius zu Bonn, gestorben am 26. März 1827 im Schwarzspanierhaus Nr. 200 am Glacis der Alservorstadt in Wien, beerdigt am 29. März 1827 auf dem Währinger Dorfkirchhof, 1863 exhumiert und aus dem ursprünglichen Holzsarg in einen Metallsarg umgebettet, schließlich, im Jahre 1888 abermals exhumiert und in ein Ehrengrab des Musikerviertels auf dem Wiener Zentralfriedhof nahe dem zweiten Tor, Simmeringer Hauptstraße 234, überführt.

Nicht beerdigt sind indessen drei Knochenfragmente vom Schädel Beethovens. Es handelt sich um relativ größere Teile des Hinterhaupt- und des Scheitelbeines (in der Länge bis zu 7,8 beziehungsweise 8,2 cm, in der Breite bis 6,1 respektive 6,7 cm). Die Knochenfragmente sind im Besitz eines Urgroßneffen von Franz Romeo Seligmann (1802–1892), dem Begründer des Lehrstuhls für Geschichte der Medizin an der Universität Wien. Professor Seligmann war bei der ersten Exhumierung Beethovens im Jahre 1863 anwesend und untersuchte die Schädelknochen. Durch Recherchen von Hans Bankl und Hans Jesserer wurden die nach der Umbettung nicht wieder beerdigten Knochenstücke in der Nähe von Marseille ausfindig gemacht und, auf ihr Ersuchen, 1985 nach Wien gebracht. Die Beförderung aber der in der Familie Seligmann als Reliquien Beethovens gehüteten Knochenfragmente von der französischen Mittelmeerküste in die Donaumetropole vertrauten die Forscher aus Gründen der Sicherheit einem Taxifahrer an.

In Wien brachte die Untersuchung der Schädelfragmente durch Bankl und Jesserer eine wichtige Erkenntnis über Beethovens Ertaubung: Die sogenannte schleichende Hörstörung ist aufgrund der normalen Beschaffenheit der Knochenstücke nicht – wie seit einigen Jahren von verschiedenen Wissenschaftlern angenommen – auf eine »Osteodystrophia deformans« (verformender Knochenumbau), die sogenannte Pagetsche Krankheit, benannt nach dem englischen Pathologen Sir James Paget (1814–1899), zurückzuführen (s. Tafel 8). Die Analyse der Krankengeschichte von Beethovens Gehörleiden läßt hingegen den Schluß auf eine Innenohrotosklerose (erbliche, von der Mittelohrschwerhörigkeit übergreifende und mit Durchblutungsstörungen einhergehende Erkrankung) zu, wodurch eine These aus dem Jahre 1927 von H. Neumann, dem Leiter der Hals-Nasen-Ohren-Klinik an der Universität Wien, wieder in Erinnerung gebracht wird. Doch nun zurück zur Geschichte des Familienstammes.

Der Tondichter hat den Campenhouter Hauptstamm, welchem er in der zehnten Generation nach Johann van Beethoven I., dem bäuerlichen Stammvater des 15. Jahrhunderts, angehörte, selbst nicht fortgeführt. Der Name van Beethoven blieb aber in einem Nebenzweig, der mit dem jüngeren Bruder Kaspar Anton Karl beginnt, noch drei Generationen lang erhalten.

Mit der Schilderung vieler Einzelheiten wurde hier, gemäß der geschichtlichen Bedeutung des großen Namens, versucht, soweit wie möglich über kleinste Verästelungen bis in die Wurzelspitzen des Stamms vorzudringen. Eine Charakterisierung der drei letzten Namensträger, die andererseits gleichsam die Coda zu diesem Geschlecht bilden, mag solche Bemühungen noch ein wenig abrunden. Doch vorerst gilt das Interesse dem sogenannten Probanden dieser Familiengeschichte, gewissermaßen der Krone des Campenhouter Hauptstammes.

Beethoven hatte mehrfach Heiratsabsichten, welche man in einem Fall auch näher verfolgen kann. Am 2. Mai 1810 schrieb er seinem alten Freund Dr. Franz Wegeler, der inzwischen von der Universität Bonn zur Medizinalverwaltung in Koblenz übergewechselt war. Er bat ihn dringlich, aus Bonn seinen

Taufschein zu besorgen (»– Je bälder... desto größer meine Verbindlichkeit –«).

Offenbar benötigte er dieses Identitätspapier zur Vorlage bei einer Wiener Pfarrei für das kirchliche Aufgebot vor der Eheschließung. (Aus mehreren Briefen dieser Zeit, die an Baron von Zmeskall und Therese Malfatti, zum Beispiel, gerichtet sind, kann man ersehen, daß Beethoven, damals bereits in seinem vierzigsten Lebensjahr, tatsächlich an eine Heirat dachte.) Sein Familienbuch, aus dem ihm der Name einer Taufpatin noch im Gedächtnis anklang, war abhanden gekommen. »Der Himmel weiß wie« äußerte er sich hierzu lakonisch.

Dr. Wegeler erledigte alsbald für seinen Freund den Behördengang in Bonn, so daß genau zwei Monate nach Beethovens Briefbitte das gewünschte Dokument erstellt und nach Wien abgeschickt werden konnte. Als Beethoven nun mit seinem amtlichen Taufdatum schwarz auf weiß konfrontiert wurde, wollte er dem von der »Mairie de Bonne« ausgestellten Schein dennoch keinen Glauben schenken.

Bisher hatte er sich irrtümlicherweise nämlich stets für zwei Jahre jünger gehalten, als er in Wirklichkeit war. Aus dieser Sicht mußte er folgerichtig den Taufschein korrigieren. »1772«, notierte er eigenhändig auf der Rückseite und begründete diese Änderung: »Es scheint der Taufschein nicht richtig, da noch ein Ludwig vor mir. Eine Baumgarten [richtig hieß sie Baums!] war glaube ich mein Path.«

Beethoven wußte zwar, wie aus dem genannten Brief an Wegeler hervorgeht, von seinem älteren Bruder gleichen Namens, kannte aber, da er keine Urkunden mehr besaß, das Geburtsdatum nicht. Der bereits erwähnte, nur sechs Tage alt gewordene Ludwig Maria van Beethoven wurde am 2. April 1769 getauft. (Wenn man die katholische Sitte des Rheinlands berücksichtigt, die Neugeborenen innerhalb von vierundzwanzig Stunden nach der Entbindung taufen zu lassen, ist je nach der Geburtsstunde entweder der 1. April oder der 31. März 1769 der Geburtstag dieses Bruders.)

Der älteste Sohn des Hoftenoristen Johann van Beethoven kam also knapp eindreiviertel Jahr vor seinem zweiten Sohn

Ludwig, dem späteren Komponisten zur Welt. Dieser war allerdings der Meinung, der Abstand betrüge volle zwei Jahre. Weiterhin glaubte er, »daß noch ein Bruder früherer Geburt« 1770, er selbst aber demnach im Jahre 1772 geboren sei. Jahrzehntelang hielt sich Beethoven aufgrund dieser Verwechslung für zwei Jahre jünger. (»Leider habe ich eine Zeitlang gelebt, ohne selbst zu wissen, wie alt ich bin«, schrieb er an Wegeler.)

Die Besorgung des Taufscheins geht wahrscheinlich auf Beethovens Wunsch zurück, die schon genannte, damals etwa achtzehnjährige Therese Malfatti zu ehelichen, eine Nichte des renommierten Wiener Mediziners Dr. Johann Malfatti, den er seit 1808 fast ständig als Arzt konsultierte. Dieser Heiratsplan zerschlug sich. Auch spätere Ehewünsche erfüllten sich bekanntlich nicht. Beethoven blieb, obgleich er mehrmals in Briefen sein Gefühl bekannte, daß »Heirat ihn glücklich machen könnte«, lebenslang einsam.[13]

Es scheint, daß Therese Malfatti, die 1816 mit Baron Wilhelm von Drosdick die Ehe einging, Beethovens starke Zuneigung gar nicht erwidert hat. Anders als bei seinen Begegnungen mit Frauen der österreichischen und ungarischen Aristokratie bestand durch ihre Herkunft kein hinderlicher Standesunterschied – ihr Vater wurde erst 1837 als Edler von Malfatti in den Adelstand erhoben –, der eine Ehe von vorneherein unmöglich gemacht hätte.

Nach dieser Enttäuschung fiel es ihm zum ersten Male schwer, sich wieder auf seine Kunst zu besinnen, die ihm zuvor schon über so manchen gesundheitlichen Kummer hinweggeholfen hatte, nun aber »Trost und Triumph« zu verweigern schien.

Am stärksten wohl litt Beethoven an der Einsamkeit als Eheloser in den letzten Wochen seines sechsundfünfzigjährigen Lebens. Hiervon berichtet uns der Komponist Ferdinand Hiller, ein Freund Heinrich Heines, in Tagebuchaufzeichungen vom 13. März 1827, in welchen er die Eindrücke seines Besuchs im Schwarzspanierhaus dokumentierte. Beethoven habe auf dem Sterbebett, als er an der Gelbsucht und am Ende auch noch an der Wassersucht erkrankt war, auch seelisch gelitten, weil er, wie er selbst äußerte, anders als etliche seiner Freunde, der Liebe und Pflege einer sorgenden Gattin entbehren mußte.

Wir sind hier mittlerweile an jener biographischen Stelle angekommen, wo Beethovens irdisches Leben zu Ende ging und zugleich sich seine Reputation in den Nachruhm zu verwandeln begann. Dieser Wechsel ging ziemlich abrupt und beinahe würdelos vonstatten. Die Reaktionen der Freunde überschlugen sich. Die einen konnten seinen Tod nicht abwarten, die anderen nahmen ihn gewissermaßen vorweg.

Im Sterbezimmer im Schwarzspanierhaus hatte sich Josef Teltscher eingefunden, ein junger Malerfreund Schuberts, um Beethoven in der Agonie zu zeichnen. Er konnte aber bloß zwei Bleistiftsskizzen machen, weil Stephan Breuning ihn wegen Pietätlosigkeit aus dem Zimmer jagte. Die Skizzen waren übrigens lange verschollen, bis sie in eine Sammlung Stefan Zweigs gelangten.[14]

Aber noch eifriger als der junge romantische Portraitist war Anton Schindler. In Grillparzers »Erinnerungen« ist er als Beethovens »Geschäftsmann« bezeichnet. Bereits zwei Tage vor Beethovens Tod bestellte er in nüchterner Vorausplanung bei Grillparzer die Grabrede.

Grillparzer hatte sich damals allerdings schon seit längerem von Beethoven ferngehalten. Ihn störte nicht nur die lästige schriftliche Gesprächsführung, die Beethovens fortschreitende Ertaubung erzwang. Er war wohl auch ein wenig enttäuscht, daß Beethoven sein Libretto nach der Fabel der Melusine nie bearbeitet hatte.

Aber im Grunde zählte Grillparzer trotz einer gewissen Distanz auch weiterhin zum Freundeskreis. (»Ich habe Beethoven eigentlich geliebt«.) Als er von Beethovens ernster Erkrankung erfuhr, machte er sich jedenfalls unverzüglich an die Arbeit. Und obwohl Beethoven noch lebte, schrieb Grillparzer offensichtlich ohne Skrupel:

»Indem wir hier am Grabe dieses Verblichenen stehen, sind wir gleichsam die Repräsentanten einer ganzen Nation, des gesamten deutschen Volkes, trauernd über den Fall der einen hochgefeierten Hälfte dessen, was uns übrig blieb von dem dahingeschwundenen Glanz heimischer Kunst, vaterländischer Geistesblüte.«

Er hatte gerade die erste Hälfte seines Nekrologs fertig, als Schindler wieder erschien, um das bestellte Manuskript abzuholen. Als Grillparzer jetzt die Nachricht erhielt, Beethoven sei erst vor wenigen Augenblicken gestorben, bekam er einen Schock, offenbar weil er beim Schreiben den Tod zwei Tage gewissermaßen vorweggenommen hatte. Wie er sich später erinnerte, konnte er daraufhin die Rede nicht mehr mit derselben Prägnanz vollenden, mit der er sie begonnen hatte. Den Wienern aber verkündete Grillparzer in diesem etwas makaber voreilig niedergeschriebenen Nachruf:

»Den ihr betrauert, er steht von nun an unter den Großen aller Zeiten, unantastbar für immer.«[15]

Doch die Zeiten haben sich inzwischen geändert und mit ihnen natürlich auch die nachfolgenden Musikergenerationen. Dies zeigte sich besonders kraß bei einer Umfrage, die Willy Haas 1927 anläßlich des hundertsten Todestages bei mehreren europäischen Komponisten durchführte.[16] Die Enquête »Was bedeutet Ihnen Ludwig van Beethoven?« fiel zur großen Enttäuschung ihres Initiators sehr negativ aus. Denn Ravel, Auric, Weill und Janáček sprachen in einer unverhohlenen Rebellion gegen Beethovens anhaltenden Nachruhm seinen Werken schlichtweg die kompositorische Meisterschaft ab.

Doch kehren wir nach Wien zurück. Nach Beethovens Tod kamen anderntags einige engere Vertraute – sein Bruder Nikolaus Johann, der Freundessohn Stephan Breuning, die beiden Geiger Anton Schindler und Karl Holz – im Trauerhaus zusammen, um das Begräbnis vorzubereiten. Sie suchten vorerst nach hinterlassenen Bankpapieren, die Beethoven bereits 1823 erwähnt und später in seinem brieflichen Testament vom 3. Januar 1827 ausdrücklich aufgeführt hatte.

Man wurde aber nicht sogleich fündig. Breuning vermutete sie in einem Schreibkästchen neben Beethovens Bett, wo sie aber nicht waren. Jetzt gab es erhebliche Aufregung unter den Freunden. Und eine Verstimmung war bereits im Anzuge, als der Bruder gar meinte, die Papiere würden wohl bloß zum Schein gesucht.

Erst am Nachmittag wurde per Zufall, als Karl Holz einen hervorstehenden Nagel an Beethovens Kleiderschrank herauszog, ein fantastisch verborgenes Geheimfach aufgestöbert. Inhalt: mehrere hundert Gulden Wiener Währung und die besagten sieben Aktien der österreichischen Nationalbank. Es kam aber noch etwas anderes Kostbares zum Vorschein, nämlich der zehnseitige, inzwischen berühmte Brief von Beethovens Hand, geschrieben mit dem Bleistift der Adressatin, jener geheimnisvollen inniggeliebten Frau, die er als eine der wenigen sogar brieflich duzte und hier seine »Unsterbliche Geliebte« nannte.

Dieses zehnseitige Dokument ist ein einzigartiges Zeugnis unmittelbaren Erlebens. Anders als zum Beispiel in seinen Korrespondenzschreiben fehlen hier die geistreichen Formulierungen, die immer diplomatisch auf etwas Zukünftiges ausgerichtet sind. Dieser Brief hingegen befaßt sich ganz mit der Gegenwart seines Gefühls. Dadurch wird das Dokument zum Denkmal dieser Liebesbeziehung. Es spiegelt einen seelisch aufgewühlten Beethoven wider, der hier im Brief, genau wie in seinen musikalischen Werken, mit hämmernden Wiederholungen die Botschaft seiner Rede ausdrucksmäßig zu steigern vermag, um sich im gleichen Moment, mit eigentümlicher Abruptheit, völlig nach innen zu kehren und seine Expressivität wieder zu reduzieren. Der Schluß ist ganz die Dialektik eines musikalischen Klassikers mit anderen Mitteln:

Ewig Dein
ewig mein
ewig uns

Dieser inneren Dynamik entspricht auch das Äußere des Briefes. Die Schriftzüge und unterschiedlich gefüllten Seiten sind deutliche Abbilder der aufwallenden Gemütsbewegung des Schreibers. (In Beethovens handschriftlichen Partituren findet sich eine vergleichbare musikalische Graphologie.)

Ortsangabe und Jahreszahl des Briefes, von Beethoven bei der ungestümen Niederschrift ausgelassen, konnten mittlerweile aus dem Inhalt des Briefes erschlossen werden. Die ausführliche Beschreibung der eingeschlagenen Reiseroute, ferner der Verweis auf einen alternativen Weg, unter Nennung eines gewissen Esterhazy, ergaben unter ergänzender Benützung anderer zeitgenössischer Quellen – darunter minutiöse metereologische Tagebuch-Aufzeichnungen Goethes[17], der damals Kurgast in Teplitz war, wo er auch mit Beethoven zusammentraf –, daß der Brief mit Sicherheit Anfang Juli des Jahre 1812 in dem böhmischen Badeort Teplitz geschrieben wurde.

Die Adressatin des Briefes ist zwar dokumentarisch nicht auszumachen. Aber es gibt inzwischen eine ganze Reihe, vor allem von der Forscherin Marie-Elisabeth Tellenbach aufgezeigter innerer Gründe, welche mit höchster Wahrscheinlichkeit auf die Gräfin Josphine Deym, eine geborene Brunswick, als die große Liebe Beethovens schließen lassen.

Außerdem existiert ein ganzes Bündel von Joseph Schmidt-Görg herausgegebener weiterer Liebesbriefe, dreizehn an der Zahl, die sämtlich an die Gräfin Josephine Deym adressiert sind. Sie spiegeln stellenweise durchaus vergleichbare Emotionen wider und verweisen damit auf ihre geistige Nachbarschaft zu dem immer noch geheimnisvollen Dokument aus Teplitz.

Die Vermutung, daß Josephine die Adressatin des in drei zeitlich aufeinander folgenden Abschnitten niedergeschriebenen Liebesbriefes sei, fußt zu allererst auf einer Äußerung ihrer Schwester, Therese von Brunswick, die bei der Veröffentlichung in der Beethoven-Biographie von Anton Schindler meinte: »...werden wohl an Josephine sein, die er leidenschaftlich geliebt hat«.

Aber eine Zusammenkunft zwischen Josephine von Deym und Ludwig van Beethoven ist bislang nicht dokumentiert. Der Biograph George R. Marek eröffnet jedoch noch eine andere Möglichkeit. Als Beethoven am Morgen des 6. Juli 1812, nach einer beschwerlichen nächtlichen Reise, in Teplitz eintraf, kam er vermutlich aus Prag. Nun hat Marek schlüssig nachgewiesen, daß sich zu diesem Zeitpunkt eine hervorragende Klavierschülerin Beethovens, nämlich Dorothea Ertmann, in Prag aufhielt. Unter solcher Perspektive käme also auch diese Schülerin als mögliche Adressatin in Frage.

Der selbe Forscher führt mit philologischer Redlichkeit sogleich auch gute Gegengründe an, so daß wieder Zweifel bestehen, ob die geheimnisvolle Adressatin nun wirklich gefunden wurde. Ein späterer Brief Beethovens, der tatsächlich an die Pianistin Dorothea Ertmann gerichtet ist, läßt in seiner recht oberflächlichen Höflichkeit kaum den Schluß zu, daß sie einst die große Liebe seines Lebens war.

Es ist weiterhin ungeklärt, ob es sich hier um einen realen Brief handelt, der tatsächlich per Post geschickt und irgendwann später von der Adressatin selbst oder von Verwandten zurückgegeben wurde, oder ob sich Beethoven auf diesen zehn Seiten mit der emotional aufwühlendsten Begegnung seines Lebens ausschließlich persönlich auseinandergesetzt hatte. Dabei ist auch zu berücksichtigen, daß Beethoven in einer »briefeschreibenden« Epoche lebte. Im Grunde war damals jeder persönliche Brief zunächst ein Selbstgespräch und erst in zweiter Linie der Part eines Dialogs.[18] Hiervon zeugt deutlich das Dokument aus Heiligenstadt, wovon noch zu reden sein wird.

Im Zusammenhang des Nachlasses gibt es noch eine weitere rätselhafte Episode. Beethoven hatte schon in einem Brief an den Advokaten Dr. Johann Baptist Bach vom März 1823 den Neffen Karl zum Universalerben bestimmt. Auf den Monat genau vier Jahre später riet der Freund Stephan von Breuning, das Testament zu ändern. Beethoven solle das Vermögen sicherheitshalber für unveräußerlich erklären (»fideikommissarisch« anlegen).

Breuning verfaßte für Beethoven drei Zeilen als Muster, wonach die Erbschaft des Neffen dahingehend eingeschränkt werden sollte, daß Karl nur die Nutznießung der Kapitalzinsen zugesprochen bekäme, das Kapital selbst aber auf die ehelichen Nachkommen überginge.

Beethoven protestierte zunächst, fand sich aber schließlich doch zu der Änderung bereit. Mit zitternder Hand und durch die von der Leberzirrhose bedingten Ausfälle bereits stark gezeichnet, korrigierte Beethoven drei Tage vor seinem Tode seinen letzten Willen. Es sollte das letzte von ihm unterzeichnete Schriftstück sein.

Trotz der Konzentrationsschwierigkeiten beim Schreiben mit der Hand war er noch voll testierfähig. Aus Breunings dreizeiliger Vorlage wurden einschließlich der Unterschrift sieben Zeilen, wobei Beethoven seine Freunde vor allem inhaltlich erstaunte. Denn den Passus »eheliche Nachkommen« änderte er gegen den eindringlichen Rat der wohlmeinenden und vielleicht auch juristisch besser informierten Freunde mit einer letzten Entschlossenheit in »natürliche oder testamentarische Erben«.

Auf den Einwand, daß hierdurch womöglich Benachteiligungen und Schwierigkeiten programmiert würden, entgegnete Beethoven mit dem Satz, der laut Schindler sein letzter Widerspruch sein sollte: »Das eine sey so viel, wie das andere, es möge nur dabei verbleiben.«

Auch dies muß wohl ein Geheimnis bleiben, was Beethoven an der Schwelle des Todes, aber noch im Besitz geistiger Kraft und ungebrochenen Eigensinns bewogen haben mochte, in seinem Testament statt ehelicher Nachkommen ausdrücklich natürliche Erben zu berücksichtigen. Beethoven verwendet hier einen Begriff, der in seinem eigenen Leben mehrfach besetzt ist, sich im Zusammenhang mit dem zwanzigjährigen Erben aber merkwürdig ausnimmt.

Hatte es vielleicht, so könnte man angesichts dieses möglicherweise unbewußt aufgetauchten Begriffs hier fragen, tatsächlich irgendeinen natürlichen Nachkommen Beethovens gegeben? (Wir kommen im letzten Kapitel hierauf zurück.)

Im Blick auf den Campenhouter Stamm gilt für den Probanden, der, wie schon gesagt, unverheiratet blieb und keinen Nachkommen zeugte, weiterhin die Zusammenfassung Schmidt-Görgs, nach der Ludwig van Beethoven ›in seiner künstlerischen Bedeutung Gipfel und Krone seines ganzen Geschlechtes bildete, wie auch biologisch der einsame Abschluß ist‹.

In dem schon erwähnten Nebenzweig des Campenhouter Hauptstamms, der von Beethovens jüngerem Bruder seinen Anfang nimmt (die Ehe des Nikolaus Johann van Beethoven mit Therese Obermayer, der Tochter eines Bäckermeisters aus Wien, blieb kinderlos)[19], gab es bis 1917 noch vier Generationen mit männlichen Namensträgern: Kaspar Anton Karl, Musiker und Kassierer; Karl, Unteroffizier, Gutspächter und Privatier; Ludwig Johann, Journalist, »Managing Director« und »Ingenieur«; Karl Julius Maria, Journalist und Landsturmmann.

Kaspar Anton Karl van Beethoven, getauft am 8. April 1774 zu St. Gangolph in Bonn, gestorben am 15. November 1815 in Wien, erhielt in seiner Jugend, was oben bereits erwähnt wurde, genau wie seine beiden Brüder Ludwig und Nikolaus Johann eine gründliche musikalische Ausbildung. Nachdem Ludwig in die Donaustadt übergesiedelt war und kurz darauf der Vater in Bonn verstarb, blieben die Brüder sich selbst überlassen. Während Johann Nikolaus eine Lehre in der Bonner Hofapotheke machte, setzte Kaspar Anton Karl die Familientradition fort und wurde Musiklehrer. Sein erstes Instrument war ohne Frage das Klavier. Er beherrschte aber auch noch andere Instrumente, wie er selbst in einem Brief an den Redakteur der Leipziger »Allgemeinen Musikalischen Zeitung« schrieb.[20]

Beide Brüder scheinen Ludwig wohl schon bald nach Wien gefolgt zu sein. Dort sind sie jedenfalls um 1795 anzutreffen. Der jüngere führte ab 1808 in Linz die »Apotheke zur Krone«. Später erwarb er in Gneixendorf bei Krems das große Landgut »Wasserhof« mit Ackerbesitz, Weingärten, einem Schlößchen und Fernblick in die Donaulandschaft. Dorthin war übrigens Ludwig Ende September 1826 zu Besuch gekommen und hatte sich auf der Rückreise im naßkalten November eine schwere Lungenentzündung zugezogen, von der er sich im Grunde nie mehr erholte.[21]

Johann van Beethoven hat seinen älteren Bruder um zwanzig

Jahre überlebt. Nachdem er sein Landgut wieder verkauft hatte, zog er nach Wien zurück. Sein großes Vermögen hielt er sparsam zusammen. Doch wenn der ehemalige Gutsbesitzer und Träger des hochberühmten Namens in auffälliger Kleidung im Prater spazierenfuhr, gönnte er sich imponierenden Luxus. Er ließ nämlich vor seine Kutsche gleich vier Pferde spannen.

Nikolaus Johann van Beethoven starb 1848 als kinderloser Witwer in seinem achtundsechzigsten Lebensjahr.

Alle drei Beethovens haben sich nach ihrer Übersiedlung in die Donaustadt der weichen Sprache der Wiener ein wenig angepaßt, jeder auf seine Weise. Der Jüngste nannte sich jetzt Johann statt Nikolaus. Der mittlere Bruder, in Bonn und anfänglich noch in Wien immer »Caspar« genannt, übrigens auch von Ludwig, hieß nun nach seinem dritten Vornamen Carl oder manchmal auch »Carlo«, falls er seine Kompositionen, entsprechend damaliger Gepflogenheit, in italienischer Schreibweise signierte.

Ludwig buchstabierte seinen Familiennamen, wenn er ihn in deutscher statt in lateinischer Schrift schrieb, nicht mit dem üblichen härteren »v«, sondern mit einem weichen »w«. Dies war genau die phonetische Wiedergabe der Wiener Aussprache, wie wir sie auch im Stammbucheintrag des österreichischen Grafen Waldstein anläßlich Beethovens Abschied aus Bonn finden. Der Akzent lag übrigens auf der zweiten Silbe, so wie man es in Wien auch heute noch in der Umgangssprache hören kann: Beethówen.

In Bonn wurde der Familienname wohl auf der ersten Silbe betont, und das »v« wie »f« ausgesprochen, was aus der phonetischen Schreibweise »Bethofen« in einer kurfürstlichen Aktennotiz zu schließen ist.

Beethoven wurde von seinen Jugendfreunden offenbar nicht Ludwig, sondern »Louis« genannt. »Mein lieber alter Louis!« überschrieb jedenfalls sein alter Freund Wegeler den wichtigen Brief zur Königslegende (28.12.1825), wovon später noch zu reden ist. Bei einigen Werkausgaben, der Missa solemnis zum Beispiel, hat Beethoven seinen Vornamen, entsprechend zeitgenössischer Praxis in »Ludovico« romanisiert.

Karl van Beethoven war anfänglich auch noch in Wien als Musiker tätig. Doch um 1800 wechselte er ins Bankfach über. Bei der K. K. Universal-Staatsschuldenkassa war er zunächst Praktikant, dann Kassaoffizier und schließlich beamteter Kassierer.

Über sein musikalisches Wirken gaben bislang nur wenige Dokumente Aufschluß, und dies auch nur mittelbar.

In der »Wiener Zeitung« vom 11. Januar 1800 wurden in einer Anzeige des Verlegers Hoffmeister neben einigen Tänzen Ludwig van Beethovens auch »6 Menuette, 6 Deutsche und 6 Contretänze von ›Carl van Beethoven‹« zu je 45 Kreuzern angeboten.[22] (Das entspricht heute etwa DM 11,25.) Bei Thayer, der dieses Inserat erwähnt, findet sich auch ein Hinweis auf das Manuskript einer Sonate für Klavier zu vier Händen »par Caspar Beethoven«, damals im Besitz des Verlegers Artaria[23] (s. Tafel 1).

Dieses Autograph, für dessen Verbleib sich lange niemand interessiert hatte, wird heute in der Handschriftensammlung der Deutschen Staatsbibiothek Berlin, in der Stiftung Preußischer Kulturbesitz, aufbewahrt.[24]

Inzwischen konnte unser Wissen über den Musiker Carl van Beethoven durch die Forschungen Shin Augustinus Kojimas erweitert werden. Kojima hat unter anderem nachgewiesen, daß Carl der Komponist von drei Werken ist, welche bislang seinem Bruder Ludwig zugeschrieben wurden. Diese Kompositionen sind sämtlich etwa um 1799 entstanden, nämlich das zweisätzige Klaviertrio D-Dur, das Rondo für Klavier B-Dur und die zwölf Menuette für Orchester.[25]

Carl van Beethoven hat auch noch zu Anfang seiner Banklaufbahn komponiert. Dies geht aus einem Skizzenblatt von 1804 hervor, das Entwürfe der melodischen Hauptstimmen zu drei Contretänzen enthält. Die Skizze des ersten Tanzsatzes weist einige Korrekturen auf: die Neufassung eines Taktes sowie die Hinzufügung von Verzierungen, die durch Shin Kojima als Verbesserungen von Ludwigs Hand identifiziert worden sind.

Beethoven hat sich hier offensichtlich bemüht, dem ihm innerlich nahestehenden Bruder bei dem Aufbau einer Existenz als Komponist behiflich zu sein. Natürlich konnte diese Karriere nicht im Bereich der Klaviermusik oder der sinfonischen Musik versucht werden, wo Ludwig schon größte Anerkennung gefunden hatte. Doch es gab da noch eine ergiebige Nische, nämlich die gehobene Tanzmusik, die seinerzeit vornehmlich bei Redouten erklang.

Solche Gebrauchstänze wurden teils in einer kleinen Besetzung mit zwei Violinen und Baß aufgeführt oder auch von einem mittleren Orchester gespielt, mit chorisch besetztem Streichquintett, Blasinstrumenten nebst einigem Schlagwerk. Wenn aber gerade kein Orchester beziehungsweise Ensemble verfügbar oder vielleicht nicht zu finanzieren war, griffen die Veranstalter gern auf eine Klavierfassung bekannter Tanzsätze zurück. Carl van Beethoven ist als Arrangeur solcher Bearbeitungen zu zwei und zu vier Händen mehrfach bezeugt, so von Tanzmusiken seines Bruders und von Leopold Anton Kozeluch.[26]

Ludwig hat seinem Bruder nicht nur handwerklich geholfen. Er ließ auch seine gesellschaftlichen Beziehungen spielen. In einem jener bereits erwähnten Briefe an die Gräfin Josephine Deym vom Winter 1804 kündigt er den Besuch Carls an, der eine Empfehlung brauche. Beethoven ging bei seiner eindringlich vorgetragenen Bitte, dem Bruder zu helfen, dennoch diplomatisch vor. Er wisse nicht, so ließ er nämlich verlauten, was das Anliegen sei. Da aber die Brüder damals zusammenwohnten und Carl seit 1802 die geschäftliche Korrespondenz für Ludwig führte, dürfte ihm bekannt gewesen sein, in welcher Angelegenheit er sich hier einsetzte.

Die zeitliche Nähe zu der oben erwähnten musikalischen Betreuung bei den Entwürfen der Contretänze lassen vermuten, daß Carl hier wegen einer musikalischen Empfehlung vorsprechen wollte, vielleicht im Hinblick auf einen Kompositionsauftrag für eine Tanzmusik.

Als es Carl 1815 gesundheitlich sehr schlecht ging und er sich außerdem noch in großen finanziellen Schwierigkeiten befand, kümmerte sich Ludwig mit geradezu rührender Fürsorge um ihn.

Dabei war das Verhältnis der beiden Brüder zeitweise auf das äußerste gespannt gewesen. Dennoch nahm sich Ludwig jetzt die Zeit, im Auftrag des von einer Lungenkrankheit bereits gezeichneten Bruders brieflich in Graz bei dem befreundeten Kammerprokurator Varena nach ausgefallenen Haustieren – vermutlich waren es Pfauen – zu fragen, die aus Liebhaberei und sicherlich auch zum Trost des Schwerkranken unbedingt beschafft werden sollten, wobei Beethoven alle Kosten übernehmen wollte. Außerdem versuchte Beethoven einen offenbar kostbaren Pfeifenkopf aus dem Besitz Carls über Antonie von Brentano in Frankfurt zu verkaufen.

Carl van Beethoven konnte, wie man weiß, als Musiker auf die Dauer nicht Fuß fassen. Als Komponist orchestraler Gebrauchstänze fehlte ihm vor allem die Kenntnis der Instrumentation. Er hatte offenbar nie im Orchester gespielt und auch wohl keine rechte Anleitung im Tonsatz bekommen. Aus diesem Grunde konnten 1799 denn auch seine zwölf Menuette, die nur schlecht instrumentiert sind, in Wien keine Aufnahme finden.

Mit der Klaviermusik war es noch aussichtsloser. Mit der Reputation seines Bruders als Meister dieses Instrumentes konnten es nicht einmal die professionellen Improvisatoren aufnehmen. Dabei lag aber hier Carls eigentliche Begabung. Dies wird deutlich, wenn man die beiden inzwischen identifizierten und auch lokalisierten Originalkompositionen Carl van Beethovens unter die Lupe nimmt, nämlich die Sonate und das Rondo. Die Sonate für Klavier zu vier Händen stammt noch aus der Bonner Zeit. Dafür spricht schon äußerlich der eigenhändige Namenszug »par Caspar Beethoven« mit dem, wie schon gesagt, ursprünglichen, nur in Bonn gebrauchten ersten Vornamen des Komponisten. Übrigens fehlt das »van«, das später bei seinem berühmten Bruder noch eine wichtige Rolle spielen sollte. Aufgrund der Wasserzeichen-Analyse konnte das Jahr der Niederschrift mit 1790 bestimmt werden.[27] Caspar van Beethoven war damals fünfzehn oder sechzehn Jahre alt, und Vater Johann lebte noch.

Das Rondo hingegen ist etwa acht bis neun Jahre später in Wien entstanden.

Die Bonner Sonate hat drei Sätze (Allegro, Andante, Allegro vivace), in denen die einfache gerade Taktart (2/4) gleichbleibt, die Tonart hingegen etwas eigenwillig wechselt: D-Dur, F-Dur, A-Dur. Das Werk weist zwar manche satztechnischen Unzulänglichkeiten auf. Da fehlte dem Jugendlichen wohl eine verständnisvoll helfende Hand. Etwas ungeschickte Verdoppelungen der Terz und Septime in einem Vierklang zum Beispiel oder konzeptionslose Sprünge in der Stimmführung hätten ohne weiteres vermieden werden können.

Doch man spiele einmal das »Andante«. Dort entfaltet sich ein musikalisch äußerst dichter und ausgewogener Dialog von melodischer Schönheit zwischen den ›hellen‹ und ›dunklen‹ Stimmen. In diesem Mittelsatz schimmern kompositorische Begabung und musikalische Versiertheit eines talentierten jugendlichen Klavierspielers durch. Dieser war eben ein Beethoven und kam, zumindest was seinen Anfangsunterricht betrifft, aus der gleichen Schule wie Ludwig der Klassiker.

Die Schule eines Musikers beginnt immer früh. Hier spielte natürlich der Vater eine Rolle. Johann van Beethoven ist sehr wahrscheinlich für die solide musikalische Grundausbildung, wie sie sich in diesem Erstlingswerk seines mittleren Sohnes niedergeschlagen hat, allein verantwortlich. Anderer pädagogischer Einfluß ist zwar denkbar, aber angesichts der viel zu geringen fianziellen Mittel, mit denen die Familie auskommen mußte, ziemlich unwahrscheinlich.

Natürlich handelt es sich um ein Randgebiet in der Geschichte seines großen Sohnes. Doch eben dieses weist Johann van Beethoven, anders als man bisher glaubte, als eine musikalisch wichtige historische Figur aus, die entscheidenden Anteil an der beruflichen Entwicklung der beiden Söhne hatte.

Das Manuskript der besagten Sonate ist schon äußerlich ansprechend. Die gestochene Handschrift des Jugendlichen zeugt in ihrem graphischen Schwung unverkennbar von Professionalität, obwohl sie stellenweise Genauigkeit vermissen läßt, vor allem bei den Vorzeichen.

Das Rondo des etwa vierundzwanzigjährigen Carl van Beethoven ist zweifellos besser als seine Sonate. Gleichzeitig läßt es aber auch die Grenzen seiner Kunst erkennen. Das Thema, gewissermaßen ›alla caccia‹, ist elegant gesetzt und nicht ohne klavieristischen Reiz. Die Übergänge zwischen den Ritornellen und den Couplets sind meistens gelungen und bisweilen dramatisch angelegt. Aber in den Zwischenspielen gibt es neben plötzlichen harmonischen Effekten, denen man in ganz ähnlicher Weise schon in der erwähnten Sonate begegnet, auch Weitschweifigkeit und statt pianistisch konzipierten Passagen opernhafte Abschnitte, wie sie auch Ludwig van Beethoven als Knabe in seiner »Kurfürstensonate« f-Moll geschrieben hatte. Alles in allem ein liebenswertes Klavierstück, dessen wesentliches Merkmal eine gewisse Eigenwilligkeit ist.

Am 5. Mai 1806 vermählte sich Caspar Anton Karl van Beethoven mit Johanna Reiß, der Tochter eines vermögenden Tapezierers aus der Alservorstadt Wiens. Aus der Ehe ging als einziges Kind der Sohn Karl hervor. Der Sprößling erblickte schon am 4. September 1806, also viereinhalb Monate nach der Hochzeit seiner Eltern, das Licht der Welt.

1815, nach dem frühen Tod des Vaters – er starb an einer Lungenkrankeit –, übernahm Ludwig nach dem testamentarischen Willen des Verstorbenen die Vormundschaft über den achtjährigen Halbwaisen Karl. Aber weder der Onkel, damals schon eine hochberühmte Persönlichkeit in ganz Europa, noch der unglückliche, von seinen diversen Erziehern nicht selten gequälte Neffe waren dieser Partnerschaft gewachsen. Das Vormundschaftsverhältnis dauerte bis zur Volljährigkeit Karl van Beethovens. Es brachte schwere Krisen für beide und wurde während jener zehn langen Jahre schier unerträglich. Im Verlauf vieler gerichtlicher Auseinandersetzungen mit der Schwägerin Johanna mußte Beethoven, der sich aufgrund des »van« bislang für einen gebürtigen Aristokraten gehalten und dementprechend auch adelsgerichtliche Kompetenzen beansprucht hatte, im Jahre 1818 öffentlich offenbaren, daß er in Wirklichkeit keinerlei Adelsdiplome besaß. Dieses Eingeständnis führte gewissermaßen zu einer Erschütterung seines Identitätsbewußtseins.

Die familiär leidvolle Dekade ist wohl eine der trübsten Phasen seines Lebens. Der Neffe Karl hatte es unter der Fürsorge seines berühmten Onkels nicht leicht. Ludwig van Beethoven mußte ja schon allzufrüh, wie wir gesehen haben, anstelle seines Vaters der halbverwaisten Familie vorstehen und sogar als Jüngling schon Verantwortung übernehmen. Vor dem Hintergrund solchermaßen erfahrener eigener Familientragik erklärt sich womöglich Beethovens oftmals übertriebenes und pädagogisch nicht immer instinktsicheres Pflichtgefühl gegenüber seinem Neffen Karl. Gleichwohl haben neue Forschungen des Beethoven-Archivs in Bonn ergeben, daß Beethovens Handeln von einem tiefen Verantwortungsgefühl bestimmt wurde, daß er genauestens über die Schwägerin Bescheid wußte, insbesondere über ihre Unfähigkeit, mit geerbtem Vermögen umzugehen.[28] Ein skurril luxuriöser Lebensstil trieb sie unter anderem auch dazu, sogar das Vermögem ihres Sohnes anzugreifen. Dies alles erfüllte Beethoven mit größter Sorge. Aus diesem Grunde ging er dann in geradezu verbissener Erfüllung einer erneuten familiären Verantwortung, zu der er nach dem frühen Tod seiner Mutter nun also ein zweites Mal gezwungen war, vor Gericht.

Im Februar des Jahres 1820 entwarf er unter der Überschrift »Mittheilungen über die Frau B.---« auf vierzig Seiten eine Denkschrift an das Apellationsgericht. Das engbeschriebene Dokument enthält häufige Wortunterstreichungen, Einfügungen, Nachträge, kreuz und quer ausgestrichene und ausgekringelte Abschnitte. Man kann dieses Schriftstück – übrigens das umfangreichste von Beethovens Hand – in musikhistorischen Bibliotheken in einer Reproduktion einsehen. Das Schriftbild veranschaulicht stärker als jedweder Kommentar, in welchem Ausmaß hier geistige Kräfte verbraucht worden sind.

Karl, der besonders für alte Sprachen begabt war, soll ein tüchtiger Klavierspieler gewesen sein. Gegenüber den Werken des Onkels zeigte er, wie aus erhaltenen schriftlichen Gesprächsfragmenten ersichtlich ist, fundierten musikalischen Sachverstand.

Karl hatte zunächst noch von seinem Vater, Kaspar Anton Karl, Klavierunterricht bekommen. Später bestellte Beethoven Friedrich Starke als Lehrer, einen aus Sachsen stammenden originellen Musiker, den er offenbar ganz besonders schätzte. Friedrich Starke beherrschte eine ganze Reihe von Musikinstrumenten, war anfänglich Kapellmeister in einem sächsischen Wanderzirkus, später bei einem österreichischen Infanterieregiment gewesen. In Wien spielte er dann Waldhorn im Hofopernorchester und gab auch Klavierunterricht. Dieses vielseitige Musikantentum erinnerte Beethoven womöglich an Tobias Pfeifer, einen seiner ersten wichtigen Lehrer. Tatsächlich waren Beethoven und Starke in Wien Schüler des großen Theorielehrers Albrechtsberger gewesen. In Friedrich Starkes Album hatte gar E. T. A. Hoffmann eine Lobeszeile auf Beethoven geschrieben, worauf dieser mit einem denkwürdigen Dankesschreiben den Kontakt zu dem Dichterkomponisten aufnahm.

Beethovens Wertschätzung gegenüber Starke hat sich in außergewöhnlich großzügiger Weise musikalisch geäußert. Entgegen seiner sonst bei der Veröffentlichung seiner Werke geübten Zurückhaltung überließ er dem Kollegen Starke einen Teil seiner Bagatellen für Klavier aus Opus 119, sogar mit Fingersätzen versehen, zum Vorabdruck in dessen »Wiener Piano-Forte Schule« Opus 108. Damit der Großzügigkeit noch nicht genug, übergab er dem Freunde des weiteren zwei Sätze aus seiner Klaviersonate D-Dur op. 28, der sogenannten Klavier-Pastorale. Obendrein lieferte er noch ein eigens eingerichtetes Bravourstück hinzu, nämlich die zu einem »Concert Finale« umgeschriebene Coda seines dritten Klavierkonzertes c-Moll, übrigens eine pianistische Rarität, die es längst verdient hätte, wieder aus der Vergessenheit geholt zu werden.[29]

Nach Starke führte Karl Czerny den Unterricht weiter. Er war eine Zeitlang von Beethoven selbst ausgebildet worden. Czerny hatte durch diese Schulung Beethovens Methodik des Klavierspiels übernommen und auch das Komponieren auf der Grundlage einer umfangreichen Skizzenvorarbeit.

Beethoven bemühte sich jetzt mit Hilfe seines ehemaligen Schülers ganz gezielt, pädagogisch und methodisch Kontrolle auszuüben. In einem Brief von 1817 ersuchte er Czerny eindringlich, Karl so viel wie möglich mit Liebe, aber auch mit Ernst zu begegnen, zunächst auf das Handwerkliche, nämlich den passenden Fingersatz, den Takt, den richtigen Notentext zu achten und erst dann den Vortrag des Stückes zu behandeln. Diese Methode, erläutert Beethoven, welche Lehrer und Schüler weniger ermüde, bilde in kurzer Zeit Musiker heran, was schließlich einer der ersten Zwecke der Kunst sei. Zum Schluß gibt Beethoven noch eine konkrete pianistische Anweisung. Er wünsche, daß bei bestimmten Passagen aus sequenzierenden auf- und abwärtsgeführten Terz- und Sekundschritten in Sechzehntelbewegungen, die er im Brieftext in drei Notenbeispielen niederschreibt, zuweilen alle Finger, in diesem Falle die der rechten Hand gebraucht würden. Auf diese Weise könne man die Passage auch »schleifen«. Mit wenigen Fingern klänge dergleichen zwar »geperlt« gespielt oder wie eine »Perle«, ein anderes Geschmeide sei aber auch einmal wünschenswert. Beethoven schließt diesen Brief, wie er ihn begonnen: mit dem dringlichen Wunsch, doch alles mit jener Liebe aufzunehmen, mit der er dies alles gesagt habe und auch gedacht wissen wolle.

Von liebevoller Sorge und Hilfe spricht Beethoven auch wiederholt in seinen Briefen an den Neffen Karl. Dabei unterzeichnet er zumeist »Dein treuer Vater«. Durch Lieblosigkeiten des Neffen enttäuscht, heißt es unter einem Brief vom 21. Mai 1823: »leider Dein Vater oder besser nicht Dein Vater«. Einen anderen beschließt Beethoven mit der Erläuterung: »Derjenige, der Dir zwar nicht das Leben gegeben, aber gewiß erhalten hat, und, was mehr als alles andere, für die Bildung Deines Geistes gesorgt hat...« (14. September 1825).

Angesichts der unglücklichen pädagogischen Entwicklung ist auch einmal zu fragen, ob es vielleicht gar etwas zuviel der Liebe war, die Beethoven dem Neffen entgegengebracht hat! Jahrelang hin und her gerissen zwischen seiner einen ebenso luxuriösen wie leichtsinnigen Lebensstil bevorzugenden Mutter und dem in Fürsorge wie in Strenge zu Übertreibungen neigenden Onkel wurde der seelische Druck, der auf der bedauernswerten Halbwaisen lastete, jedenfalls immer unerträglicher. Als der Neunzehnjährige seine praktischen Studien am

Polytechnikum vernachlässigte und daraufhin Hausarrest erhielt, sprach er von »verzweifelten Schritten«, die er unternehmen würde, falls er tatsächlich wie ein Gefangener behandelt werden sollte.

Im Sommer des Jahres 1826 hat Karl seine Drohungen wahr gemacht. In der Ruine Rauhenstein bei Baden, einem traumhaften, entlegenen Ort in der Nähe Wiens, versuchte er seinem Leben, das ihm im Schatten des großen Tondichters und im Dunstkreis einer durch Prozeßbeschlüsse entmachteten Mutter sinnlos erschien, durch einen Pistolenschuß selbst ein Ende zu setzen.

Der Selbstmordversuch mißlang. Karls Verletzungen aus dem sich selbst beigebrachten Streifschuß wurden in der Chirurgie eines Wiener Krankenhauses von vier renommierten Ärzten behandelt. Doch die Heilung verlief nicht ohne Probleme und nur sehr langsam. Beethoven, fassungslos, besuchte den selbstverstümmelten Verletzten im Hospital. Nach damaliger Rechtsordnung wurden bei einem Selbstmordversuch strenge Ermittlungen geführt. Beethoven mußte das jetzt über sich ergehen lassen.

Im engeren Bekanntenkreis Beethovens wurde die Zukunft des Neunzehnjährigen diskutiert. Alle kamen schließlich überein, daß Karl nach den kaum erfolgreichen beruflichen Anläufen zur Musik, Philologie und Polytechnik vielleicht einmal die Militärlaufbahn versuchen solle. Nach seiner gesundheitlichen Wiederherstellung ging Karl tatsächlich als Kadett zum Iglauer Infanterieregiment Erzherzog Ludwig Nr. 8. Der Kommandant war Joseph Freiherr von Stutterheim. Zum Dank, daß er dem Neffen den Einstieg in die soldatische Karriere ermöglicht hatte, widmete ihm Beethoven sein schwer erarbeitetes, auf vierhundert Skizzen-Seiten errungenes Streichquartett cis-Moll, op. 131.

Karls militärische Laufbahn ging bis zum Unterleutnant. Im Mai 1832 nahm er, inzwischen fünfundzwanzig Jahre alt, seinen Abschied. Ein Vierteljahr später heiratete er Karoline Barbara Naske, Tochter des Magistratsrates und Stadtadvokaten Dr. Maximilian Johann Naske aus Iglau. Mit ihr hatte Karl van

Beethoven fünf Kinder, von denen das erste bereits ein dreiviertel Jahr vor der Eheschließung geboren wurde: Karoline Johanna, Marie Anna, Ludwig Johann, Gabriele und Hermine van Beethoven. Die Nachkommen der Töchter Karls setzten den Wiener Nebenzweig des Campenhouter Geschlechts bis in die Jetztzeit, in den österreichischen Beamtenfamilien Weidinger, Urban, Lauda und anderen, fort.

Nach Beendigung seiner Miltärlaufbahn pachtete Karl zunächst eine Zeitlang einen mährischen Gutshof. Danach bemühte er sich um eine Position als Grenzbeamter. Doch ließ er sich schließlich in der Donaustadt als Privatier nieder. Als zweifacher Universalerbe verfügte er nicht nur über das Vermögen seines weltberühmten Onkels, sondern hatte außerdem noch die Hinterlassenschaft seines, wie schon erwähnt, kinderlosen Onkels Nikolaus Johann van Beethoven erhalten, des vermögenden ehemaligen Apothekers und späteren Gutsbesitzers. Karl van Beethoven starb am 13. April 1858 in Wien, Josefstadt, im 52. Lebensjahr an den Folgen einer Leberkrankheit.

Sein einziger Sohn Ludwig Johann, der also die Rufnamen seiner beiden Großonkel trug, scheint die Sprachbegabung geerbt und seinerseits an seinen eigenen Ältesten Karl Julius Maria, den allerletzten Beethoven des Wiener Nebenzweigs, weitergegeben zu haben. Die beiden letzten Namensträger, Ludwig Johann und Karl Julius Maria van Beethoven, waren in ihren jüngeren Jahren zunächst als Journalisten tätig (s. Tafel 2).

Ludwig Johann van Beethoven wurde am 8. März 1839 in Wien-Wieden geboren. Sein Beruf ist schwerlich unter einer einzigen Bezeichnung zu fassen. Die Tätigkeiten, mit denen er den Lebensunterhalt für seine Familie mit sechs Kindern bestritt, wechselten von Ort zu Ort. Sein wohl etwas schillernder Charakter und seine geradezu abenteuerliche Vielseitigkeit spiegeln sich in der bunten Vielfalt seiner zahlreichen Beschäftigungen wider.

Dieser letzte Ludwig van Beethoven war nach seinen journalistischen Anfängen zunächst Sekretär in der Kanzlei des Deutschen Ordens in Wien, lebte danach als Privatier in München, wurde anschließend »Managing Director« in New York und kehrte schließlich als Arbeitsloser nach Europa zurück.

Leider ist noch hinzuzufügen, daß er in München als krimineller Hochstapler unter Mißbrauch seines illustren Namens mehrere Bürger eine ganze Weile geprellt hatte, bis sich die bayerischen Gerichte damit beschäftigten. Sein einnehmendes Wesen machte auch nicht vor König Ludwig II. halt. Mit von der Partie war hierbei seine Ehefrau Maria Anna Philippina, eine geborene Nitsche aus Wien, die im übrigen eine geschätzte Pianistin gewesen sein soll.

1868 nahm Ludwig Johann van Beethoven durch Vermittlung Ludwig Nohls, eines in Heidelberg und zeitweise auch in München wirkenden Musikhistorikers und Beethoven-Biographen, Kontakte zu Richard Wagner auf. Der Komponist empfahl den Träger des von ihm hochgeschätzten großen Namens an König Ludwig II. von Bayern. Der aus einer preußischen Linie stammende kunstsinnige Monarch und Mäzen, welcher auch Wagner unterstützte, ließ ihm zunächst dreihundertundfünfzig Gulden zukommen.

Diese Geste erinnert an eine gewisse geschichtliche Parallele, nämlich an eine Spende, die der Großonkel Ludwig van Beethoven der Regine Susanna Bach (1742–1809), dem letzten, in ärmlichsten Verhältnissen dahinlebenden Kind des Leipziger Thomaskontors zukommen lassen wollte. Beethoven hatte einen im Mai 1800 in der »Leipziger Allgemeinen Musikalischen Zeitung« erschienenen Aufruf zur Unterstützung gelesen und sich spontan entschlossen, in Leipzig ein Wohltätigkeitskonzert mit der Aufführung seines Oratoriums »Christus am Ölberg« und der »Eroica« zugunsten von Bachs Tochter zu veranstalten. Die Absicht ist jedoch nie verwirklicht worden, denn das Oratorium wurde erst nach dem Tod der Regine Bach in Leipzig verlegt und uraufgeführt, während die Eroica in Wien herauskam. Doch nun zurück zum Großneffen des Tondichters.

Er erwies sich des königlichen, auf Richard Wagners Initiative zurückzuführenden Stipendiums kaum würdig. Nachdem er nach und nach insgesamt 1175 Gulden aus der königlichen

Kabinettskasse empfangen hatte (das sind etwa 18000 DM), konnte er sich eine elegante Wohnung in München und noch einen Landsitz in Wiesloch halten.

Das war insofern scheinbar standesgemäß, als er inzwischen den Titel ›Baron von [!] Beethoven‹ führte. Obendrein gab er sich – entgegen dem tatsächlichen Verwandtschaftsverhältnis – ohne Skrupel als ›Enkel‹ des Komponisten Beethoven aus.

Mit dieser Hochstapelei gelang es Ludwig Johann van Beethoven, dem Großneffen des Tondichters, eine ganze Reihe gutgläubiger Menschen zu beschwindeln und zu betrügen. Am 1. Mai 1872 erging ein Haftbefehl gegen die ›Privatiersehegatten Ludwig und Maria von [sic] Beethoven‹.

Ludwig Johann van Beethoven wurde am 30. Juni 1872 wegen Betrugs und Unterschlagung in mehreren Fällen zu einer Gefängnistrafe von vier Jahren, seine Ehefrau zu sechs Monaten verurteilt, anscheinend »in contumaciam« (deutsch: »wegen Widerspenstigkeit« gegen die gerichtliche Ladung), denn das Ehepaar hatte sich schon ein Jahr zuvor mit dem einjährigen Sohn Karl Julius Maria in die Vereinigten Staaten abgesetzt. Beide Beethovens waren dort beruflich zunächst äußerst erfolgreich: Marie Anna als Klavierlehrerin und Konzertpianistin auf Tourneen, die nach Quebec, Ottawa, Brockville oder Hamilton führten; Ludwig Johann als Angestellter einer Eisenbahngesellschaft in Michigan.

Mr. van Beethoven gründete außerdem nach dem Muster europäischer Dienstmänner-Institute ein »Messengerboy Service«. Mit echter Unternehmerinitiative gewann er zunächst einen finanzkräftigen Teilhaber in der Familie Stiles, die er auf dem Schiff während der Überfahrt von Europa nach den USA kennengelernt hatte. Am 1. Januar 1874 eröffnete er in Chicago seine erste Dienstleistungsfirma. Nach einer Erweiterung der Gesellschaft gründete Ludwig van Beethoven noch zwei Filialen in New York und Philadelphia. Anläßlich der New Yorker Weltmesse hatte er den guten Einfall, einen speziellen Service für Behinderte anzubieten. Er stellte fünfhundert Rollstühle samt Helfern bereit, um insbesondere auch älteren Menschen einen mühelosen Besuch der Messe zu ermöglichen. Das

Unternehmen wurde ein großer Erfolg. Die Ausstellungsleitung und der Direktor einer Telegraphen-Gesellschaft schlossen mit ihm daraufhin einen Vertrag: Bei einer stolzen Gewinnbeteiligung von 25% wurde ihm die Leitung des Ausstellungsdienstes übertragen. Die »New York Commissionaire Company« mit Hauptbüro in der 4th Avenue und einer Zweigstelle am Broadway firmierte allerdings nunmehr unter dem »Managing Director Louis von Hoven«.

Der letzte Ludwig wollte hinter dieser Maskerade natürlich seine kriminelle Vorgeschichte verstecken. Denn inzwischen hatte man auch in Amerika etwas über seine zwielichtige Vergangenheit vernommen. In Rochester, New York, zum Beispiel, wo Ludwig seine erste Anstellung in einem Architektenbüro fand, war in der Zeitung »Nachrichten aus Deutschland« ein Aufsatz erschienen, der auch den Haftbefehl gegen den Großneffen des Komponisten erwähnte. Der Beitrag stammte übrigens aus der Feder Ludwig Nohls, des Musikschriftstellers also, der sich zuvor aus seinem Engagement als Beethoven-Forscher heraus noch arglos für den letzten Namensträger eingesetzt hatte.

Ludwig Johann van Beethoven, alias Louis von Hoven, erklärte in einem Brief an seine ältere Schwester Marie Anna Weidinger in Wien, die Namensänderung, die auch auf seine Kinder übergehen solle, sei durch seinen Eintritt in das Geschäftsleben der amerikanischen Hauptstädte erforderlich geworden. Unter seinem richtigen Namen, so seine Mutmaßung, wäre er aus der Beantwortung lästiger Fragen nicht mehr herausgekommen. »Außerdem sind Abkürzungen, Veränderungen und Übersetzungen von Familiennamen«, so fährt er fort, »hier etwas Alltägliches, und ich kann sagen, daß ich eigentlich nur durch meine Briefe an unsere gute Mutter zuweilen mich erinnere, wie ich eigentlich heiße.«[30]

Die hier angesprochene Mutter Karoline, die den Vater Karl, den Neffen des Komponisten, um dreiunddreißig Jahre überlebte, starb am 15. November 1891 in Wien, Josefstadt.

Ludwig Johann van Beethoven hatte durch die Namensänderung sein kriminelles europäisches Vorleben tatsächlich erfolgreich vertuschen können. Sogar noch in der ersten Hälfte des 20. Jahrhunderts wußten nicht einmal die Musikforscher vom Aufenthalt und Wirken des letzten Ludwig van Beethoven in den USA. In Wien hingegen kannte man ihn seinerzeit offenbar noch unter seinem ursprünglichen Namen. Als 1878 das Ehepaar »von Hoven« mit den Kindern Meta und Karl nach Josefstadt im 8. Bezirk Wiens kam, um dort in der Lenaugasse seine jüngere Schwester Gabriele Heimlinger zu besuchen, drängte der Schwager, ein hoher Bankbeamter, auf eine baldige Rückreise. Der Name dieses letzten Ludwig van Beethoven hatte in Europa schon längst keinen guten Klang mehr. Seit diesem Besuch versiegen allmählich die Nachrichten von dem Wiener oder eigentlich ›amerikanischen‹ Nebenzweig der Familie van Beethoven aus Campenhout. Louis von Hoven soll nach einer Mitteilung seines Sohnes Karl zuletzt Direktor der ›Pacific Railroad‹ in New York gewesen sein.

1890 war die Familie nach Europa zurückgekehrt. Von den sechs Kindern lebte nur noch Karl. Außerdem gab es noch einen Stiefsohn, der später Kaufmann in Brüssel wurde. Die Familie machte zunächst Station in Paris. Die Mutter Marie Anna von Hoven bemühte sich brieflich über ihren Schwager Robert Heimler, vom Kurator des Familienvermögens einen Vorschuß zu erhalten. Bei dem noch vorhandenen Kapital handelte es sich offensichtlich um die sieben Bankaktien aus der Hinterlassenschaft Beethovens, deren Erträge, wie wir schon wissen, den Nachkommen des Neffen zukommen sollten.

Die letzte Familie aus dem Campenhouter Hauptstamm, die den Namen van Beethoven getragen hat, befand sich erneut in Geldnöten. Louis, inzwischen arbeitslos, war bettlägerig geworden. Ebenso kränkelte der letzte überlebende Sohn Karl. Das Todesdatum Ludwig Johann van Beethovens, alias Louis von Hoven, ist nicht bekannt. Es liegt, den Nachforschungen Joseph Schmidt-Görgs zufolge, zwischen 1890 und 1916. Er starb entweder in Paris oder in Brüssel, wo die Ehefrau Marie mit ihrem Sohn und dem Stiefsohn 1907 bis 1916 ansässig war.

Karl Julius Maria, der noch vor der Übersiedlung nach Amerika am 8. Mai 1870 in München geboren worden war, beherrschte mehrere Sprachen. Als Zwanzigjähriger schrieb er Beiträge in englischen und belgischen Zeitschriften. Aber beruflich vermochte er nirgendwo Fuß zu fassen. Das unstete Wanderleben seiner Eltern hatte wohl auch keine rechte Basis abgeben können. Wie sein Großvater, der bekannte Neffe Karl, kam Karl Julius Maria van Beethoven schließlich zum Militär. 1916 wurde er in Antwerpen eingezogen. Im darauffolgenden September übersiedelte er zusammen mit seiner Mutter nach Wien. Dort diente er als Landsturmmann im Wiener Deutschmeisterregiment.

Von seinen Mitmenschen als intelligent und lebhaft beschrieben, war Karl jedoch von schwächlicher Natur und obendrein chronisch untererernährt. Hinzu kamen noch seine große Hilflosigkeit und Weltfremdheit. Für militärische Aufgaben und Anforderungen war er zweifellos nicht der richtige Mann.

Das konnte den Unteroffizieren, die ihm vorgesetzt waren, natürlich nicht verborgen bleiben. Den Berichten der Kameraden zufolge sollen sie den letzten Sproß des Wiener Nebenzweigs, dem es offensichtlich nie genützt hatte, Träger eines großen Namens zu sein, mit zynischen Dienstanweisungen geradezu verhöhnt haben: »Beethoven – Baracke auskehren, Fußboden waschen; Beethoven – Abort reinigen; Beethoven – Holz holen.«

Das geschah in den Jahren der russischen Oktoberrevolution, der Ausrufung der Republik in Deutschland und der inneren Auflösung des Habsburgerstaates. Die Zeiten standen also ganz auf Veränderung und waren insofern mit der Epoche des Urgroßonkels Ludwig van Beethoven vergleichbar, der die langfristigen politischen Auswirkungen der Französischen Revolution zum Teil hautnah miterlebt hatte.

Von seinen Wiener Verwandten gemieden, war der Urgroßneffe des Komponisten in seinen letzten Lebenstagen, wie ein Offizier aus Hannover, ein Mitpatient, überliefert hat, »furchtbar verkommen, in Schmutz und Elend mittellos, . . . total verloddert«.[31]

Karl Julius Maria von Beethoven starb 1917 im Alter von siebenundvierzig Jahren in Wien im Garnisonsspital Nr. 1, wo er sich einer Darmoperation unterzogen hatte. Er wurde am 13.12 1917 auf dem Wiener Zentralfriedhof in demselben Grab beerdigt, in welchem bereits die Gebeine seiner Mutter ruhten.[32] Das Beerdigungsregister des Zentralfriedhofes am 2. Tor, Simmeringerstraße 234, verzeichnet als Beruf: »Landstürmer des Infanterieregiments des Landsturmbezirks 39«.

Maria Anna Philippina van Beethoven war schon zuvor im Mai in Wien-Lainz in einem Versorgungshaus verstorben. Offenbar hatte niemand mehr etwas von ihrer Karriere als Pianistin gewußt. Das Beerdigungsregister des Zentralfriedhofes verzeichnet sie nur als »Ingenieurswitwe«. Sie stand offenbar bis zuguterletzt im Schatten ihres unsteten Mannes, dessen Spuren in Europa sich längst verloren hatten. Die Stätte, ungefähr zwanzig Minuten Fußweg von dem Ehrengrab Ludwig van Beethovens entfernt, kennen weder die amtlichen Fremdenführer dieses enorm großen Friedhofs noch die ungezählten täglichen Besucher. Lediglich ein Gärtner dieser einsamen Region, durch die Arbeit auf dem Gottesacker schon gezeichnet, gibt Auskunft, wo der letzte Beethoven des 19. Jahrhunderts seine irdische Ruhe fand (s. Tafel 3).

Das mit einer Grasnarbe bedeckte Doppelgrab ist von unauffälliger Würde. Den mittelgroßen Obelisken aus Marmor, gestiftet von der Gemeinde Wien, ziert ein gemeißeltes, sogenanntes Kleeblattkreuz. Der Stein ist schon verwittert, das einstige Gold der Lettern bis auf winzige Reste geschwunden. Die Inschriften sind nur schwer lesbar. Sie vermerken gemäß dem damaligen Wissensstand lediglich die Sterbedaten:

Maria van Beethoven, gestorben am 19. Mai 1917
Karl Julius van Beethoven, gestorben am 10. Dezember 1917

Diese Stätte ist auch ein genealogischer Schlußstein. Eben dort endet nämlich die Geschichte der Familie van Beethoven aus Campenhout sowie unser Überblick über dreizehn Generationen aus fünf Jahrhunderten.

3. Die Schule

Die Familientradition der van Beethovens

Für den mittdreißigjährigen Johann van Beethoven war es offenbar ganz selbstverständlich, daß seine drei Söhne Musiker werden sollten und er als Vater pflichtgemäß dafür zu sorgen hatte, daß ihre Anlagen zu Fähigkeiten entwickelt würden. Bei dem Ältesten war die musikalische Begabung schon früh zu erkennen. Und früh übt sich, was ein Musiker werden will. Johann selbst hatte ja ähnlich wie Ludwig van Beethoven d. Ä. bereits im Kindesalter als Jung-Sänger angefangen.

Frühes Beginnen war, wie wir sahen, bei den van Beethovens Tradition, auch schon im Familienzweig der Handwerker. Es wurde wohl kaum von jemandem in Frage gestellt, schon gar nicht von den Betroffenen, die noch unmündig waren, aber zum Teil bereits im Kindesalter hart arbeiten mußten.

Gleichwohl besagt eine realistische alte Spruchweisheit, daß ein Jüngerer, der in die Fußstapfen eines Älteren tritt, diesen Vorausgehenden zeitlebens niemals ganz einzuholen, geschweige denn zu überflügeln vermag. Vielleicht haben die bitteren Erfahrungen als lebenslang hintanstehender Sohn eines erfolgreichen Sängers und Theaterchordirektors Johann bewogen, bei seinen eigenen Söhnen keine Spezialisierung mehr anzustreben, sondern einmal eine breitgefächerte Ausbildung als Instrumentalisten, Arrangeure und Komponisten zu versuchen.

Mit dieser Konzeption war Johann im Grunde bei zweien seiner drei Söhne erfolgreich. Ludwig und Caspar Anton Carl wurden tatsächlich vielseitige Musiker. Der ältere konnte schon bald davon leben. Dies gelang aber auch dem mittleren Sohn, dem Musiklehrer und Tanzmusik-Komponisten, zumindest in Bonn, wo er nach dem Wegzug Ludwigs nicht mehr so stark in dessen Schatten stand. Hingegen ist der Jüngste wohl ziemlich bald abgesprungen, um dann schließlich eine lukrative Apothekerlaufbahn einzuschlagen.

Die berufliche Kontinuität der van Beethovens läßt uns die Begabung dieser Familie in einem neuen Licht sehen. Johanns Söhne sind allerdings kaum mit den Söhnen des Johann Sebastian Bach, Johann Wenzel Stamitz oder den Gebrüdern Franz Joseph, Johann Michael und Johann Evangelist Haydn vergleichbar. (Wobei es der dritte Haydn nur zu einem schlecht bezahlten Chorsänger beim Fürsten Esterhâzy brachte.) Johann hatte aber zwei professionelle Musiker herangebildet, die auf eigenen Füßen standen und sich gegenseitig fachlich und wirtschaftlich helfen konnten. Ludwig van Beethoven war also kein künstlerisches Einzelkind.

Die Rolle des Vaters als Lehrer ist in diesem Zusammenhang nicht zu unterschätzen, zumal die pädagogische Situation seinerzeit wesentlich anders war. Es gab nämlich noch keine Kindermusikschulen, Konservatorien und Musikhochschulen mit Ausbildungsklassen für »Jungstudenten«, wie sie im letzten Viertel des 20. Jahrhunderts besonders in Deutschland und in einigen Ländern der Sowjetunion frühes Lernen vielerorts ermöglichten. Die wenigen Singschulen, die im 18. Jahrhundert den vokalen Nachwuchs für die Kirchen und die Opernbühnen herausbrachten, waren geographisch keineswegs, wie neuerdings, flächendeckend verbreitet. Außerdem paßte der Besuch einer solchen Schule ohnehin nicht in Johann van Beethovens Erziehungskonzept.

Wer seinen Kindern also eine instrumentale Ausbildung zukommen lassen wollte, mußte das schon selbst in die Hand nehmen. Er mußte zumindest den Anfangsunterricht entweder selbst erteilen oder private Lehrer nehmen. Johann van Beethoven hat beides getan. Das handwerkliche Fundament, das er auf diese Weise angelegt hatte, war für das spätere Können Ludwigs von unschätzbarem Wert. Es hatte, in einem größeren Zusammenhang betrachtet, sogar darüber hinaus auch für die Entwicklung musikalischer Pädagogik in Europa Bedeutung.

Beethoven setzte nämlich in der Instrumentalmusik neue Maßstäbe. Es gibt in seinen Werken technisch besonders kniffflige Passagen, etwa die Stimme der ersten Violine in der Coda der Leonoren-Ouvertüre Nr. 3 oder den Part der Kontrabässe im dritten Satz der »Eroica« sowie im Finale der Neunten Sinfonie, an deren Bewältigung sich bis heute womöglich die Karriere eines Orchestermusikers entscheidet. (Denn solche Passagen werden bei Bewerbungen um ausgeschriebene Positionen als Probespiel verlangt.) Durch die neuen Maßstäbe entstand seinerzeit auch ein neues Publikum. Es suchte vor allem eine Begegnung mit Beethovens sinfonischer Musik, die es im Repertoire der gerade entstandenen philharmonischen Orchester hören wollte.

Die Wiener Singschule, 1817 gegründet durch Antonio Salieri, einen der Lehrer Beethovens, berücksichtigte in ihren Satzungen diese gesellschaftlich neue Situation. Das Unterrichtsangebot des jungen Wiener Konservatoriums gab ausdrücklich solchen Instrumenten den Vorrang, die das Ensemblespiel im Orchester erfordern. Die Auswahl entsprach in etwa der Besetzung der meisten Sinfonien Beethovens, nämlich Holzblasinstrumente (Querflöte, Oboe, Klarinette, Fagott), Blechblasinstrumente (Waldhorn, Trompete, Posaune) und Streichinstrumente (Violine, Violoncello, Kontrabaß). Das Klavier jedoch, das in dem Ruf stand, weniger dem Ensemblegeist als einer künstlerischen Selbstverwirklichung des Lernenden zu dienen, wurde am Wiener Konservatorium in einem nennenswerten Ausmaß erst viel später unterrichtet.

Ehe es zur Institutionalisierung dieser spezialisierten Musikpädagogik kommen konnte, hatte Beethoven, auf dessen Wirken sie, wie schon erwähnt, mittelbar zurückzuführen ist, natürlich vorerst selbst den Weg des eigenen Lernens zu gehen. Dieser Weg war ziemlich lang, obwohl ihm als Sohn einer Musikerfamilie in dritter Generation ähnlich wie Bach oder Mozart der Vorteil bereits vorangegangener Professionalität zugute kam. Gleichwohl komponierte Beethoven erst mit fünfundzwanzig Jahren sein erstes Klavierkonzert und mit neunundzwanzig seine erste Sinfonie. Im Vergleich zu Schubert oder Mendelssohn hat er sich als Komponist also erst relativ spät entwickelt. Es fragt sich, ob dies vordergründig etwa auf Veranlagung zurückzuführen ist oder ganz andere Ursachen hat, die etwa mit einer konzeptionell erklärbaren Arbeitsweise zusammenhängen. Hiervon wird in einem anderen Kapitel noch die Rede sein.

Beethovens ausgeprägter »künstlerischer Eigensinn« – ein Begriff, den er in seinem Gesprächsheft notierte – ist jedenfalls ohne Zweifel durch seine vielseitige Ausbildung begünstigt worden. Beethoven hat zwar keine strenge, dafür aber eine umfassende praktische Schule genossen. Und er wußte sie lebenslang zu nutzen.

Als versierter Pädagoge hat Johann van Beethoven den Anfangsunterricht in Klavier und Violine selbst übernommen. Er soll, einer Überlieferung zufolge, sehr streng gewesen sein, besonders auf mechanischen Fleiß und pedantisch auf eine genaue Wiedergabe der Notentexte geachtet haben. Von der Eigeninitiative seines viel lieber auf dem Klavier frei fantasierenden Sohnes war er aufgrund seiner pädagogisch etwas starren Auffassungen offenbar nur wenig begeistert.

Beethovens Vorliebe für das Improvisieren ist aber Freunden der Familie aufgefallen. Das Kind, das am Instrument nicht selten eine sprudelnde musikalische Spielfreude überkam, war im Alltag meistens ziemlich verschlossen und wortkarg. Beethoven lebte wohl auch schon als Kind stark in der Musik. Durch sie konnte er sich offenbar besser mitteilen als durch Sprache. Die Voraussetzung für diese spezifische Kommunikation ist neben einer technisch manuellen Fähigkeit vor allem der Besitz eines hervorragenden musikalischen Gehörs. Es brauchte bei ihm offensichtlich gar nicht besonders geweckt und ausgebildet zu werden. Er besaß es einst, seinen eigenen Worten zufolge, »in der größten Vollkommenheit«.

Beethovens Hörstörungen begannen jedoch etwa schon in seinem 26. Lebensjahr – höchstwahrscheinlich infolge einer Erkrankung des Innenohrs (Otosklerose des sogenannten Innenohrtyps, Bankl/Jesserer). Die Krankheit war Beethoven selbst zunächst kaum aufgefallen, verschlimmerte sich aber fortschreitend und zum Teil auch schubweise, besonders in der kalten Jahreszeit. Das Wunder war indes Beethovens inneres musikalisches Gehör, das trotz fortschreitender äußerer Schwerhörigkeit und einer schließlich nahezu völligen Ertaubung, im Grunde zeitlebens unversehrt erhalten blieb. Goethe ahnte offenbar dieses Phänomen. Er sah auch Beethovens lakonische Seite. Nach einer zwar etwas reserviert verlaufenen Begegnung in dem böhmischen Badeort Teplitz schrieb er dennoch nicht ohne Sympathie an Zelter, Beethoven sei »sehr zu bedauern, da ihn sein Gehör verläßt, das vielleicht dem musikalischen Teil seines Wesens weniger als dem geselligen schadet. Er, der ohnehin lakonischer Natur ist, wird es nun doppelt durch diesen Mangel.«[33]

Vater Johann hat seinen ältesten Sohn schon bald anderen Kollegen anvertraut. Geeignete Lehrer fand er mühelos unter den Theaterleuten und Geistlichen, welche damals in der Bonner Residenz wirkten. Dabei hat er zweimal einen besonders guten Griff getan, nämlich mit Tobias Friedrich Pfeifer und Christian Gottlob Neefe. Beide Musiker, die aus dem Sächsischen kamen, gehörten zur Bonner Theaterszene. Sie haben jeder auf seine Weise Beethoven geschickt die richtigen Wege gezeigt: Pfeifer, von Haus aus Schauspieler und Bühnenmusiker, als behutsamer väterlicher Partner im kammermusikalischen Zusammenspiel, Neefe als Lehrer für Klavier, Orgel, Generalbaß und, nicht zu vergessen, für den »Blick nach oben«, wie eine Lieblings-Maxime des angesehenen Komponisten und Cembalisten lautete. Beethoven hat diese beiden Lehrer nie vergessen. Denn er wußte schon bald, was er ihnen verdankte.

Es gibt ein Dokument, das seine Dankbarkeit auch gegenüber seinem Vater bezeugt. *»von meinem Theuren Vater geschrieben«* steht in seiner Handschrift auf dem Rand eines Notenblattes von Carl Philipp Emanuel Bachs »Morgengesang«, das sich sein Vater einmal selbst abgeschrieben hatte, als er noch aktiver Hoftenorist war und seine Stimme sicherlich noch den Anforderungen entsprach.[34]

Das handschriftliche Andenken, das Beethoven offensichtlich kostbar war, zeigt, daß der große Sohn mit seinem Vater trotz mancher erlittener Trübung in Dankbarkeit verbunden war. Die musikalischen Beziehungen zwischen Vater und Sohn sind zumindest anfänglich recht eng gewesen. Johann war als

Klavierlehrer pädagogisch erfolgreich. Er konnte Ludwig bereits als Siebenjährigen zusammen mit einer seiner Gesangsschülerinnen in einem Konzert bei Hofe und in einer öffentlichen Soirée als versierten Kammermusiker präsentieren. Ludwig spielte in verschiedenen Ensemblewerken den Klavierpart und war wohl auch solistisch zu hören.

Nicht zuletzt wegen dieser ersten Auftritte wird Johann van Beethoven bis heute angegriffen. Er sei, so wird behauptet, ein besonders ehrgeiziger Vater gewesen, der seinen Sohn nicht kindgerecht aufwachsen ließ, sondern nach dem Muster von Mozarts Vater allzusehr zu frühen Leistungen zwang. Außerdem müsse er als ein Schwindler gelten, da er das bereits achtjährige Kind zum Zeitpunkt des Konzertes sensationssüchtig als zwei Jahre jünger ausgegeben habe. Der Vorwurf dieser falschen Altersangabe schrumpft augenblicklich auf einen unerheblichen Rest von drei Monaten zusammen, wenn wir uns den Termin des Konzertes vor Augen führen. Ein erhaltener Konzertzettel von dem öffentlichen Klavierdebüt Ludwigs trägt das Datum vom 6. März 1778. Wie alt war er damals?

Bei jeder exakten historischen Altersbestimmung Beethovens sollte selbstverständlich berücksichtigt werden, daß sein Geburtstag in die zweite Dezemberhälfte fällt. Der Geburtstag liegt also nicht am Beginn, sondern nahezu am Ende des Kalenderjahres. Bei der Zählung seiner Lebensjahre muß in den ersten fünfzig Wochen eines jeden Jahres dieser Differenz Rechnung getragen werden. Erst in den beiden letzten Wochen eines Kalenderjahres läuft die Zählung von Beethovens Lebensjahren mit der Zählung unseres gregorianischen Kalenders synchron.

Am 26. März 1778, dem Tage seines Konzertdebüts, zählte Beethoven sieben Jahre. Im Hinblick auf den Vorwurf der Manipulation durch den Vater war Beethoven also nur drei Monate zu alt, um, wie auf dem gedruckten Zettel angekündigt, noch korrekt als Sechsjähriger gelten zu können. Die falsche Altersangabe – falls es überhaupt eine war – machte Beethoven also nicht um zwei Jahre jünger, sondern nur um ein Vierteljahr. (Nicht auszuschließen ist übrigens, daß der Vater das Konzert bereits zu einem Zeitpunkt geplant hatte, als Beethoven tatsächlich noch sechs Jahre zählte.)

Gleichwohl sprechen auch jüngere Biographen im Zusammenhang des Handzettels immer noch von einer faustdicken Lüge des Vaters.[35] Das ist zweifellos übertrieben und beruht, wie wir sahen, zum Teil eben auf einem simplen Rechenfehler. Außerdem sollte hier bedacht werden, daß im katholischen Rheinland des 18. Jahrhunderts der Namenstag eine wesentlich größere Rolle als der Geburtstag spielte. Nicht selten war daher der Geburtstag ein Datum, das erst an zweiter Stelle interessierte und das man, wie wir bei Beethovens Heiratsabsichten gesehen haben, eigentlich erst im Falle einer behördlichen Angelegenheit genau zu wissen brauchte.

Doch wie steht es mit dem pädagogischen Ehrgeiz Johann van Beethovens? Die ersten musikalischen Leistungen Ludwig van Beethovens erinnern unwillkürlich an die frühen Wege seiner nächsten Vorfahren. Beim Rückblick auf die Familiengeschichte wird eine die Generationen übergreifende musikalisch-pädagogische Kontinuität erkennbar. So lernte der Großvater, wie erwähnt, den Gregorianischen Gesang schon als Fünfjähriger im Choralenhaus und wirkte zugleich bei der Kirchenmusik in der Kathedrale von Mecheln mit. Der Enkel Ludwig stand ihm als gerade siebenjähriger öffentlicher Klavierdebütant und nur wenig später als elfjähriger stellvertretender Organist am kurfürstlichen Hof in Bonn kaum nach. Der junge Ludwig ist in dieser Hinsicht aber auch mit seinem Vater zu vergleichen, der ebenfalls schon in jungen Jahren, etwa als Zwölfjähriger, bei Hofe in allen Aufführungen auf der Bühne und in der Kirche auf der vorberuflichen Basis eines Auszubildenden mitgesungen hatte.

Die frühen musikalischen Aktivitäten Ludwigs sind also zunächst einmal als selbstverständliche Folge einer schon längeren Familientradition zu sehen. Aus solchem Blickwinkel wird das verzerrte Bild des unintelligenten und in der musikalischen Erziehung seines Ältesten durch Ehrgeiz verkrampften Vaters, das von Franz Wegeler bis Romain Rolland etwas unkritisch gezeichnet und von anderen Autoren ungeprüft nachgeschrieben wurde, schließlich korrigiert.

Die ersten musikalischen Erfolge Ludwigs sind zu einem Teil zweifellos auch das Verdienst seines Vaters. Die Strenge, die diesem nachgesagt wurde, war keineswegs destruktiv. Er hat bei der Erziehung offensichtlich den Maßstab seiner eigenen, bereits im Kindesalter begonnenen Ausbildung angelegt. Und diese Zielstrebigkeit wurde, wie wir gesehen haben, nicht nur von seinem Vater, Ludwig dem Kapellmeister, vorgezeichnet, sondern geht noch auf den letzten Handwerker der Familie, nämlich Michel van Beethoven, den ursprünglichen Bäckermeister und späteren Spitzenhändler aus Mecheln, zurück.

Frühes Lernen und hartes Arbeiten musikalischer Kinder ist inzwischen übrigens weitaus verbreiteter als zu Johann van Beethovens Zeiten. Die ungezählten kindlichen Laureaten im Wettbewerb »Jugend musiziert« leisten in den Konkurrenzen und Konzerten auf den Ebenen der Länder und des Bundes zwar meistens bewunderswerte, gleichwohl immer harte Arbeit. Und immer steht, wie bereits bei Ludwig van Beethoven, zumindest ein Elternteil ziemlich lange dahinter und paßt auf, daß die Entwicklung weitergeht.

Das prominenteste Beispiel härtester musikalischer Kinderarbeit ist wohl die frühe Karriere Yehudi Menuhins. Kurz vor seinem dreizehnten Geburtstag spielte er in einem einzigen Konzert die Violinkonzerte von Bach (E-Dur), Beethoven und Brahms. Nach diesem fraglos denkwürdigen Ereignis kam es aber schon bald zu unübersehbaren Verschleißerscheinungen. Zum Beispiel, als Menuhin bei der außergewöhnlich langen Orchester-Introduktion im ersten Satz des Violinkonzertes von Beethoven auf dem Konzertpodium einmal – mit seiner Stradivari in der Hand – im Stehen eingeschlafen war.

Doch kommen wir noch einmal zum Debüt Beethovens in Bonn zurück. Denn da gibt es einen biographisch merkwürdigen, wenn man so will, kabbalistisch mystischen Hintergrund. Der 26. März, an dem er zum erstenmal als Musiker an die Öffentlichkeit trat, sollte nämlich neunundvierzig Jahre später, auf den Tag und die Stunde genau, die Zeit seines Todes sein.

Das besagte Konzert begann abends um fünf Uhr. Am 26. März 1827, etwas nach fünf Uhr abends, erwachte Beethoven ein letztes Mal aus der Agonie, als ein Gewitterblitz sein Sterbezimmer am Alsergrund grell erleuchtete.

Um dreiviertel sechs schloß ihm Anselm Hütenbrenner, sein Freund und Kompositionsmitschüler von Salieri, die Augen.

Lernen von einem Theatermann

Das war zweifellos ein lebenslustiger Kollege, den Beethovens Vater etwa 1779 in der Bonner Theaterszene kennen gelernt hatte: Tobias Friedrich Pfeifer.

Er liebte den Wein und modische Kleidung, sah gut aus und war allseits geachtet. Die beiden Musiker verstanden sich offenbar auf Anhieb und rückten gleich näher zusammen. Pfeifer bezog Quartier bei der Familie van Beethoven, die damals schon nicht mehr in der Bonngasse, sondern vermutlich in der Rheingasse im Hause des Bäckermeisters Fischer wohnte.

Pfeifer war wie Johann van Beethoven Tenor und spielte mehrere Instrumente: Klavier, Oboe und, wenn er extra darum gebeten wurde, auch Querflöte. Eines hatte er aber dem Kollegen voraus. Er war nicht nur musikantisch versiert, sondern auch musiktheoretisch gebildet. Alles in allem, ein zwar etwas exzentrischer, aber sehr fähiger Musiker, dem Beethoven viel verdankt. Pfeifer hat das Kind vor allem anregen können. Die beiden haben oft zusammen aus dem Stegreif musiziert. Bei solchen »Impromptus« lernte Beethoven am Klavier zu variieren.

Noch wichtiger aber war die musikalische Praxis des Trio-Spiels. Diese Besetzung formierte sich im Beethovenhaus immer dann, wenn Franz Georg Rovantini auftauchte, ein junger Geiger, der in der Bonner Hofkapelle zunächst ein Probejahr absolvierte und später Hofmusiker wurde. Er stammte wie Beethovens Mutter aus Ehrenbreitstein und war ein Vetter der Familie mütterlicherseits.

Ludwig bewunderte das Violinspiel dieses Verwandten, der

altersmäßig noch gut sein Bruder hätte sein können. Gelegentlich spielte er mit ihm auch Duo. Doch wenn wir den drolligen Berichten Gottfried Fischers, eines Sohnes des genannten Bäkkermeisters, glauben dürfen, war die Dreierbesetzung die bessere. Das Trio Beethoven-Pfeifer-Rovantini hat offenbar besonders schön geklungen, so daß sogar die Passanten auf der Straße stehenblieben, um die Musik als Zaungäste zu genießen.

Der unorthodoxe Unterricht bei diesen zwei beliebten Lehrern war allerdings nur von kurzer Dauer. Pfeifer hatte 1780 Bonn mit neuem Ziel – die Bühne in irgendeiner anderen Stadt – bereits wieder verlassen. Ein Jahr später starb Beethovens Vetter Rovantini an den Folgen der sogenannten »weißen Ruhr«, einer Epidemie, die damals im Rheinland grassierte. Beethovens Vater mußte sich jetzt also erneut nach geeigneten Lehrern und Kammermusik-Partnern für seinen Sohn umsehen.

Wenn der Unterricht bei Pfeifer, dem geselligen Theatermusiker, der wie Johann van Beethoven gern bis spät in die Nacht hinein die Bonner Weinlokale besuchte, auch nicht sehr regelmäßig gewesen war, so erwies er sich aber in der Rückschau als besonders fruchtbar. Vor allem lernte Beethoven schon früh, Kammermusik zu machen und dabei im Duo wie im Trio zu improvisieren. Übrigens hat Beethoven später diesem genialischen Lehrer aus Anhänglichkeit und Dankbarkeit einmal Geld zugesteckt.

Die Erfahrung des jungen Kammermusikers im Zusammenspiel und in der Improvisation – von der sein Vater allerdings aus einer gewissen Engstirnigkeit heraus zunächst kaum etwas wissen wollte – kam wenige Jahre später auch dem jungen Tonsetzer zugute. Das bezeugen eine ganze Reihe gelungener Kompositionen aus Bonn und den ersten Wiener Jahren. In diesen Werken schwingt nämlich noch etwas von der spontanen jugendlichen Freude am gemeinsamen Musikmachen mit.

Die Stücke sind bezeichnenderweise immer für drei Spieler geschrieben, in der Mehrzahl für Streicher (op. 3, 8, 9), zweimal für Bläser (op. 87, Mozart-Variationen, 1795), einmal in gemischter Kombination für Querflöte, Violine und Bratsche (op. 25). Alle Werke sind also Trios und damit natürlich dreistimmig.

Absolute Dreistimmigkeit gibt es allerdings nur in den beiden Werken für Holzblasinstrumente, weil nämlich die einzelnen Spieler technisch keine Akkorde realisieren können. Dies ist bei den Streichtrios insofern anders, als Beethoven gelegentlich die Technik des Doppelgriffspiels nutzt und somit die ursprüngliche Dreistimmigkeit zur Vierstimmigkeit erweitert.

Gleichwohl muß der Tonsatz im Trio immer sozusagen etwas schlanker als im Quartett oder auch im Klaviertrio sein. Die technische Reife dieser frühen Werke beruht nicht zuletzt auf dem überlegenen Umgang mit solchen Eigenheiten des Triosatzes. Sie zeigt sich aber über diese kompositionstechnische Ebene hinaus auch inhaltlich in einer künstlerischen Neugestaltung des Serenadencharakters dieser Werke. Das unterhaltsame Element ist zwar weiterhin musikalisch präsent. Doch werden die Gedanken ausgeweitet und nicht allein in der Oberstimme, wie beispielsweise in den Werken der Vorklassiker, sondern im gesamten Tonsatz diskutiert. Dadurch entwickelt sich gleichsam aus dem spontanen Geplauder des Divertimentos unversehens das geplante Gespräch der klassischen Serenade.

Bei der Serenade für Flöte, Violine und Bratsche, op. 25, gibt es nicht nur die Beschränkung auf drei Instrumente wie in den anderen Trios, sondern zusätzlich auch noch eine gewisse Einengung der technischen Möglichkeiten aufgrund der vorgeschriebenen Querflöte. Beethoven überwindet dieses Handicap durch eine neue Technik musikalischer Verdichtung. Insbesondere ist es das gleichwertige Einbeziehen aller drei Instrumente in den musikalischen Prozeß, das die neue Tonsprache ausmacht.

Diese innovatorische Dimension in Beethovens Jugendwerken bemerkten bereits auch die Zeitgenossen. Ein begeisterter Bericht wurde in Leicester geschrieben, wo 1793 kurioserweise die Uraufführung von Beethovens Streichtrio Es-Dur, op. 3, stattfand. Ein kurfürstlicher Kaplan aus Bonn, der selbst musizierte, hatte die Noten persönlich nach England exportiert. Der Verfasser der Premieren-Rezension war William Gardiner, ein Musiknarr, befreundet mit Carl Maria von Weber und Paganini und Mitglied der Academia S. Cecilia in Rom.

Er hatte früher Italien und auf der Rückfahrt nach England auch das Rheinland bereist, wo er 1786 in Bonn Beethoven noch als schwarzlockigen Knaben kennenlernte. Gardiner, der neben seiner beruflichen Tätigkeit als Textilfabrikant auch selbst komponierte und in seinen offenbar etwas krausen Pasticcio-Oden Versatzstücke der Wiener Klassiker, unter anderem von Beethoven, verwandte, hat das Neuartige bei Beethoven auf den Punkt gebracht. In seinen Erinnerungen (»Pleasant Recollections«, 1838) schwärmt er von der »Neuen Wissenschaft der Töne« des einundzwanzigjährigen Jünglings aus Bonn und bekennt, daß Beethovens Werk ihm seinerzeit einen neuen Blick in die Kunst eröffnet habe.

Weshalb aber konnte diese seinerzeit »neue« Musik inzwischen bei den Beethoven-Freunden ziemlich in Vergessenheit geraten, und warum sehen auch Kenner auf diese Jugend-Trios immer ein wenig herab?

Sicherlich ist Beethovens eigene Hinwendung zu größeren kammermusikalischen Besetzungen wie Quartett, Septett und Oktett nicht ohne rezeptionsgeschichtliche Auswirkungen geblieben. Tatsächlich hat er nach 1800 keine Trios im engeren Sinne mehr geschrieben – die Klavier-Trios sind nur in der Besetzung, nicht aber im Tonsatz dreistimmig –, so daß bereits zu seinen Lebzeiten diese Kammermusik mangels Nachschub nicht aktuell blieb. Mit seiner Streichquartett-Produktion verhielt es sich völlig anders. Denn hier war sein Engagement anhaltend, von vorübergehenden Schwankungen einmal abgesehen. Gegen Ende seines Lebens wurden diese Schöpfungen technisch und inhaltlich schließlich zum Kompendium seines Könnens als Tonsetzer.

Dennoch hat die Vernachlässigung der frühen Trios im Musikleben zweifellos auch noch andere Ursachen. Sie hängt wohl letztlich mit der Perspektive unseres Beethoven-Bildes zusammen. Unser Interesse gilt nämlich vornehmlich den Kompositionen der mittleren und späten Schaffensphase. Das sind vor allem Werke, denen starke Dramatik und klassische Themen-Dialektik eigen sind oder aus denen romantische Versunkenheit spricht. Bevorzugt werden auch Kompositionen mit poetischen Titeln, etwa »Sturmsonate«, »Geistertrio«, »Heldenquartett« oder »Schicksalssinfonie«, wobei es keine Rolle spielt, daß diese Überschriften in den meisten Fällen gar nicht von Beethoven stammen.

In den frühen Kammermusikwerken sind diese Komponenten jedoch noch kaum vorhanden. Derjenige Musikfreund, der sie aber dort sucht, weil er die Dimensionen späterer Lebensabschnitte kennt, wird sich am Serenadencharakter der Werke womöglich stören und den frühen Beethoven, gemessen an seinen letzten Werken, schließlich zu oberflächlich finden.

Diskussionen im »Zehrgarten«

Beethovens erstmals in England gerühmte »Neue Wissenschaft der Töne« brachte ein neues Kunstkönnen hervor, das auch von einem neuen Kunstwollen bestimmt ist. Das alles kam nicht von ungefähr. Die neue musikalische Dichte und Ernsthaftigkeit verweist auf künstlerische Konzeptionen Neefes, dem fraglos wichtigsten Mentor Beethovens.

Das Neue in Beethovens Tonsprache besteht vor allem in ihrer andersartigen inhaltlichen Dimension. Beethovens »Neue Wissenschaft der Töne« ist eine Satzkunst, die den Zuhörer nicht nur erbaut, sondern darüber hinaus zum Denken anregt. Die Zeitgenossen haben diese neue Dimension musikalischer Sinngebung diskutiert, in Briefen und Gesprächen, im »Zehrgarten« zum Beispiel, einer von Intellektuellen, Künstlern, Professoren und geistlichen Würdenträgern gern besuchten Weinschenke am Bonner Marktplatz.

Dort verkehrte auch Bartholomäus Ludwig Fischenich, der Freund Friedrich Schillers, Jurist und nachmaliger Staatsrat, der an der Universität Bonn lehrte. Für ihn war der junge Beethoven der kommende Mann, der Schillers und Kants Begriff des »Erhabenen« in Töne umzusetzen imstande sein würde. 1793 schrieb er in einem Brief an Charlotte von Schiller, die Gattin des Dichters, über Beethoven: »Er wird auch Schillers Freude und zwar jede Strophe bearbeiten. Ich erwarte etwas Vollkommenes, denn so viel ich ihn kenne, ist er ganz für das Große und Erhabene.« Charlotte von Schiller hatte zusammen mit Fischenichs Brief Beethovens Komposition »Feuerfarb«, op. 52, Nr. 2, zugeschickt bekommen, ein ziemlich einfaches strophisches Klavierlied mit knappem Vor- und Nachspiel. Ihr Antwortschreiben zeigt, wie bei Fischenich, eine anspruchsvolle Erwartungshaltung: »Die Composition der Feuerfarbe (sic) ist sehr gut; ich verspreche mir viel von dem Künstler und freue mich, daß er die Freude componiert.«[36]

Aus diesem Briefwechsel ist ersichtlich, daß Beethoven schon früh an eine Vertonung von Schillers Ode »An die Freude« dachte. Doch was bedeutete seinerzeit der besagte Begriff des »Erhabenen« im künstlerischen Sinn?

In Kants Ästhetik des »Erhabenen« sieht sich der Mensch als Bezwinger dessen, was viel größer ist als er selbst. Das Gefühl des »Erhabenen« ist zugleich auch das Gefühl des Triumphes angesichts der ungeformten Natur, die bei ihm eigentlich permanente Angst und Ohnmacht auslöst. Nach Kant bezwingt der Mensch seine Ängste jedoch durch die Vernunft. Und speziell die Kunst versucht mit ihren Mitteln das »Erhabene« darzustellen, also das Gefühl für Größe und Macht der Vernunft.

In dem zu Beethovens Lebzeiten entstandenen Mythos vom »Nationalheros«, wie er in den Artikeln der Lexika von Fayolle und Brockhaus auftaucht, spielt der Begriff des »Erhabenen« in diesem philosophisch-ästhetischen Sinne kaum eine Rolle. Er beruhte vielmehr, wie in einem anderen Kapitel noch im einzelnen erörtert wird, im wesentlichen auf der sozialen Überhöhung des »Helden«.

Daneben bildete sich aber noch ein weiterer Mythos. Insbesondere die engeren Freunde, wie Wegeler und Grillparzer, erblickten in Beethoven jenen »Heros«, der mit chronischem Kranksein geschlagen war, sich aber nicht unterkriegen ließ. Grillparzer apostrophierte Beethoven in der Grabrede als den

Held des Sanges in deutscher Sprache und Zunge, den des Lebens Stacheln tief verwundet hätten.

An Wegeler, der offenbar in ähnlicher Weise zu ihm aufsah, hatte der noch nicht dreißigjährige Beethoven jene Sätze geschrieben, die in der biographischen Literatur schon oft zitiert wurden: »Ich will meinem Schicksal trotzen« und »– ich will dem Schicksal in den Rachen greifen, ganz niederbeugen soll es mich gewiß nicht« (16. November 1801). Beethoven variierte hier übrigens den von ihm geschätzten zeitgenössischen Schicksals-Dramatiker Zacharias Werner, aus dessen Werken er sich mehrfach Auszüge ins Tagebuch schrieb. Solche Gedanken- und Formulierungsanleihe aus der Literatur sollte auch in der Komposition eine nicht unwesentliche Rolle spielen, wie wir bei der Neunten Sinfonie noch sehen werden. Doch kehren wir vorerst zu der Erwartungshaltung von Beethovens Freunden zurück.

Ferdinand Graf Waldstein, auf der kulturellen Achse Wien-Bonn als selbst komponierender geistlicher Diplomat ein Wegbereiter, sieht – anders als Fischenich – die künftige Rolle Beethovens weniger im philosophisch-ästhetischen als in einem musikgeschichtlichen Zusammenhang. In seinem Eintrag in das im »Zehrgarten« aufliegende Stammbuch, dem gemeinsamen Abschiedsgeschenk des dort verkehrenden engeren Freundeskreises, beschwört er die »Dreiklangsbildung« Mozart-Haydn-Beethoven. Haydn, der Älteste, hatte Wesentliches von Mozart übernommen – etwa das ausdrucksstarke Stilmittel chromatischer Stimmführung. Nach Mozarts frühem Tod sollte nun Beethoven von Haydn lernen. Auf diese Weise entstand in einem musikalischen Zentrum ein die Generationen übergreifender Dialog zwischen eigentlich sehr verschiedenen Komponisten. Waldstein, der das Zustandekommen der Wiener klassischen Schule ahnte, appellierte an Beethovens Lernbereitschaft. Sie könne den Zugang zu Mozart bewirken, dessen Geist bei Haydn offenbar noch keine richtige Bleibe gefunden hatte: »Durch ununterbrochenen Fleiß erhalten Sie: *Mozart's Geist aus Haydens (!) Händen, Bonn 29.10.1792.*«

Waldsteins visionäre Stammbuch-Allegorie ist berühmt geworden. Ähnliches hätte eigentlich auch der besagten Stelle im Brief Fischenichs an Charlotte Schiller zuteil werden müssen: »Ich erwarte etwas Vollkommenes, denn so viel ich ihn kenne, ist er ganz für das Große und Erhabene.« Doch man sollte nicht übersehen, daß alles Neue, das hier bereits erahnt wird, seine Vorbereitungen in Vorangegangenem hatte. Die Hoffnungen der Freunde auf künftige Leistungen des jungen Beethoven waren sicherlich berechtigt, doch ohne solche Voraussetzungen kaum denkbar.

Die Erwartungen der Zeitgenossen rührten offensichtlich aus den ästhetischen Diskussionen dieser Epoche her. 1738 erschien die kunstbetrachtende neuplatonische Schrift des Longinos »Über das Erhabene« in einer deutschen Übersetzung. Eine Rolle spielte ferner auch ein Essay des Engländers Edward Young über den Ursprung der Kreativität, der in Deutschland mit Interesse aufgenommen wurde.[37]

Schiller hat Youngs Gegenüberstellung »Herz oder Kopf« bei der Frage nach der Quelle des Schöpferischen aufgegriffen und weitergeführt. Die Zeiten standen auf Veränderung, denn die Unzufriedenheit mit dem Bestehenden, dem Ancien régime, war so groß wie das Sehnen nach Erneuerung. Innovationen sind indessen nicht selten mit einem Rückgriff auf das Alte verknüpft. Bei Schiller und Kant gibt es in der Tat den Bezug auf den Begriff des »Erhabenen«, der über Longinos als einen neuplatonischen Mittelsmann letztlich aus dem griechischen Denken kam.

Die mit solcher Rückbesinnung nunmehr einsetzende klassizistische Begeisterung war allgemein groß. Fischenich, der väterliche Freund Beethovens, war in seinem Enthusiasmus für Schiller kaum zu bremsen. Manchmal unterbrach er spontan seine Vorlesungen über Rechtsgeschichte und rezitierte Schiller. Natürlich erfreute sich dieser Universitätslehrer bei seinen Lehrveranstaltungen eines großen Zulaufs. Jugend will offenbar nicht nur belehrt, sondern vor allem angeregt werden.

An derselben Universität, die ja auch der junge Beethoven kurz besuchte, las Eulogius Schneider, ein Franziskanermönch und Professor, Griechische Literatur. Ähnlich wie sein Kollege

Fischenich überschritt er gelegentlich die Grenzen seines Fachs zugunsten seiner Begeisterung für das Zeitgenössische, zum Beispiel, um die Französische Revolution zu verherrlichen. Sein Engagement wurde ihm allerdings zum Verhängnis. Er wurde wegen exzentrischen Benehmens schließlich vom Kurfürsten entlassen, zog anschließend als Volkstribun mit der Guillotine durch das Elsaß, bis er am Ende in Paris dann selbst dieser Tötungsmaschine zum Opfer fiel.[38]

Vom »Elan terrible« dieser Epoche ist auch Beethoven nachhaltig inspiriert worden: literarisch von Schneiders freiheitlichen Gedichten (1790); musikalisch von der französischen Freiheits- und Schreckensoper, wie sie insbesondere von dem belgischen Komponisten Ernest André Modeste Grétry geschaffen wurde, der einmal äußerte: »Es scheint, daß man seit der Einnahme der Bastille nur noch Musik mit Kanonenschlägen komponieren kann.«

Beethovens Talent, auf das sich die Zeitgenossen gern berufen, war zunächst wie jede Begabung natürlich lediglich eine Voraussetzung. Es mußte erst einmal entwickelt werden, bevor die Zeitgenossen darüber redeten und ästhetische Erwartungen haben konnten. Es war zweifellos das Verdienst Johann van Beethovens, daß in Bonn die Rede vom Talent seines Ältesten in aller Munde war. Doch die hohe Erwartungshaltung, wie sie Fischenich und Waldstein zum Beispiel zum Ausdruck brachten, hängt ohne Frage mit der neuen Dimension musikalischer Sinngebung zusammen. Diese gründet sich auf einen starken Kunstwillen des jungen Beethoven. Hier wurde der prägende Einfluß Neefes zum ersten Mal wirksam.

Die Leipziger Schule des Lehrers

Um die Bedeutung der »Schulung« für den jungen Beethoven zu ermessen, sollte der Schlüssel zum Verständnis nicht nur bei seinem Lehrer gesucht werden, sondern noch weiter zurück auch bei dessen Ausbildung.

Neefe, der Sohn eines Schneidermeisters, hatte in Leipzig

mit einundzwanzig Jahren ein Jurastudium begonnen. Die Ausbildung schloß er, wie seinerzeit üblich, mit einer öffentlichen Disputation ab. Dieses Studium war allerdings kaum aus Neigung gewählt worden. Wahrscheinlich sollte es ein Schritt zu gesellschaftlichem Ansehen sein, ähnlich wie bei Goethe, der auch in Leipzig eine juristische Ausbildung begonnen, die Messestadt aber bereits wieder verlassen hatte, als Neefe 1769 dort eingetroffen war. Schon während des Jurastudiums wandte sich Neefe zunehmend der Komposition zu und wechselte nach dem Examen schließlich ganz zur Musik über.

Ein Leser zu Ende des 20. Jahrhunderts kann sich wahrscheinlich kaum vorstellen, welchen enormen Vorteil das Studium in Leipzig in der zweiten Hälfte des 18. Jahrhunderts mit sich brachte. Die Universität, die seinerzeit im ganzen deutschen Reich am stärksten besucht wurde, vermittelte nicht nur Fachwissen. Aufgrund günstiger Konstellationen war sie in der Lage, darüber hinaus ein hochkarätiges Allgemeinstudium anzubieten. In der nach der Katastrophe des Siebenjährigen Krieges schnell wiederaufgebauten Messestadt hielten Gellert, Weiße und Gottsched Vorlesungen. Hiller dirigierte »große Konzerte« (Goethe) im Gewandhaus.

Es gab in Leipzig aber auch noch andere, sozusagen mittelbare Einflüsse, ausgehend von zwei geistvollen Männern der Epoche, die zwar nicht mehr lebten, deren Bedeutung aber gleichwohl unvermindert anhielt: Bach und Winckelmann.

Von der Musik des alten Bach sollte Beethoven als Kind profitieren, indem Neefe die Abschriften der Klavierwerke aus Leipzig mit nach Bonn brachte. Bachs Name und Musik waren in Leipzig stärker als anderswo kontinuierlich präsent geblieben. Es lebten dort auch noch zwei Nachkommen, Regine Susanna, Bachs letztes Kind, und der Enkel Johann Samuel, der jüngste Sohn des Hamburger Musikdirektors Carl Philipp Emanuel Bach.[39]

Es gab zwar kaum gedruckte Ausgaben von Bachs Werken, von den wenigen Klavierstücken einmal abgesehen, die er selbst herausgeben hatte – vermutlich als Weihnachtsgeschenke für seine Söhne. Doch in Musikerkreisen kursierten zahlreiche Abschriften von Manuskripten, die Bachs Söhne, seine Schüler und deren Schüler besaßen. In Leipzig gab der Bach-Schüler Homilius solche Kopien an Hiller und Neefe weiter. Nach Berlin kamen Abschriften des »Wohltemperierten Klaviers« über Carl Philipp und Wilhelm Friedemann sowie den Bachschüler Johann Philipp Kirnberger. Zu dessen Schülern zählte Lea Salomon, die Mutter Felix Mendelssohn-Bartholdys, die ihrem Sohn auch den ersten Klavierunterricht gab und dabei natürlich auch das Erbe Bachs tradierte. Aus Berlin gelangte eine Abschrift des »Wohltemperierten Klaviers« nach Wien über Baron van Swieten, den K. K. Hofbibliothekar und späteren Mäzen Beethovens. Van Swieten war nach dem Siebenjährigen Krieg als Diplomat nach Berlin gekommen. Er hatte Freundschaften mit Carl Philipp Emanuel Bach geschlossen und wohl bei dem Bach-Schüler Kirnberger Kompositionsunterricht genommen. In van Swietens späteren Wiener sonntäglichen Hauskonzerten lernte 1782 Mozart die Präludien und Fugen Bachs kennen.

Ein Jahr später erschien in der Hamburger Musikzeitschrift »Magazin der Musik« ein von Neefe verfaßter Bericht über das Bachspiel des zwölfjährigen Beethoven. Mozart und Beethoven wurden also zur gleichen Zeit mit dem »Wohltemperierten Klavier« Bachs bekannt gemacht. Der Altersunterschied der beiden Komponisten-Schüler war allerdings beträchtlich und ausschlaggebend für eine sehr unterschiedliche Aufnahme dieser didaktischen Musik.

Mozart, bereits sechsundzwanzig Jahre alt, tat sich offenbar schwer mit der künstlerischen Verarbeitung der Musik Johann Sebastian Bachs. Er hat in anderem Zusammenhang einmal geäußert, Musik solle nicht »schwitzen«, womit er offenbar meinte, daß man einem Werk die Anstrengung des Komponisten nicht anmerken dürfe. Gleichwohl »schwitzt« aber manchmal Mozarts Kontrapunkt – ein Manko, das er selbst also nicht tolerierte. Außerdem produzierte er hin und wieder Fragmente, wenn er Kompositionen im kontrapunktischen Satz schrieb.

Beethoven hingegen, etwa halb so alt, also den Jahren nach

noch ein Kind, nahm den Stoff spielerisch auf. Und während Mozart sich geradezu aufgeregt gleich ans Umschreiben einiger Fugen für die Streichtrio-Besetzung machte, aber mit der Verarbeitung dieses sogenannten ernsten Stiles eben seine Probleme hatte, konnte sich Beethoven noch viel Zeit lassen. Er sollte dann erst gegen Ende seines Lebens und längst auf der Höhe seines Könnens die Fugenform auf eine ganz neue Art nutzen.

In die Neunte Sinfonie brachte er zum Beispiel ein poetisches Element mit ein; völlig anders verfuhr er dagegen in der Großen Fuge für Streichquartett. Dort verarbeitete er einzelne Elemente, inbesondere einige dissonierende Intervalle, und eröffnete dadurch eine spezielle Diskussion der Parameter. Dies Verfahren wurde stilbildend und von den Komponisten des zwanzigsten Jahrhunderts immer dann besonders gern aufgegriffen, wenn sie sich mit dem Streichquartett auseinandersetzten. Die Voraussetzung aber zu solcher innovatorischen Verarbeitung der Musik Bachs, eben die »Schulung« zur rechten Zeit, erhielt Beethoven von seinem Lehrer Neefe.

Adam Friedrich Oeser oder Der Slogan einer Epoche

Neefe war in Leipzig natürlich nicht nur durch die Musik geprägt worden. Sein Lehrer Johann Adam Hiller, der spätere Leipziger Thomaskantor, bei dem er auch wohnen konnte, hatte ihn mit Adam Friedrich Oeser (1717–1799) bekannt gemacht. Oeser, seit 1759 in Leipzig tätig und dort zum Professor der allgemeinen Kunstakademie und Direktor der Zeichenakademie ernannt, ist ziemlich in Vergessenheit geraten, obwohl er als origineller Vordenker und Ideenspender des deutschen Klassizismus ohne Frage eine größere Beachtung verdiente.

Der Kontakt zwischen Oeser und Neefe war offenbar ziemlich eng. Oeser hatte seine drei Lieblingsschüler Johann Samuel Bach, Winckelmann und Goethe portraitiert. Im Bonner Beethovenhaus befindet sich ein aus dem Besitz einer Urenkelin stammendes unsigniertes Ölportrait Neefes, das Oeser zugeschrieben wird. Sollte sich die Autorschaft Oesers bestätigen, so befände sich Beethovens Lehrer als Modell dieses Prominenten-Malers wirklich in bester Gesellschaft. Und allein schon von daher müßte Neefe auch zu den engeren Freunden Oesers gezählt werden.

Neefe hat sich später in Bonn jedenfalls an diese imponierende Persönlichkeit erinnert und wahrscheinlich bemüht, etwas von Oesers Künstlertum an seinen Schüler weiterzugeben. Tatsächlich erscheint denn auch Oesers Name in Beethovens frühem Klavierlied »Schilderung eines Mädchens«, Werk ohne Opuszahl 107, für dessen Veröffentlichung sich wohl Neefe bei seinem befreundeten Verleger Boßler in Speyer eingesetzt hatte:

»Schildern, willst Du Freund, soll ich Dir Elisen?
möchte Uzens Geist in mich ergießen.
Wie in einer Winternacht Sterne strahlen
würde ihrer Augenpracht Oeser malen«.

Der Vierzeiler soll Schmidt-Görg zufolge (MGG, Artikel Beethoven) von Gottfried August Bürger stammen, einem Dichtermitglied des Göttinger Hainbundes, das auch von Neefe geschätzt wurde. Wahrscheinlich war es aber Neefe, der diesen Text verfaßt und seinem Schüler zur Vertonung als Klavierlied gegeben hat. Der zwölf- oder dreizehnjährige Beethoven hätte diese etwas steifen, vom lehrhaft vernünftigen Ton des Idealismus bestimmten Zeilen wohl kaum selbst ausgesucht. Neefe empfahl indes den Vierzeiler sicherlich nicht wegen textlicher Qualitäten, sondern weil er Oesers Kunst zitiert. Nicht nur die letzte Zeile verweist auf Oeser. Auch das Herbeisehnen von »Uzens Geist« hängt indirekt mit seinem Wirken zusammen.

Oesers Stärke lag nämlich in der Buchillustration. Seine Radierungen waren, Goethe zufolge, mit leichter Hand und geistreich ausgeführt. Er hatte die Erstschrift seines Schülers Winckelmann »Gedanken über die Nachahmung der griechischen Werke in der Malerei und Bildhauerkunst« (1755) mit drei Vignetten illustriert. Ein Jahr bevor Neefe nach Leipzig kam, erschienen von Oeser zwei Titelblätter sowie eine Vielzahl von Vignetten zu den poetischen Schriften, den klassizistischen Lehrgedichten und der Lyrik von Johann Peter Uz (siehe Anhang, S. 244f.). In dem Text von Beethovens frühem Klavierlied gibt es also mehrfach Bezüge zum Wirken Oesers. Und Neefes Textauswahl hängt sicherlich mit seiner Freundschaft zu Oeser zusammen, unter dessen Einfluß er zweifellos auch nach seiner Zeit in Leipzig noch stand.

Als »Klavierlied« sind die Singstimme und der Klaviersatz Beethovens übrigens enger als in späteren Kunstliedern miteinander verwoben. Der Part des Sängers ist nämlich in der Notenzeile für die rechte Hand mit untergebracht, also nicht in einer üblichen Extrazeile notiert. Das hat natürlich aufführungspraktische Konsequenzen: Es kann nur einen einzigen Interpreten geben, eben einen Klavierspieler, der seinen eigenen Gesang »Schilderung eines Mädchens« begleitet.

In modernen Ausgaben wird diese ursprüngliche Notierung allerdings in einigen Fällen mißachtet. Singstimme und Klaviersatz sind nämlich wie bei einem Kunstlied getrennt gesetzt, so daß der Eindruck entsteht, als ob zwei Interpreten erforderlich wären, also ein Sänger oder eine Sängerin und ein Pianist beziehungsweise eine Pianistin. Das eigentliche Klavierlied, das eben eine Personalunion voraussetzt, wird aber dabei verkannt. Darüber hinaus wird auch Neefes Absicht verdeckt. Denn Beethovens Lehrer läßt hier seinen Schüler mit einem zeitgebunden didaktischen Blick nach »Uzens Geist« und Oesers »Geschmack« typische Hausmusik schreiben, die den Ausübenden, wie schon gesagt, Sänger und Klavierspieler in eins, nach einem zeitgenössischen Erziehungskonzept des Idealismus schulen soll.

Alle Schülers Oesers – und in einem weiteren Sinn gehörte auch Neefe dazu – unterwarfen sich geradezu bedingungslos seinem starken Konzept, jedenfalls solange sie in Leipzig waren. Das starke Abhängigkeitsverhältnis der Schüler von diesem beeindruckenden Lehrer haben vor allem Winckelmann und Goethe dokumentiert. Das Schlagwort des Jahrhunderts von der »edlen Einfalt und der stillen Größe« erscheint mehrfach in

Winckelmanns besagter Erstschrift, die sich mit den Quellen der bildenden Kunst beschäftigt.

Der Slogan, der zunehmend zum Kennzeichen der deutschen Klassik wurde, geht jedoch zunächst auf Oeser zurück. Und Oeser wiederum hatte in seiner Heimatstadt Preßburg das Wort von dem Bildhauer Georg Raphael Donner (1692–1744) übernommen, einem weiteren an der Antike orientierten und auf Einfachheit des Geschmacks ausgerichteten Reformator der bildenden Kunst. Winckelmann bestätigt am Schluß der Schrift pointiert die starke Verbundenheit mit seinem befreundeten Lehrer, indem er zum Dank für die anregenden Gespräche und zugleich als krönenden Abschluß dessen Namen zitiert.

Oesers Wirkung ist seinerzeit von einer heute kaum noch vorstellbaren Intensität gewesen. Als Ausübender fand er allerdings lediglich mit seinen Illustrationen die uneingeschränkte Zustimmung der Zeitgenossen. Oesers unbestrittene Stärke aber war sein umfassender Kunstsinn. Allen Schülern und Freunden, die sich in Leipzig bei ihm einfanden – zu letzteren zählten auch die Herzogin Amalie, Karl August von Sachsen-Weimar und der junge Fritz von Stein –, verkündete er die permanente Revolution der bestehenden Kunstanschauung in Richtung auf eine neue Einfachheit und Tiefe des Gefühls.

Dieser Kunstsinn bestand bei ihm nicht nur als Theorie. Er lebte die Kunstanschauuung seinen Anhängern auch vor und versäumte keine Gelegenheit, darauf hinzuweisen, wie Goethe sich erinnert, daß bei allem, was mit künstlerischer Konzeption und handwerklichem Können zusammenhänge, auf Einfachheit zu achten sei.[40]

Oesers Einfluß kam auch in der Musik zur Geltung. In einem Fall agierte er sogar als geradezu angriffslustiger Vorkämpfer der Bach-Renaissance. »Die Vertreibung der alten Musik durch die Neue« hieß nämlich das Thema eines Deckengemäldes im Konzertsaal des alten Leipziger Gewandhauses, das Oeser mit einer allegorischen Darstellung von Bachs Genius als dem Anführer der Moderne ausstattete. Das war im Jahre

1783, also über zwanzig Jahre nach dem Tod des Thomaskantors und just zu der gleichen Zeit, als Beethoven und Mozart, wie wir schon erfahren haben, mit dem »Wohltemperierten Klavier« in Bonn und Wien Bekanntschaft machten.

Von Oesers künstlerischer Ausstrahlung profitierte auch die Leipziger Familie des Musikverlegers Immanuel Breitkopf. Unter dem Einfluß von Oesers Leitsätzen entwickelte sich das Haus, das später viele Werke Beethovens herausgeben sollte. In dieser Atmosphäre schrieb Bernhard Theodor Breitkopf, der älteste Sohn, Liedkompositionen, wobei er auch Texte des jungen Goethe vertonte. Die Ausgaben dieser Klavierlieder wurden, übrigens im Geburtsjahr Beethovens, die ersten Veröffentlichungen des Dichters; die Texte traten als Bestandteil der Kompositionen allerdings nur verdeckt in Erscheinung.

Ein direktes Echo von Oesers und Winckelmanns Maximen gibt es bei Christoph Willibald Gluck. In der vom Komponisten unterzeichneten italienischen Vorrede zu der Reform-Oper »Alceste« (1769) ist das Schlagwort der Epoche ziemlich wörtlich verarbeitet:

»Ich war der Meinung, daß mein höchstes Bestreben sich darauf beschränken müsse, eine edle Einfachheit zu erreichen; Der Erfolg hat meine Grundsätze gerechtfertigt, und die allgemeine Billigung hat klar gezeigt, daß Einfachheit, Wahrheit, Natürlichkeit die großen Ursprünge sind in allen Äußerungen der Kunst.«[41]

Sinnlich im Klang – provokativ in der Form

Beethovens musikalische Aktivitäten begannen schon sehr früh, nämlich im Vorschulalter von vier Jahren, wie der an Kurfürst Maximilian Friedrich gerichtete Widmungstext überliefert:

»Erhabenster. Seit meinem vierten Jahr begann die Musik die erste meiner jugendlichen Beschäftigungen zu werden. So frühe mit der holden Muße bekannt, die meine Seele zu reinen

Harmonien stimmte, gewann ich sie, und wie mirs oft wohl däuchte, sie mich wieder lieb. Ich habe nun schon mein eilftes Jahr erreicht; und seitdem flüsterte mir oft meine Muse in den Stunden der Weihe zu: ›versuchs und schreib einmal deiner Seele Harmonien nieder!‹ Eilf Jahre – dacht ich – und was würden dazu die Männer in der Kunst wohl sagen? Fast ward ich schüchtern. Doch meine Muse wollt's – ich gehorchte, und schrieb.«

Diese (hier gekürzte) Vorrede, erschienen 1783, stammt natürlich aus Neefes Feder. Neefe hatte ja auch im selben Jahr in Cramers Musik-Magazin Öffentlichkeitsarbeit für seinen Schüler betrieben, indem er im Zusammenhang mit dem frühen Bachspiel auf Beethovens Fähigkeiten als Klavierspieler hinwies. Dabei wandte er sich ganz bewußt an solche Fachleute, die aus ihrer eigenen Kenntnis des »Wohltemperierten Klaviers« die Leistung seines Schülers gebührend einschätzen konnten:

»Wer diese Sammlung von Präludien und Fugen durch alle Töne kennt (welche man fast als das non plus ultra nennen könnte), wird wissen was das bedeute.«

Auf die kompositorische Begabung Beethovens ist in dem Vorwort der Erstlingssonaten jedoch nur vorsichtig verbrämt in einer Allegorie hingewiesen: »Flüsterte mir oft meine Muse in den Stunden der Weihe zu: ›versuchs und schreib einmal deiner Seele Harmonien nieder!‹«

Das ist sicherlich nicht nur auf die Bescheidenheit gebietende Ichform des Widmungstextes zurückzuführen. Denn dahinter stand auf jeden Fall der Lehrer. Und der war sich der Qualität dieser Sonaten offenbar nicht so ganz sicher.

Inspiration im Sinne der angerufenen Muse war aber zumindest bei der zweiten Kurfürstensonate in f-Moll mit im Spiel, einem Werk, das uns aufhorchen läßt. Es beginnt zwar herkömmlich wie eine feierliche Opernsinfonia, etwa im Stil Johann Christian Bachs, bringt dann aber nach einem die Tonart präsentierenden kurzen Wechselspiel zwischen wuchtigen Akkorden und einer verhaltenen Melodie schon bald etwas Eigenständiges. Dieser plötzliche Wechsel von einem traditionellen

Versatzstück zu einer originellen Eigenproduktion ist verblüffend. Obwohl damals den Jahren nach noch ein Kind, verändert Beethoven hier bereits gewandt wie ein erfahrener Könner das besagte konventionelle Einleitungsmuster. Auf den Anfang der Introduktion, der soeben noch wie eine Bestätigung der gewählten Tonart klang, folgt nämlich ein Abschnitt gleichsam des In-Frage-Stellens, zugleich auch des Suchens und Entwickelns.

Der Komponist läßt aufhorchen, weil er so dezidiert weiß, worauf er hinaus will: die Tonart f-Moll effektvoll vorstellen. Dabei gebraucht er neben diatonischen Wendungen auch ein chromatisches Intervall, die sinnliche Neapolitanische Sexte, ein Markenzeichen damaliger Moderne.

Das quasi improvisierte Experimentieren mit Akkorden pointiert Beethoven noch durch unvermittelt plötzliche Akzente. Hierdurch wird das dem Satz zugrunde liegende gerade Metrum diskutiert; denn die lautstarken Akzente erschüttern den Takt auf der leichten zweiten Zählzeit – ein Prinzip, das Beethoven in späteren Kompositionen, besonders der »Eroica«, verstärkt anwandte.

Nach einer Kadenz, wiederum in charakteristischer Plötzlichkeit im doppelten »piano« gestaltet, läßt der geschwinde Satz nun nicht mehr länger auf sich warten. Auch in diesem sehr raschen Tempo, von Beethoven als »Allegro assai« bezeichnet – zu deutsch ›recht fröhlich‹ –, bestimmt wieder die Kraft der Intervallführung die besondere Spannung der Musik. Wie zuvor in der Einleitung beginnt der schnelle Sonatenhauptsatz mit einer abwärts drängenden Bewegung. Allerdings nicht mehr als Sprung, sondern gewissermaßen dazu kontrastierend als Skala. Dabei erklingt statt der zumeist gebräuchlichen Mischform Durmoll mit großer Septime das pure äolische Moll.

Die Ähnlichkeit mit dem entsprechenden Thema der etwa fünfzehn Jahre später entstandenen Klaviersonate c-Moll, op. 13, der sogenannten ›Pathétique‹, ist in der Beethoven-Literatur schon wiederholt angesprochen worden. Der zweite Satz steht dort in der zur Grundtonart c-Moll verwandten Tonart

As-Dur. Diese weiche, für das Klavier besonders geeignete Klangfarbe benutzte Beethoven auch bereits in der Kurfürstensonate, und zwar beim zweiten Thema des Hauptsatzes. Es ist ganz ähnlich wie das erste gebildet: Harfenartig, in abwärts geführten Dreiklängen durchschreitet es im Hauptzeitmaß des Satzes den Grunddreiklang dieser neuen Tonart, um anschließend in kleineren Intervallschritten rhythmisch wieder auszupendeln.

In der genannten Ähnlichkeit der beiden Themen zeigt sich bereits Beethovens besondere Eigenart, Gegensätze aus Verwandtem zu gestalten. Der pädagogische Vermittler dieses Kompositionsprinzips war Neefe.

Eine Passage mit orchestralen, opernhaften Effekten, die sich auch in einer gesteigerten Lautstärke zeigen (»forte fortissimo«), beendet den Satzteil (Exposition). In der anschließenden Durchführung diskutiert Beethoven den Hauptgedanken seines Kopfsatzes in sehr knapper Form. Völlig unvermittelt wechselt er dabei durch einen chromatischen Schritt von der parallelen Tonart As-Dur nach F-Dur (Picardische Terz) und benutzt diese helle Klangvariante schließlich als Übergang zur Wiederaufnahme der Introduktion. Die wuchtigen Oktavsprünge (diesmal auf der Stufe der Unterquinte) sowie der feierliche Charakter sind geblieben. Doch an die Stelle der anfänglich aufwärts geführten, die Tonart f-Moll gleichsam erst noch umschreibenden Klänge setzt Beethoven nunmehr Variationen eines Akkordsatzes auf der Grundlage einer Kadenz aus den Hauptstufen. Die Tonalität, die schon zuvor erörtert und bekräftigt wurde, stellt er hier nicht mehr in Frage. Dennoch ist auch diese Passage von ganz besonderer Wirkung. In stärkster Dynamik, dem doppelten Forte, steigert er die Spannung mittels Vierklangsvarianten (der Septime im Baß und einem erhöhten Grundton), so daß der Wiedereintritt des geschwinden Hauptsatzes, die Reprise, sehr provokativ vorbereitet wird.

Die entscheidende Nahtstelle im klassischen Sonatenhauptsatz, nämlich der Übergang von der Durchführung (»développement«) zur Wiederaufnahme (Reprise) ist immer eine satztechnische Herausforderung. Der Komponist gibt damit gleichsam seine Karte ab. Beethoven, etwa zwölf Jahre alt, erweist sich hier in dieser extrovertiert gestalteten Überleitung als ein provokativer Komponist. Er stellt sich damit deutlich in einen Gegensatz zu Mozart und Haydn, die vergleichbare Überleitungen sehr oft introvertiert, sozusagen im »understatement« geschrieben haben.

Die kompositorische Eigenständigkeit Beethovens, gewissermaßen als Gegenstück zu seinen Improvisationskünsten, hatte sich also wahrscheinlich noch früher als sein originelles Klavierspiel herausgebildet, das erst seit den letzten Bonner Jahren im In- und Ausland gewürdigt wurde. Diese kompositorische Originalität Beethovens wurde, wie das Beispiel der zweiten Kurfürstensonate zeigt, jedenfalls schon sehr früh genutzt. Die konstitutive Suche nach der Tonalität, eine verknüpfend und gewissermaßen pendelschlagartig angelegte Gestaltung der Kontraste und die provokative Reprisenvorbereitung sind hier als eigentümliche Stilmittel schon deutlich ausgebildet. In der besonderen Formung der Kontraste ist auch musikalisches Denken erkennbar, das sich schon in den ästhetischen Schriften seines Lehrers findet. Neefe hatte in der Instrumentalmusik seiner Zeit unter anderem auch das Sprunghafte in der Darstellung der Kontraste kritisiert:

»Man pflegt zwar Leidenschaften auszudrücken z. B. Traurigkeit – Fröhlichkeit. Allein man drückt sie immer nur in ihrer völligen letzten Äußerung aus, und detailliert sie nicht nach ihren ersten Keimen und stufenweisen Fortgängen. Am wenigsten beobachtet man die Nuancen derselben, oder die Punkte, wo eine Leidenschaft in die andere übergeht; man macht dadurch Sprünge, die der Natur in allen Dingen entgegen sind...«[42]

Neefes jugendlicher Schüler hat diese Fehler, wie man am Beispiel der eben betrachteten zweiten Kurfürstensonate sieht, jedenfalls nicht gemacht. Gleichwohl ist die Komposition gewissermaßen als frühreifes Werk eine Ausnahme. Denn bis zum Beginn einer dauerhaften Meisterschaft bedurfte es beinahe dreißig Jahre. Beethoven selbst hatte kurz vor seinem Tod anläßlich eines traurig realistischen Gesprächs mit nahestehenden Freunden über seine nun doch wohl bald zu schreibende Biographie indirekt bestätigt, daß die Zeit seiner Lehrjahre etwa bis zum Jahre 1801 reiche.

Im Vergleich zu Carl Maria von Weber, Schubert oder Mendelssohn – von denen übrigens keiner vierzig Jahre alt wurde – ist das eine ziemlich große Zeitspanne. Beethoven war in der Tat keine kompositorische Frühbegabung. Als Bonner junger Hofmusiker hat er offiziell überhaupt nicht komponiert. Er wurde in der Hofkapelle laut einem Verzeichnis von 1790 nur als Instrumentalist eingesetzt, je nach Bedarf in der Generalbaßgruppe an den Tasteninstrumenten (Orgel, Cembalo, Klavier) oder in der Streichergruppe als Bratscher, gelegentlich wohl auch als Geiger.

Beethoven brauchte als Komponist seine Zeit und dementsprechend relativ viele Lehrer. In Wien suchte er sich diese Lehrer zum Teil selbst, manchmal auf geradezu abenteuerliche Art. Später hat er sich dann auf sarkastische Weise wieder von ihnen distanziert. Haydn hatten jedoch auch die Bonner Freunde mit ausgesucht.

Studien im Tonsatz und Schulden bei Haydn

Beethoven nahm gleich nach seiner Ankunft in Wien das Tonsatzstudium bei Haydn auf. Dieser Privatunterricht verlief allerdings ganz anders, als er es von Bonn gewohnt war, wo zumindest unter Neefes Obhut alles in geregelten Bahnen verlief.

Neefe stand in der Musik in der besonderen didaktischen Tradition Leipzigs, die sich noch auf das Wirken Johann Sebastian Bachs gründete. Seine Lehrer, Johann Adam Hiller und Christian Gotthilf Tag, waren nämlich beide von Gottfried August Homilius, einem Schüler Bachs, ausgebildet worden.

Neefe war also gewissermaßen ein Enkelschüler Bachs. Als Cembalist am Bonner Hof unterrichtete er auch Beethoven in dieser Tradition, indem er ihn Tasteninstrumente, Klavier, Orgel, Cembalo und Generalbaßspiel lehrte. Ähnlich wie die Kapellmeister des Barockzeitalters ließ er sich bei Abwesenheit schon früh von seinem Schüler vertreten.

Haydn hatte dagegen keinerlei systematische Ausbildung genossen und war im Grunde Autodidakt. Neefe übernahm dreißigjährig Beethovens Ausbildung. Er hätte altersmäßig auch der Vater sein können, denn Johann van Beethoven war nur etwa acht Jahre älter als Neefe. In Wien bestand zwischen Schüler und Lehrer ein wesentlich größerer Altersunterschied: Beethoven war jetzt einundzwanzig und Haydn sechzig Jahre alt.

Diese Konstellation wirkte sich im Hinblick auf das Generationsproblem nicht mehr ganz so günstig aus wie im Falle Neefes. Haydn war zu alt, um pädagogisch die Stelle eines Vaters einzunehmen, und zu jung, um zur übernächsten Generation eines Großvaters gerechnet werden zu können. Für Beethoven wäre die letztere Möglichkeit wahrscheinlich die bessere gewesen.

Jedenfalls war Haydn inzwischen pensioniert, aber keineswegs untätig, sondern, was bei rüstigen Rentnern oft eintritt, im Grunde noch beschäftigter als während seiner Dienstjahre. Haydn sah sich als freischaffender Komponist endlich in der Lage, den künstlerisch interessanten Einladungen und lukrativen Angeboten nachzukommen, die seit ungefähr zehn Jahren aus London an ihn herangetragen wurden. Die Londoner Engagements gingen auf die Initiative von Johann Peter Salomon zurück, einem Geiger und Konzertmanager, der wie Beethoven aus einer kurköllnischen Hofmusikerfamilie stammte und zufällig ebenfalls in der Bonngasse geboren war. Salomon hatte nach Zwischenstationen in Bonn, Rheinsberg und Paris schließlich in London Karriere gemacht.

Beethoven kannte Salomon schon seit seiner Jugendzeit und schätzte ihn als einen väterlichen Freund. Salomon hatte wahrscheinlich das erste Zusammentreffen zwischen Haydn und Beethoven in Bonn vermittelt. Es wurde eine historische Begegnung, wenngleich zu einem etwas ungünstigen Zeitpunkt.

Haydn war offenbar von Beethovens Vorzeigestücken angetan, zwei Kaiserkantaten, die er freilich nur prima vista kennenlernte. Zum Anleiten im Tonsatz hatte er aber offenbar keine besonders große Lust, er war nämlich gerade mit ganz anderen Dingen beschäftigt. Künstlerischer Ruhm wurde ihm zuteil, finanzieller Gewinn begann sich abzuzeichnen. Außerdem betätigte er sich als Bauherr.

Für seine eben absolvierte erste Reise hatte Haydn ein Honorarangebot pauschal von 700 Pfund Sterling erhalten. Als Absicherung war hierfür ein Betrag von 5000 Gulden (etwa DM 75000) bei einem Wiener Bankhaus hintergelegt worden. Das bedeutete angesichts seiner bisherigen Einkünfte Aussichten auf eine enorme Honorierung. Seine Gehälter waren zwar gar nicht schlecht gewesen. Ein Teil davon wurde aber üblicherweise in Naturalien wie Getreide oder Holz ausgezahlt.

Haydns künstlerische Erfolge waren in London im Grunde natürlich viel bedeutender als die finanziellen Gewinne. Die Auftragswerke aus der Weltstadt machten ihn innerhalb weniger Jahre europaweit berühmt. Für ihn selbst war dabei die größte Genugtuung, daß die Werke ihm jetzt ganz allein gehörten. Aus dem einstigen Esterházy'schen »Haus-Offizier«, der zu vorgeschriebenen Tageszeiten in einer Uniform steckte, die Allonge-Perücke und einen Degen trug und das ganze Jahr hindurch die gewünschten Auftragswerke seines Fürsten zu schaffen hatte, welche danach ausdrücklich in dessen Besitz übergingen, war innerhalb von nicht einmal zwei Jahren eine berühmte Persönlichkeit Europas geworden. Haydn, der aus Oxford eine Ehrendoktorwürde mitbrachte, wirkte von nun als selbständiger Künstler. Er bekam große Aufträge und erwarb nach und nach ein beachtliches Vermögen. Jetzt konnte er in der Tat auch ganz anders leben.

Am 14. August 1793 kaufte er in dem Wiener Vorort Gumpendorf ein Wohnhaus. Er ließ das Anwesen nach eigenen Plänen im Stil eines herrschaftlichen Landsitzes umbauen. Das Gebäude wurde aufgestockt. Die obere neue Vorderfront erhielt proportioniert unterteilte Fenster, die durch verschieden gestaltete klassizistische Simse geschmückt waren. In der unteren Front wurde die Einfahrt für die Kutsche erweitert, so daß der Hausherr in dem geräumigen lichten Innenhof bequem aussteigen konnte. Den großen Mitteltrakt bewohnte Haydn selbst. Die Seitenflügel waren für den Koch, den Kutscher sowie verschiedene Diener vorgesehen.

Haydn war also im Jahre 1793, als er den jungen Beethoven unterrichtete, als Bauherr mit zeitraubenden Planungen ziemlich stark beschäftigt. Dabei benötigte er aber dringend neue Werke für seine zweite Londoner Konzertverpflichtung, die er soeben für das Jahr 1794 eingegangen war. Das Unterrichten jedoch dürfte ihm damals nicht sehr gelegen gewesen sein. Überdies war ihm noch gut im Gedächtnis geblieben, daß er sich acht Jahre lang als Lehrer schwer hatte durchschlagen müssen. Diese Situation kam damals unversehens auf ihn zu, nachdem er in der Mutation seine Sopranstimme verloren hatte. Seine Zeit als Chorknabe an St. Stephan in Wien ging dabei von heute auf morgen zu Ende. Vom Lehren als finanzieller Notlösung hielt er auf Grund seiner bitteren Lebenserfahrungen nicht viel, weil es den Musiker von seinem eigentlichen Berufsziel abhalte.

In seiner autobiographischen Skizze, erschienen in dem zeitgenössischen Lexikon »Das Gelehrte Österreich«, bemerkt er nicht ohne Bitterkeit, daß viele Genies durch dieses »Elende Brod« zugrunde gingen, da sie keine Zeit mehr zum Studieren hätten.

Er selbst sei nur deshalb musikalisch weitergekommen, weil er seinen Kompositionseifer unbeirrt in der Nacht fortgesetzt habe. Obendrein mußte er damals beim Schreiben noch vieles selbst herausfinden, denn das nötige Fundament des Tonsatzes war ihm bis dahin kaum vermittelt worden. Erst durch Nicola Porpora, einen Schüler Alessandro Scarlattis, der als Gesangslehrer die neapolitanische Tradition in Wien fortsetzte, erhielt er für seine Tätigkeit als Liedbegleiter ein paar Nachhilfestunden im Tonsatz.

Haydn konnte demnach also aus mehreren Gründen auf das Unterrichten kaum erpicht gewesen sein, besonders nicht in der Zeit zwischen seinen beiden Englandreisen. Daß er die Fortbildung des jungen Beethoven dennoch übernahm, spricht für den sehr starken Eindruck, den die eine oder andere der vierteiligen Kaiserkantaten – wahrscheinlich die Trauerkantate auf den Tod Joseph II. – auf ihn gemacht haben mußte, nachdem er lediglich das Manuskript durchgelesen hatte.

Allerdings war Haydn damals offensichtlich außerstande, klassischen Unterricht zu erteilen, zum Beispiel Fehlerkorrekturen bei Verstößen gegen die althergebrachten, schon seit dem 13. Jahrhundert bekannten Stimmführungsgebote konsequent vorzunehmen oder darauf zu achten, daß außer Schreibübungen nun auch neue Werke begonnen und abgeschlossen wurden. Als Lehrbuch benutzte er einen deutschen Auszug aus dem »Gradus ad Parnassum« von Johann Joseph Fux, dem Kapellmeister am Wiener Stephansdom, den er noch persönlich gekannt hatte. Wie handschriftliche Randbemerkungen in seinem Exemplar zeigen, hat sich Haydn eingehend mit dem Inhalt dieses Lehrbuchs auseinandergesetzt. Sein eigenes Wissen jedoch sei, wie er später einmal sagte, durch den Gebrauch dieser kontrapunktischen, auf dem Tonsatz Palestrinas fußenden Regeln nicht erweitert worden. Haydn fand sicherlich Gefallen an der barocken, pädagogisch bequemen Form des Frage- und Antwortspiels zwischen »Joseph« und »Aloysius«, weil diese ihm das Unterrichten erleichterte. Dabei ergab sich eine beziehungsreiche Parallele. Im benutzten Lehrbuch war nämlich »Joseph«, der Schüler, natürlich der Autor selber, also Joseph Fux und »Aloysius«, der Meister, also Giovanni Pierluigi da Palestrina. In dem Unterricht, den der Klassiker dem Schüler aus Bonn gab, verteilten sich die Rollen nunmehr auf »Ludwig« und »Joseph«. Doch Lehrer und Schüler wollten nicht so recht zueinander passen. Da gab es nicht nur den Generationsunterschied; beide waren auch von sehr unterschiedlichem Naturell. Der Österreicher aus dem kleinen Flecken Rohrau, von Grund aus bescheiden und oft schalkhaft, soll sich über Beethovens gelegentlich etwas prätentiöses Wesen mokiert haben.

In einem aber waren sich Lehrer und Schüler gleich: Beide nahmen in ihrer Jugend geradezu gierig traditionellen Wissensstoff auf, und beide sagten im Alter, daß ihnen dieses Wissen fachlich nichts gebracht habe. Das war die Dialektik ihrer Genialität, die sie gleichermaßen zur Gefolgschaft wie zur Distanzierung zwang. So hatte der Autodidakt Haydn in einem natürlich Wissendurst nach den Kompositionsregeln im »Gradus ad Parnassum« gegriffen, um später jedoch zu behaupten, daß er daraus gar nichts gelernt habe. Bei Beethoven verhielt es sich dann ganz ähnlich. Von seiner geradezu gewaltsamen Abnabelung wird noch zu reden sein.

Beethoven war aber zunächst einmal sehr motiviert nach Wien gekommen, um sich endlich, losgelöst von allen frühen beruflichen Pflichten und familiären Belastungen, dem Studium des klassischen Tonsatzes widmen zu können. Er brauchte praktische Hilfe vor allem in der Führung der Mittelstimmen. Diese Technik nannte er später einmal »Vereinzelung der Stimmen«. Doch er wurde in dieser Hinsicht ziemlich enttäuscht. Haydn konnte nämlich die Rolle des systematischen Pädagogen nicht weiterführen, die in Bonn Neefe recht und teilweise auch wohl schlecht übernommen hatte. Neefe war dabei jedenfalls an seine eigenen Fachgrenzen gestoßen. Die gab es bei Haydn wohl kaum. Aber konnte er seine Wissenschaft vermitteln? Lehren will ja bekanntlich gelernt sein. Haydn hatte zwar als junger Mann Elementarunterricht gegeben, aber sein inzwischen erworbenes Wissen pädagogisch umzusetzen, hatte er nie gelernt. Außerdem war er inzwischen, wie schon erwähnt, pensioniert, als reisender Star jedoch mit neuen Aufgaben voll ausgelastet.

Bei den schriftlichen Übungen im zwei- bis vierstimmigen Satz, die in den alten Schlüsseln (C-Schlüssel für Sopran, Alt, Tenor, F-Schlüssel für den Baß) notiert wurden, hat Haydn denn auch etliche Fehler seines Schülers übersehen: sogenannte offene Quinten, einmal zwischen Alt und Baß, ein andermal zwischen Alt und Tenor, offene Oktaven zwischen Alt und Tenor, einen fehlerhaft geführten Leitton in einer Kadenz. Das sind übrigens Fehler, von denen jeder Anfänger ein Lied zu singen weiß. Sie blieben also auch dem einundzwanzigjährigen Beethoven nicht erspart, der in Bonn zwar schon einiges geschrieben, mit dem gestrengen vierstimmigen Satz aber noch keine Erfahrung hatte.

An manchen Stellen hat Haydn auch verbessert. Bei einem

fehlerhaften Sprung in der Stimmführung des Tenors zum Beispiel fügte er eine »Nota Cambiata« ein, die sogenannte Fuxsche Wechselnote, einen Dissonanzton, der nach einer bestimmten Regel gesetzt und weitergeführt wird.[43] Diese Korrektur scheint Beethoven beeindruckt zu haben. Wir begegnen der »Nota Cambiata« bei Beethoven jedenfalls noch einmal später im Zusammenhang mit einer beißenden Satire über seine ehemaligen Lehrer.

Mehrere andere Sprünge blieben dagegen in Beethovens Schreibübungen unverbessert stehen. Diese Nachlässigkeiten haben Beethoven offenbar irritiert. Gegenüber Freunden beklagte er sich, bei Haydn nicht vorwärtszukommen. Doch begegnete er gerade noch rechtzeitig einem anderen Tutor: Johann Schenk, der als Mensch sehr lustig war, bei Matthias Monn, einem Meister der österreichischen Vorklassik, studiert hatte und sich gerade als erfolgreicher Wiener Singspielkomponist einen Namen machte.

Schenk entdeckte die verschiedenen Schnitzer in Beethovens Aufgabenheft wohl zuerst. Als heimlicher Zweitlehrer nahm er die von Haydn unterlassenen Fehlerkorrekturen vor. Natürlich mußte das taktvoll hinter dem Rücken des ersten Lehrers geschehen. Denn die Sache war angesichts der Berühmtheit und allgemeinen Wertschätzung Haydns offenbar etwas peinlich. Beethovens Satzübungen wurden auf diese Weise schließlich doch noch ins Reine gebracht.

Einer Überlieferung zufolge traf Beethoven im Frühjahr 1824, als er selbst bereits Weltruhm erlangt hatte, seinen ehemaligen Nebenlehrer Johann Schenk zufällig in einer Wiener Weinstube wieder. Die beiden brachen in ein schier nicht enden wollendes homerisches Gelächter aus, als sie sich ihrer heimlichen Zusammenarbeit von einst erinnerten. Merkwürdigerweise haben sich die beiden Männer später nie mehr wiedergesehen.

Das erste Wiener Lehrer-Schüler-Verhältnis war für Beethoven also nicht ganz ohne Trübung gewesen. Dennoch wurde der Unterricht seinerzeit gegen acht Groschen pro Sitzung (umgerechnet etwa DM 6.–) fortgesetzt, wobei der Schüler seinen Lehrer gelegentlich auch mit einem Kaffee oder einer Schokolade zusätzlich versorgte. Beethoven spürte wahrscheinlich, daß er in Haydn einen Lehrer in einem höheren Sinne gefunden hatte. Keinen echten Pädagogen zwar, der auch elementare Kontrolle auszuüben gewohnt war, stattdessen aber einen Meister, der aufgrund einer in Jahrzehnten erworbenen unschätzbaren Erfahrung wichtige Prinzipien weiterreichen konnte.

Haydn hatte andererseits das künstlerische Vermögen seines Schülers von Anfang an richtig taxiert. Er merkte offenbar, daß er einen Musiker von künftigem Rang unterrichtete. Wahrscheinlich hat er geahnt, daß Beethoven den von ihm gebahnten Weg einmal weiter fortschreiten werde, den Weg zu einem alle Sätze und Formen übergreifenden musikalischen Zusammenhang. Und vermutlich aufgrund solcher Einschätzung hat er Beethoven im Sommer 1793 bei seinem Fürsten Esterházy im burgenländischen Eisenstadt gesellschaftlich eingeführt.

Damals endete offenbar auch das heimliche Unterrichtsverhältnis zwischen Beethoven und Schenk. So klingt es jedenfalls in einem kurzen Schreiben vom Juni 1793:

»Lieber Schenk! Ich wußte nicht, daß ich schon heute fort würde reisen, nach Eisenstadt. Gerne hätte ich noch mit Ihnen gesprochen. Unterdessen rechnen Sie auf meine Dankbarkeit für die mir erzeigten Gefälligkeiten, Ich werde mich bestreben, Ihnen alles nach meinen Kräften gutzumachen. Ich hoffe, Sie bald wieder zu sehen und das Vergnügen ihres Umgangs genießen zu können. Leben Sie wohl und vergessen Sie nicht ganz Ihren Beethoven.«

Haydn wollte Beethoven ursprünglich als Begleiter auf seine zweite Kunstreise nach London mitnehmen. Am 23. November 1793, also ziemlich genau zum Ende des Studienjahres, schrieb er an den Kurfürsten in Bonn einen Bericht. Als Leistungsnachweis schickte er fünf Kompositionen mit nach Bonn. Gleichzeitig bat er den Kurfürsten um eine Erhöhung des Stipendiums, denn sein Schüler könne aus den bisherigen Mitteln in Wien kaum existieren. Schließlich bekennt er sich emphatisch zu seiner Aufgabe, bei Beethoven die Rolle des Lehrers übernommen zu haben.

»Euer Churfürstliche Durchlaucht!

Ich nehme mir die Freyheit, Eure Churfürstliche Durchlaucht einige musikalische Stücke, nämlich ein Quintet, eine achtstimmige Parthie, ein Oboe-Konzert, Variationen fürs Fortepiano und eine Fuge von der Komposition meines lieben, mir gnädigst anvertrauten Schülers, Beethoven, unterthänigst einzuschicken, welche, wie ich mir schmeichele als ein empfehlender Beweis seines außer dem eigentlichen Studiren angewandten Fleißes von Eurer Churfürstlichen Durchlaucht gnädigst werden aufgenommen werden. Kenner und Nicht-Kenner müssen unparteiisch eingestehen, daß Beethoven mit der Zeit die Stelle eines der größten Tonkünstler in Europa vertreten werde, und ich werde stolz sein, mich seinen Meister nennen zu können; nur wünsche ich, daß er noch eine geraume Zeit bey mir verbleiben dürfe....«[44]

Haydn deutet in diesen Zeilen sicherlich mit Recht vertrauensvoll auf die Zukunft des Stipendiaten. Beethovens Dienstherrn dürfte jedoch außerdem interessiert haben, was denn das vergangene, von ihm finanzierte Studienjahr nun an greifbaren Ergebnissen erbracht hatte. Beethoven selbst entschuldigte sich in einem beigefügten Zusatzschreiben, er habe sich selbst versagt, viel zu komponieren, um desto mehr alle seine Seelenkräfte zum Allgemeinen der Tonkunst zu verwenden. Was immer das auch heißen mochte, die Zeilen klingen etwas nach Ausrede.

Von den Kompositionen, die Haydn vielleicht ohne Wissen Beethovens übersandt hatte, waren offenbar vier bereits in Bonn entstanden und am Hof bekannt. Die erwähnten Werke, unter denen sich wahrscheinlich auch eine Vokalkomposition befand – vermutlich der von Haydn erwähnte achtstimmige Satz –, konnten bislang nicht ausgemacht werden. Abgesehen von jener einzigen, nicht näher bezeichneten Komposition, auf die in einem kurfürstlichen Antwortschreiben Bezug genommen wurde, sind während dieses ersten Studienjahres in Wien offenbar keine neuen Werke entstanden.

Beethoven hatte sich damals noch in anderen Fächern weiterzubilden gesucht. Außerdem war er des öfteren als Improvisator am Flügel aufgetreten. Haydns Übersendung der größtenteils alten Kompositionen, die sich aber dennoch als Zeichen seines pädagogischen Erfolges und Beweis von Beethovens Fleiß empfehlen sollten, war schon ein ziemlich dreistes Unterfangen.

Der Kurfürst, wahrscheinlich von seinem Berater, dem Intendanten der Hofmusik, Graf Salm-Reifferscheid, auf den Sachverhalt aufmerksam gemacht, geriet völlig zu recht außer sich. In seinem ersten Zorn wollte er sogar zu überlegen geben, ob Beethoven nicht seine Rückreise nach Bonn antreten könne, um dort wieder seiner Arbeit nachzugehen. Denn auch das einzige Werk, das tatsächlich neu war, vermöchte ihn keineswegs davon zu überzeugen, daß der Stipendiat in Wien nun wirklich Fortschritte gemacht habe. Das klang zunächst einmal recht hart. Aber Kurfüst Maximilian Franz, der jüngste Sohn der Kaiserin Maria Theresia, gab sich am Ende dann doch sehr großzügig, indem er das Stipendium um ein weiteres Jahr verlängerte. Auch im Folgejahr, 1794, als Haydn seine zweite Kunstreise nach England machte, erhielt Beethoven wenigstens einen Bildungsurlaub. Die Reisebegleitung war ihm allerdings verwehrt worden, und das Stipendium wurde nicht mehr erneuert.

Haydn hatte sich in dem sehr wohlwollenden Unterrichtsbericht ausdrücklich für eine Erhöhung der finanziellen Mittel wie auch für eine Verlängerung des Stipendiums eingesetzt. Hierfür gab es offensichtlich einen ganz besonderen Grund. Er kannte nämlich die einschlägigen Nöte seines Schülers, der ihn des öfteren um Geld anging. Beethovens Schulden beliefen sich bei seinem Lehrer zeitweise auf 500 fl. Das sind umgerechnet nach heutiger Kaufkraft etwa DM 7500. Ein solcher Betrag mußte doch wohl merklich zu Buch schlagen, zumal Haydn als frischgebackener Wiener Hausbesitzer einen aufwendigen Umbau vorgenommen und somit ohne Frage hohe Ausgaben hatte. Er mochte also schon aus persönlichen Gründen an einer Aufbesserung von Beethovens Stipendium interessiert sein.

Aber wie konnte es eigentlich dazu kommen, daß Beethoven,

der in Bonn als kommissarischer jugendlicher Familienvorstand sehr mutig und auch nicht ungeschickt den ruinierten Haushalt seiner halbverwaisten Familie saniert hatte, jetzt in der Donaustadt selber Schulden machte, und zwar in beträchtlicher Höhe?

In einem Brief, datiert vom 2. November 1793 an Eleonore von Breuning, eine Jugendflamme und Anhängerin aus dem »Zehrgarten«-Kreis am Bonner Marktplatz, schreibt Beethoven:

»Zum Schluß meines Briefes wage ich noch eine Bitte: sie ist, daß ich wieder gern so glücklich sein möchte, eine von Hasenhaaren gestrickte Weste von Ihrer Hand, meine liebe Freundin, zu besitzen; verzeihen Sie die unbescheidene Bitte Ihrem Freunde, sie entsteht aus großer Vorliebe für alles, was von Ihren Händen ist; und heimlich kann ich Ihnen wohl sagen, eine kleine Eitelkeit liegt mir dabei zum Grunde, nämlich: sagen zu können, daß ich etwas von einem der besten, verehrungswürdigsten Mädchen in Bonn besitze.«

Aus diesen Zeilen spricht einige Anhänglichkeit. Doch lesen wir weiter. Beethovens Bitte hatte nämlich noch einen anderen Grund:

»Ich habe zwar noch die erste [Weste], womit sie so gütig waren, in Bonn mich damit zu beschenken, aber sie ist durch die Mode so unmodisch geworden, daß ich sie nur als etwas von Ihnen mir sehr Teures im Kleiderschrank aufbewahren kann.«

Kein Zweifel, Beethoven kleidete sich damals nach der Mode und immer im Stil der aristokratischen Schichten. Modisches freilich ist unter Umständen nicht ganz billig. In seinem Notizbuch aus diesen Jahren finden sich Ausgaben für feine Garderobe nebst Anmerkungen notiert:

»Schwarze seidene Strümpfe – 1 Dukaten [heutiger Gegenwert vielleicht DM 20] ein paar Winter seidene Strümpfe... Alle Notwendigkeiten, z. B. Kleidung, Leinwand, alles ist auf. In Bonn verließ ich mich darauf, ich würde hier 100 Dukaten empfangen, aber umsonst. Ich muß mich völlig neu equipieren.«[45]

Aus dem Tagebuch geht auch hervor, daß er Tanzstunden genommen hatte. Zu Anfang seiner Wiener Zeit lebte er im Hause des Fürsten Carl Lichnowsky und wollte sich natürlich auch selbst wie ein Aristokrat bewegen, zumal er in den Salons der Adligen als Improvisator auftrat. Leute der Oberschicht machten selbstverständlich Ausritte in den Prater. Wie beim Tanzen geht das nicht ohne vorherigen Unterricht, der natürlich Geld kostet. Um nicht immer die Pferde Lichnowskys ausleihen zu müssen, kaufte sich Beethoven kurzerhand ein eigenes. Doch soll er nur einige Male damit ausgeritten sein. Die Kosten eines Reitpferdes sind vergleichbar mit den heutigen Aufwendungen für die Haltung eines Personenkraftwagens der mittleren Klasse, belaufen sich also alles in allem monatlich auf 400 bis 500 DM. Diese Aufzählungen mögen hier zur Aufschlüsselung der Schulden genügen, die Beethoven bei seinem Lehrer Haydn gemacht hatte.

Mit Haydns Abreise endete das Unterrichtsverhältnis. Doch künstlerische Kontakte blieben auch weiterhin bestehen. Im Dezember 1795 gab Haydn eine größere musikalische Akademie. Dabei wirkte auch Beethoven als Solist seines ersten Klavierkonzertes (C-Dur, op. 15) mit.

Ein Jahr später erschienen bei Artaria & Cie. die drei Klaviersonaten opus 2. Beethoven hatte sie Haydn gewidmet, der inzwischen zufrieden in seinem Haus in Gumpendorf lebte und seine Alterswerke schrieb. Die Widmung ist ohne Frage ein Zeichen des Respektes. Aber Haydn hätte darüber hinaus gern gesehen, daß sich Beethoven bei der Veröffentlichung der jetzt in Wien entstandenen Werke ausdrücklich als sein Schüler ausgegeben hätte. Dazu war Beethoven aber nicht bereit, denn er hatte ja Enttäuschungen erlebt und deswegen nebenher Nachhilfeunterricht nehmen müssen. Außerdem wollte er offenbar nicht einsehen, daß Haydn als renommierter Komponist zur Vermehrung seines ohnehin europaweiten Ruhms nun auch noch der Hilfe seines Schülers bedürfe. Solche Verweigerung ist das gute Recht der Jugend. Nachdem Beethoven aber selbst berühmt geworden war und mittlerweile auch selbst (lustlos) unterrichtete, mochte er auf ebendiese Öffentlichkeitsarbeit nicht verzichten, die er seinem eigenen Lehrer seinerzeit verwehrt hatte.

Als nämlich Erzherzog Rudolf, sein kaiserlicher Kompositionsschüler, einen ausgedehnten Variationszyklus für Klavier über ein aufgegebenes Thema abgeschlossen hatte, schrieb ihm Beethoven mit sanften, gleichwohl bestimmenden Worten den Titel für die Veröffentlichung vor und gleich dazu auch den Satzspiegel:

»Was das Meisterwerk der Variationen Ihrer Kaiserlichen Hoheit betrifft, so glaube ich, daß selbe unter folgendem Titel könnten herausgegeben werden, nämlich:

Thema oder Aufgabe
gesetzt von L. v. Beeth.
vierzigmal verändert
und seinem Lehrer gewidmet
von dem durchlauchtigsten Verfasser« (31. August 1819).

So also zeigt sich das Generationsproblem in der Kunst einmal von der Nähe betrachtet. Auf die anfängliche Verweigerung folgt schließlich das Nacheifern.

Daß Beethoven stilistisch tatsächlich Wesentliches von Haydn mitbekommen hatte, sollte sich spätestens bei seinen sogenannten »Russischen Streichquartetten«, op. 59, zeigen. Denn in diesem Zyklus hat Beethoven Haydns Kompositionsprinzipien des übergreifenden musikalischen Zusammenhangs und der Diskussion einzelner Intervalle übernommen und weitergeführt.

Bildungshunger

Beethoven hatte lebenslang ein großes Verlangen nach Bildung. In Bonn erhielt er schon früh Anregungen durch Neefe, die Familie von Breuning und die Universität. In Wien nahm er die Suche nach Literatur selbst in die Hand. Er hatte Zugang zu der Bibliothek des Baron van Swieten und verkehrte verschiedentlich mit Schriftstellern.

Auf der Mölkerbastei wohnte er zeitweise Tür an Tür mit

Grillparzer. In Teplitz traf er 1812 oft mit Goethe zusammen. Laut Tagebuch beschäftigte sich Goethe gerade mit »Klopstocks und Gleims Persönlichkeit«. Wahrscheinlich hatte er über dieses Thema auch mit Beethoven gesprochen. Denn später bestellte sich Beethoven Werke dieser beiden Autoren bei seinem Verleger Steiner.

Beethoven bestellte Neuerscheinungen gern pauschal und bevorzugte Originalausgaben. Breitkopf & Härtel ließ er wissen, daß für ihn keine Schrift und Abhandlung zu hoch sei. Er bat sie um die Zusendung der Gesamtausgaben Goethes und Schillers. Neben Homer, Euripides, Plutarch und dem gälischen Barden Ossian-Macpherson, die er in Übersetzungen las, welche er kritisch beurteilte, waren das seine erklärten Lieblingsdichter. Er las auch Schriften von Plato und Kant. Von Baron Gleichenstein, dem befreundeten Wiener Hofbeamten und Musikliebhaber, ließ er sich eine Tacitus-Übersetzung in die Sommerfrische nach Baden schicken. Er interessierte sich für die Geschichtsphilosophie des Johannes von Müller und den Neo-Hellenismus Winckelmanns aus der Sicht Herders. Er notierte sich Öffnungszeiten und Eintrittspreise eines Museums für Ägyptische Altertümer sowie den Namen eines ungarischen Sammlers, der eine Mumie aus Theben besaß.

Er machte sich Auszüge aus Herders »Blumenlese aus morgenländischen Dichtern« und aus Zacharias Werners Schicksalsdramen. Er las Tiedge und zitierte gelegentlich Voltaire. In den Konversationsheften (s. Tafel 5, sowie Anmerkung 100) notierte er sich in den Jahren 1819–1827 insgesamt einhundertachtundvierzig Buchtitel.

Eine Empfehlung, die er für den Verfasser einer Anthologie namens von Kandeler schrieb, geriet ihm unversehens zu einem Bekenntnis zur Literatur aus seiner Sicht als Komponist:

»Es ist die Pflicht jeden Tonsetzers überhaupt, alle älteren und neuern Dichter zu kennen, und in Rücksicht für den Gesang sich das Beste und Passendste zu seiner Absicht selbst wählen zu können« (1817). Merkwürdigerweise ist Beethovens starke Affinität zur Dichtung oft übersehen worden. Seinem

Bildungsdrang entsprach sein Hunger nach fachlicher Fortbildung. Die Grundlage bildete das Studium der Werke Bachs und Händels. Die griffbereite Aufbewahrung der Partituren war ihm so wichtig, daß er in diesem Fall ganz gegen seine Gewohnheit Sinn für häusliche Ordnung entwickelte. Für die sperrigen Noten-Bände ließ er sich nämlich bei einem Schreiner spezielle Gestelle mit einer verstellbaren Leiste anfertigen, um auch unterschiedliche Formate aufstellen zu können. Das Studium der Werke Händels empfahl er übrigens später auch seinem Schüler Erzherzog Rudolf.

Bei Breitkopf & Härtel bestellte er außer der genannten Literatur Kompositionen von Carl Philipp Emanuel Bach. (Dieser Sohn Bachs wurde ja auch von Beethovens Lehrern Neefe und Haydn besonders geschätzt.) Von Mozarts Werken erbat er sich Partituren des Requiems, der Singspiele und Opern »Cosi fan tutte«, »Le nozze di Figaro« und »M. Clemenza di Tito« sowie »Don Giovanni«. Einige dieser Werke brauchte er für private Studio-Aufführungen in einem von ihm selbst geleiteten kleinen Singkreis, der sich in seiner Wohnung traf.

Durch solche an die Tradition seiner kurköllnischen Sängerfamilie erinnernde Praxis lernte Beethoven wichtige Werke Mozarts kennen. Im Vordergrund stand seine Neugier auf Vokalmusik. Deshalb wandte er sich neben seinen Übungen in der Instrumentalmusik jetzt auch dem Studium des Vokalsatzes zu. Dabei ging er zielstrebig vor. Als erstes suchte er sich einen Lehrer für die Anfangsgründe des Italienischen. Nach Haydns Abreise nahm er dreimal wöchentlich Unterricht bei Schuppanzigh, dem Vater des Geigers Ignaz Schuppanzigh, einem Lehrer an einer Wiener Mittelschule. Dreimal pro Woche ging er auch zu Johann Georg Albrechtsberger, der wie zuvor Fux Kapellmeister in St. Stephan war und zu den besten Theoretikern seiner Zeit gehörte. Später nahm Beethoven noch Unterricht bei Salieri. Der Kontakt zu Albrechtsberger ist wohl von Haydn noch vor der Abreise nach London vermittelt worden. Albrechtsberger konnte aufgrund pädagogischer Erfahrungen sogleich die fachlichen Lücken erkennen, die es bei Beethoven trotz des Unterrichts bei Haydn noch gab. Das hat Beethovens altem Lehrergroll neue Nahrung gegeben, wie wir noch sehen werden.

Was die Regeln des kontrapunktischen Satzes betraf, mußte er fast wieder von vorne anfangen. Doch konnte er jetzt endlich die satztechnische Auflösung des Tritonus (übermäßige Quarte) lernen und den freien wie den kontrapunktischen Satz unter der Kontrolle eines echten Lehrers üben. Albrechtsberger händigte ihm für diese Aufgaben Regeln und ein Verzeichnis von dreißig Fugenthemen einschließlich ihrer Beantwortungen aus. Ohne Zweifel konnte Beethoven in dieser strengen und wohl etwas pedantischen Schule viel Handwerkliches lernen, nämlich die Technik des Verkleinerns, der Umkehrung und der Veränderung, gewissermaßen das Fundament der musikalischen Diskussion. Beethoven hat während dieses Unterrichts von etwa einem dreiviertel Jahr Albrechtsbergers Verzeichnis tatsächlich benutzt. Aber das Schablonenhafte dieser Kompositionsrezepte forderte ihn schon damals zum Widerspruch heraus. Widerspruch gefällt allerdings den Lehrern meistens nicht.

»Er sei immer so eigensinnig und selbstwollend gewesen«, berichtet Ferdinand Ries, der Klavierschüler Beethovens, wobei er sich auf das anscheinend übereinstimmende Urteil von Haydn, Albrechtsberger und Salieri berief, die Beethoven der Reihe nach unterrichteten.

Beethoven hat sich außer Salieri noch zwei weitere Lehrer gesucht. Hierbei ist es übrigens zu keinerlei Reibereien gekommen. Er betrachtete diese Tutoren offenbar als befreundete Kollegen. Zunächst machte er im Hause des Fürsten Lichnowsky, wo er zuerst in Wien logierte, die Bekanntschaft von Emanuel Aloys Förster, einem Geiger und Klavierspieler, der ein Streichquartett unterhielt. Mit ihm konnte er an den zweimal wöchentlich stattfindenden Hauskonzerten über die Eigenheiten des Quartettsatzes reden. Das Verhältnis zwischen Beethoven und dem wesentlich älteren und in der Kammermusik viel versierteren Kollegen entwickelte sich zunehmend freundschaftlich und familiär: Förster ließ seinen Sohn durch Beethoven unterrichten, und dieser schickte wiederholt junge Musiker zu Förster, der auch durch Beethovens Vermittlung

Kompositionslehrer des russischen Grafen Rasumowsky wurde.

In Antonio Salieri traf Beethoven endlich einen Italiener, der dramatische Musik schrieb. Beethoven hatte bislang sozusagen überhaupt noch kein musikalisches Italienerlebnis gehabt. Verglichen mit Mozarts Kontakten zu italienischer Musik und Lehre in Mailand und Bologna war Beethoven infolge seiner fast ununterbrochenen Anwesenheit in der Bonner Residenz mit einem etwas einseitigen musikalischen Repertoire ziemlich benachteiligt.

Äußerst motiviert ließ sich der mittlerweile zweiundzwanzigjährige Beethoven von Salieri in die Geheimnisse der Musikalität der italienischen Sprache einweihen. Natürlich war das ein wenig spät. Eine Kantilene im ureigensten italienischen Sinne ist in Beethovens Vokalmusik denn auch kaum vorhanden. Beethoven überträgt vielmehr einer Singstimme gelegentlich sogar eine instrumentale Aufgabe, so im zweiten Lied des Zyklus »An die ferne Geliebte«, op. 98, wo der Vokalpart (»Dort im ruhigen Thal, schweigen Schmerzen und Qual«) nichts anderes als ein textierter Orgelpunkt zu dem gleichsam singenden Klavierdiskant ist. Umgekehrt läßt Beethoven aber nicht selten den Solisten seiner Instrumentalkonzerte sozusagen singen, indem er den Solopart wie eine Kantilene behandelt, zum Beipiel im dritten Klavierkonzert oder im Violinkonzert. Dieser verdeckte Austausch von Instrumentalem und Vokalem, durch den sich zwei geistige Ebenen, die »musica mundana« und die »musica instrumentalis« durchdringen, setzt natürlich eine profunde Kenntnis beider Fächer voraus.

Im Instrumentalen hatte Beethoven seine Lektionen längst gelernt, theoretisch bei Neefe, Haydn, Schenk und Albrechtsberger, praktisch als Bratscher und Cembalist im Hoforchester, als Organist innerhalb der Liturgie, als Improvisator im spontanen Umsatz musikalischen Denkens und schließlich als Solist beim Vortrag seiner eigenen Werke.

Jetzt übte er sich als privater Ensembleleiter also in der Vokalmusik. Und von Salieri lernte er detailliert den Umgang mit der italienischen Sprache in Rezitativ, Duett, Terzett und im

Chorsatz. Dabei hat Salieri ihm auch die Handhabung der Silbenvereinigung im Italienischen (Elision) erklärt. Damals wurde auch Beethovens besonderes Interesse an der Klangfarbe geweckt. Er machte sich im Unterricht bei Salieri Aufzeichnungen über das Timbre in den verschiedenen Registern der vier Singstimmen Sopran Alt, Tenor und Baß. Später wurde die Klangfarbenkombination in seiner Instrumentalmusik zu einem unverzichtbaren Baustein. Das geht schon aus manchen Entwürfen hervor. Auf einem leeren Skizzenblatt markierte er in klarer Übersicht über das zu entwickelnde Werk genau die Stelle, wo sich die Klangfarbe ändern sollte, zum Beispiel von hell nach dunkel.

In der siebten Sinfonie komponierte Beethoven in Vorwegnahme einer von Arnold Schönberg entwickelten Technik bereits eine »Klangfarbenmelodie«. Der Übergang von der Introduktion zum schnellen Teil des Kopfsatzes ist eine Klangfarbenmelodie aus einem einzigen Ton, nämlich »e« in dem Bereich der fünf Oktaven von e^3 bis E). Das Timbre dieses Tones wird dabei ständig durch eine zwischen Holzblasinstrumenten und Streichinstrumenten wechselnde Instrumentation verändert. Beethoven schuf hier in der Klangfarbengestaltung eines Einzeltones in der Tat ein Stilmittel, das im 20. Jahrhundert wiederholt aufgegriffen wurde. Schönbergs »Sommermorgen an einem See« in den Fünf Orchesterstücken op.16, vom Komponisten primär als wechselndes Spiel mit Farben bezeichnet, ist wohl das prominenteste Beispiel. Doch kehren wir zurück zu Beethovens Lehrzeiten.

Salieri ist wie Haydn von Beethoven musikalisch geehrt worden. Zum Dank für die kompositorischen Hilfen widmete er dem Lehrer seine ersten drei Sonaten für Klavier und Violine, op. 12 (1797 und 1798). Nur wenig später schrieb er Zehn Variationen für Klavier B-Dur, WoO 73, über das Thema des Duetts »La stessa, la stessissima« aus Salieris Oper »Falstaff«.

Gewissermaßen das instrumentale Gegenstück zum Vokalstudium bei Salieri brachte eine Begegnung mit dem abenteuerlichen Waldhornisten Jan Václav Stich, der im Jahre 1800 nach Wien kam und schon bald sein Freund und Kammermusikpartner wurde. Dem Böhmen war die Flucht aus der Leibeigenschaft seines Grafen gelungen. Unter dem Pseudonym »Giovanni Punto«, einer italienischen Übersetzung seines Namens, hatte er zuletzt auf Konzerttourneen durch einige Metropolen Westeuropas Ruhm und Erfahrung als Virtuose seines Instrumentes erlangt. Stich-Puntos Ruhm hatte aber auch eine Schattenseite, die in Wien Betroffenheit hervorrief: Der Waldhornist sah sich nach seiner Flucht schier unglaublicher feudalistischer Willkür ausgesetzt. Ein paar vom Grafen gedungene Häscher hatten den Auftrag, ihn entweder wieder einzufangen oder, falls dies nicht gelänge, ihm doch wenigstens die Zähne einzuschlagen, damit er dann auch nicht mehr für andere Musikfreunde spielen könne.

Während seiner Zwischenstation in Wien vermittelte Jan Václav Stich Beethoven eine solide Kenntnis des Waldhornsatzes, insbesondere die Nutzung der Naturtöne. Dieses technische Spezialwissen kam Beethoven natürlich bei der Instrumentierung seiner Kompositionen zugute, in denen die Hornpartien nicht selten die klanglich wichtigen Orgelpunkte des Orchestersatzes sind.

Die beiden Freunde haben auch zusammen musiziert. In nur zwei Tagen schrieb Beethoven die Sonate für Klavier und Horn, F-Dur, op. 17. Das Werk fand schon dank der Virtuosität des Interpreten-Duos großen Anklang bei den Wienern. Die beiden Künstler reisten daraufhin nach Ungarn, wo sie mehrfach auftraten, unter anderem in Konzerten einer Fürstin Pawlowna in dem königlichen Teil der Hauptstadt, Ofen-Buda.

Um die gleiche Zeit fand Beethoven in Domenico Dragonetti, dem europareisenden Kontrabassisten aus Venedig, einen weiteren Freund-Lehrer, der ihn gewissermaßen auf noch ungehobene Schätze dieses Instrumentes aufmerksam machte. Dragonetti war ähnlich wie Beethoven ein Virtuose seines Fachs. Wegen seiner stupenden Technik wurde er sogar mit Paganini verglichen. In Wien spielte er mühelos den anspruchsvollen Violoncellopart aus Beethovens sogenannter Preußischen Sonate, op. 5, Nr. 2. Das hatte Beethoven beeindruckt. Denn unversehens war er hier jemandem begegnet, der die neue inhaltliche Komponente seiner Musik spielend weiterführte. Beethoven hatte bereits in seinen beiden Preußischen Sonaten das Violoncello sozusagen zum Gesprächspartner gemacht, der mit dem ziemlich tonangebenden Klavier gut mithalten konnte. Durch Dragonettis Übersetzung wurde Beethovens musikalische Neuerung auf verblüffende Weise überhöht. Die Emanzipation von einem ursprünglich an das Ensemble gebundenen Generalbaßinstrument zum kammermusikalischen Soloinstrument war jetzt auf den bislang technisch immer nur schwer zu handhabenden Kontrabaß übergegangen. Allerdings blieb dieser Entwicklungssprung vorerst noch mit der Virtuosität des Venetianers verknüpft. Mit einer durchschnittlichen Technik waren Dragonettis Leistungen wohl nicht nachzumachen. Doch Beethovens Interesse am Kontrabaß war stärker als dieses seinerzeit vorhandene Handicap. Komponisten leben nicht nur von der Verarbeitung des Herkömmlichen. Zu bestimmten Epochen hat die Umsetzung innovatorischer Ideen eben Vorrang.

Beethoven war von Dragonettis Spiel deswegen so stark beeindruckt, weil es fast keine technischen Begrenzungen zu haben schien. Und in der offensichtlichen Überwindung aller bis dahin existierenden Beschränkungen zugunsten einer höheren Musizierebene erwies sich Dragonetti als Beethovens Wahlverwandter.

Beethoven suchte daraufhin die Aufgaben im Grundbaß des Sinfonieorchesters nach Dragonettis Muster zu erweitern. Schritt für Schritt ließ er sich von Dragonetti zunächst die klanglichen Möglichkeiten des Kontrabasses zeigen. So lernte er, die Baßstimmen anders zu gestalten, also nicht mehr als verdoppelndes Anhängsel des Violoncelloparts, sondern als eigenständige fünfte Gruppe im Streichorchester zu behandeln. Aus diesem Grund notierte Beethoven den Kontrabaßpart gelegentlich in einer eigenen Zeile.

Dragonettis Anregungen wurden umgesetzt in der Fünften Sinfonie (Trio des dritten Satzes), der Neunten (Rezitativ des Finale) und im Fidelio (Kerkerszene). In der Uraufführung der »Schlachtensinfonie« aber hatte es sich Dragonetti nicht nehmen lassen, bei dem mit schwierigen Fugati bedachten Part der Kontrabässe selbst den Stimmführer zu machen.

Einer der letzten Vermittler des instrumentaltechnischen »Know how« war der schon erwähnte Militärmusiker Friedrich Starke. Beethoven wollte als Komponist immer das unverwechselbar Besondere eines Instrumentes einsetzen. Starke beherrschte offenbar sämtliche Blasinstrumente. Von ihm ließ sich Beethoven noch im Sommer 1812 in seiner Wohnung auf der Mölkerbastei die Tonerzeugung und den speziellen klanglichen Effekt aller gängigen Blasinstrumente erklären.

Im selben Jahr entstanden die Drei Equale für vier Posaunen, eine vom Linzer Domkapellmeister bestellte Turmmusik zu Allerseelen. Die besonders klangschön, in Novemberstimmung geschriebenen Sätze sind auch im Zusammenhang mit Beethovens unverminderter Aufgeschlossenheit für das Handwerkliche in der Kunst zu sehen. Sein technisches Wissen inspirierte ihn auch hier zu einer wirklich neuartigen Komposition.

4. Beethoven-(Zerr-)Bilder

Das berühmteste Werk

Beethoven wurde in Wien rasch bekannt. Er konnte in seinen mittleren Jahren den Freunden eine lakonisch originelle Fassung seiner Adresse empfehlen, die bezeichnend ist. »Wenn Du mir schreibst«, so schloß er einmal einen Brief an seinen Jugendfreund Amenda, »brauchst Du gar keine weitere Überschrift als meines [sic] Namens« (12. April 1815).

Die meisten Bürger der Donaustadt wußten allerdings mehr über die exzentrischen Eigenheiten dieses quirligen Mannes Bescheid als über seine Musik. Erst in zweiter Linie kannten sie Beethoven als Komponisten. Wie man so hörte, hatte er ein großes Werk geschrieben, ein richtiges Erfolgsstück, das schon zwei Jahre lang wiederholt aufgeführt wurde. Und jedesmal waren alle, die Zuhörer wie die Mitwirkenden, restlos begeistert, darunter berühmte Virtuosen und sogar ein paar Kollegen des Komponisten. Nicht zu vergessen auch jene zwei Wiener Marktmädchen, die sich im Nachhall ihrer Begeisterung für diese Musik außerstande sahen, von einem Komponisten solchen Ranges das Geld für eine Portion frischer Kirschen anzunehmen, die dieser wie ein gewöhnlicher Sterblicher bei ihnen kaufen wollte.

Die Rede ist hier von der sogenannten Schlachtensinfonie, einem inzwischen gründlich verkannten Werk, das aber zu Beethovens Lebzeiten von Kennern wie Liebhabern ohne Unterschied enthusiastisch aufgenommen wurde (s. Tafel 4).

Die Wiener haben dem Komponisten dieser äußerst beliebten »politischen« Musik das auffällige Benehmen eigentlich kaum verübelt. Einige seiner Gewohnheiten dürften sie allerdings als störend empfunden haben. Hierzu gehörte, daß er manchmal keinerlei Rücksicht auf die üblichen Ruhezeiten der Nachbarn nahm, sondern sich nicht selten auch noch um Mitternacht durch lautes Akkordspiel am Flügel auf das Komponieren einstimmte.

Auch den Wiener Postbeamten hat Beethoven einiges zugemutet. Sehr häufig mußten sie seine Adresse erst einmal bei Kontaktleuten aus Aristokratie oder Musikerkreisen erfragen. Denn er wechselte sozusagen nomadenhaft immer wieder die Wohnung – in fünfunddreißig Jahren über sechzigmal – und unterhielt außerdem oft zwei oder drei Wohnungen zur gleichen Zeit.

Von daher erhält die zunächst sehr selbstbewußt anmutende postalische Kurzfassung »An L. v. Beethoven in Wien« unversehens einen pragmatischen Sinn. Er wußte nämlich nie genau, wie lange er es in einer Wohnung aushalten würde. Der ständige Tapetenwechsel war bei ihm längst programmiert. Und so konnte er dem Freund mit gutem Gewissen tatsächlich nur »die Überschrift meines Namens« als Adresse empfehlen.

Er hat die Formel »meine Anschrift, das ist meine Name« später auch auf die sommerlichen Landaufenthalte bezogen. Aber wenn er einmal in einem ganz versteckten Winkel Unterschlupf gefunden hatte, dann trat an die Stelle der Kurzformel eine detaillierte Beschreibung, in welcher von der Treppe bis zur Berufsbezeichnung des Vermieters nunmehr gar nichts ausgelassen war: »Alser Vorstadt beim Apfel 2 Stiegen Thüre Nr. 12 Leibertz, Kleiderschneiderin« (1817).

Die enthusiastische Aufnahme der Schlachtensinfonie blieb damals keineswegs auf Wien beschränkt. Allein in Berlin wurde »Wellingtons Sieg oder die Schlacht bei Vittoria« viermal gespielt. Unter den Zuhörern war auch Zelter, der sich jedesmal von neuem begeisterte. Sein Engagement ist insofern bemerkenswert, als er kein uneingeschränkter Bewunderer Beethovens war. Obwohl Zelter ihn eines Vergleichs mit dem unsterblichen Michelangelo für würdig befand, sah er in Beethovens Musik auch Vergängliches. Und hier verglich er sie mit den zeitgebundenen Werken Spontinis, die er geringschätzte. Doch von Beethovens »Schlachtenmusik« war Zelter einfach hingerissen: »Vivat Genius, und hol der Teufel alle Kritik!«[46] Zelter hat seine Empfindungen auch in den Brief-Dialog einfließen lassen, den er jahrelang mit Goethe führte. Goethe schätzte in der Musik diejenige »Malerei« am höchsten, die den

Hörer in dieselbe Stimmung versetzen könne, welche die Dichtung angibt. Vom Dichterfreund befragt, wer denn außer ihm etwas dergleichen geleistet habe, nämlich »Töne durch Töne zu malen«, nennt Zelter Haydn und Beethoven. Hierbei ging er auf Beethovens »Schlacht von Vittoria« ziemlich ausführlich ein, während er die bekannten Sinfonien lediglich erwähnt.

Das »Beethoven-Bild« hat sich seither in einzelnen Aspekten geändert. Geblieben ist zweifellos das Interesse an den Eigenheiten des Komponisten. Sie sind in der jüngeren sogenannten psychohistorischen Literatur unter neuen Aspekten analysiert worden. Das Verständnis jedoch, geschweige denn eine Begeisterung für Beethovens sogenannte politische Musik ist so gut wie abhanden gekommen – von gelegentlichen Sendungen im Rundfunk abgesehen. Denn es gibt sie in völliger Verkennung des Werkes, das ursprünglich in Benefizkonzerten zugunsten von Kriegsopfern gespielt wurde, heute meistens nur am Rosenmontag, also bezeichnenderweise auf dem Höhepunkt der Narrenzeit.

Die »Schlachtenmusik« ist kurioserweise die mit Abstand erfolgreichste Komposition zu Beethovens Lebzeiten. Ein Wiener Feuilleton gibt einen panegyrischen Bericht von der Qualität der Tonmalerei bei der Darstellung der Schlacht und dem Aufbau des Finales. Die Komposition fehlt auch nicht in Grillparzers Grabrede, die neben Beethovens Oper, der Missa solemnis, und der Neunten Sinfonie eben die »Feier der Helden von Vittoria« als eines der herausragenden Werke auflistet. Sollten die Zeitgenossen womöglich allesamt geblendete Patrioten gewesen sein, bei denen der kritische musikalische (Sach-)Verstand anscheinend völlig versagte?

Dies ist mit Sicherheit zumindest bei Zelter nicht der Fall. Denn neben seiner Begeisterung äußert er auch ästhetische Bedenken, etwa bei Beethovens offenkundigem Zitieren englischer und französischer Nationalmusik, welche die Kontrahenten kenntlich macht. Zelter läßt aber dabei offen, ob dies nun ein Stilbruch oder ein glücklicher Einfall sei. Doch seine Zustimmung ist letztlich stärker als dieser Vorbehalt. Er lobt die Eigenart dieser Musik, die ihn auch nach dem vierten Anhören in eine »herzhafte und geistige Stimmung« versetzte. Dabei unterdrückt er ganz bewußt die konkrete Vorstellung von zwei verschiedenen Nationen, die sich in der musikalisch ausführlich geschilderten Schlacht gegenüberstehen. Er will auf keinen Fall politisch empfinden, was allemal parteiisch wäre, sondern musikalisch genießen.

Und wie steht es mit Beethoven? Ist er in seiner Schlachtenmusik politisch im Sinne des Opernmeisters André Ernest Modeste Grétry, der meinte, daß man seit der Einnahme der Bastille anscheinend nur noch Musik mit Kanonenschlägen komponieren könne? Oder hat Beethoven auch mit diesem umstrittenen Werk klassische Musik geschrieben? Ohne Zweifel war Beethoven durch den geschichtlich bedeutenden Sieg der Engländer über die Franzosen im Jahre 1813 während der Napoleonischen Befreiungskriege beeindruckt. Hier fand er sich im Einklang mit seinen Wiener Zeitgenossen. Innerlich aber tendierte er zeitlebens politisch zu den Republikanern römischer Tradition. Dies demonstrierte er auch äußerlich mit einer zweifellos absichtlich ein wenig wilden Haarfrisur, gewissermaßen dem sichtbaren Protest gegen das »Ancien régime«, das die gepuderte Allongeperücke vorschrieb, wie sie übrigens seine meisten Lehrer noch trugen.

Der Komponist der Wiener klassischen Schule war von diesem militärischen Ereignis sicher nicht aufgrund politischer Begeisterung gefesselt. Es reizte ihn, um zunächst ein Detail herauszugreifen, den Kanonendonner in die Schlachtenmusik einzubauen – ausgerechnet jenen entsetzlichen Lärm, der ihm bei der Belagerung Wiens durch die Franzosen schier unerträgliche Ohrenschmerzen verursacht hatte. Und eben dieser Krach, der ihm physisch zuwider sein mußte, regte Beethoven zu einer subtilen Komposition einer »Zeitverschiebung« an, die physiologisch bei der Wahrnehmung von Blitz und Donner entsteht. Indem er nämlich den Donner der Kanonenschläge immer ein bißchen nach der exakten Zählzeit des Taktes plaziert, hat Beethoven die bekannten Sinnestäuschungen in klar verständlicher Weise ins Musikalische übersetzt. Die rhythmisch nicht präzise bestimmbaren und daher ganz unkonventionell auf dem oberen Rand der Partitur notierten »Zeitverschiebungen« entsprechen genau der langsamen Reaktion unserer Ohren, die eine physikalische Explosion bekanntlich wesentlich später als unsere Augen wahrnehmen. Neben der kompositorischen Umsetzung solcher Sinnesphysiologie reizte ihn vor allem das verschiedenartige musikalische Material der Briten und Gallier. Dies äußert sich unverkennbar im Tempo der Märsche und noch mehr in den Liedern und Hymnen. Die musikalische Nutzung dieser allerdings auch politisch präjudizierten Kontraste in einer abwechselnden stereophonen Behandlung des Orchestersatzes, wobei die Armeen gewissermaßen in naturalistischer Räumlichkeit einmal von links, einmal von rechts zu hören sind, ist im Grunde ganz die Arbeit des Klassikers dialektischer Denkweise.

Im Finale verwendet Beethoven Stilmittel, die so gegensätzlich sind wie Feuer und Wasser: Türkische Musik (Becken, Triangel, kleine und große Trommel, außerdem auch Ratschen) und Kontrapunktik. Gleichwohl ergibt diese Verbindung aus Modischem und Anachronistischem eine brausende Siegesfeier. Dieses Finale ist zugleich auch eine Reminiszenz an Beethovens Jünglingszeiten. Es schimmert nämlich seine Improvisationskunst noch einmal durch. Die Paraphrasierung der englischen Nationalhymne ist dort mit den Mitteln des großen Orchesters eine Wiederholung dessen, was er schon in seinen frühen Wiener Jahren in einer ähnlichen Weise als Improvisator am Flügel praktiziert hatte. In seinen Konzerten (Akademien) füllte er gelegentlich die zwischen der Aufführung von zwei Klavierkonzerten liegende Pause zur Begeisterung seiner Zuhörer mit Improvisationen aus. Das Thema war damals zwar nicht das englische »God save the King«, sondern das deutsche Kaiserlied Haydns, das aber im Charakter sehr ähnlich ist und unter Eindruck des englischen Musters geschrieben wurde. Doch zurück zu Beethovens Schlachtenmusik.

Es dominiert in diesem Werk also ganz offensichtlich nicht das Programm, sondern die Lust an der musikalischen Gestaltung der programmatischen Vorlage. Dies konnten die Zeitgenossen in ihrer Begeisterung verstehen, ohne daß es ihnen jemand erklärt hätte. (Analysen sind wahrscheinlich ohnehin nur dem Experten dienlich, der sie in der Regel jedoch kaum nötig hat.) Und hier ist der Punkt, wo die nachfolgende Kunstbetrachtung in Schwierigkeiten geriet. Man sieht und hört wohl immer nur das, was man zu sehen und zu hören geneigt ist. So wird natürlich nur ein bestimmter Ausschnitt erfaßt. Die Neigung aber, eben das eine wahrzunehmen und dabei gleichzeitig anderes zu übersehen, ist wahrscheinlich aus dem Geist einer Epoche zu verstehen.

Der außerordentliche Erfolg von »Wellingtons Sieg oder die Schlacht bei Vittoria« regte Beethoven zum Plan einer weiteren politischen Musik an. 1818 dachte er nämlich auch der Völkerschlacht bei Leipzig (Oktober 1813) ein musikalisches Denkmal zu setzen. Wie in »Wellingtons Sieg« wollte er durch Einbeziehen der Folkore der verschiedenen Nationen Kontraste schaffen. Statt einer Nationalhymne beabsichtigte er, vermutlich im Finale, die Doxologie des römischen Kirchengesangs zu verwenden: »Auf den Leipziger Oktober ein National-Lied schreiben und dieses alle Jahr aufführen! N. B. Jedes Volk mit seinem Marsch und dem Te Deum laudamus.« Der Plan wurde jedoch nicht verwirklicht.

Die spätromantische Kunstbetrachtung hat Beethoven nicht ohne Berechtigung als einen »Klassizisten« verstanden. Hieraus erklärt sich der hohe Anspruch, der, entsprechend den insbesondere auf Winckelmann und Schiller zurückgehenden Idealen dieser Epoche, an seine Werke gestellt wurde: Daß die Musik den Menschen, im Sinne Kants, »erhaben« mache, daß er, in einer Rückbesinnung auf die Prometheus-Sage, im Grunde erst durch die Musik zum gebildeten Menschen werde. Dieser Anspruch wurde bei allen Werken erhoben. Natürlich mußte eine solche Betrachtungsweise zur Einseitigkeit führen, und eine Verkennung solcher Kompositionen, die ganz anders konzipiert waren, war die Folge. Ein prominentes Beispiel ist eben die »Schlachtensinfonie«. Vielleicht störte sich auch Zelter an Beethovens unbekümmerter Kreativität und an dem Schuß musikantischer Vulgarität dieses Werkes. Letzteres paßt natürlich in keiner Weise in das Bild des vergeistigten Klassizisten. Das Werk sei, so argumentierten die Anhänger besagter Ästhetik, offensichtlich unter Zeitdruck geschrieben und aus diesem Grunde gar nicht ausgereift, außerdem primitiv, unwürdig und geradezu ein Schulbeispiel für anspruchslose Programmusik wie etwa vergleichbare Werke von Kuhnau, Leopold Mozart oder dem Abbé Vogler.

Natürlich läßt sich Beethovens ehemals erfolgreichstes Werk heute kaum wiedererwecken. Aber sein Schattendasein darf nicht den Blick auf die Vielseitigkeit des Komponisten verstellen. Man sollte Beethoven nach allen seinen Leistungen beurteilen und sein Oeuvre auf keinen Fall verkürzen. Es zählt wahrscheinlich sogar jede Note, auch die vielen Gelegenheitswerke, welche womöglich einer Erläuterung bedürfen. Sein Gesamtwerk ist jedenfalls viel reichhaltiger und für die Nachwelt zweifellos unbequemer als die relativ geringe Auswahl des Repertoires die heutigen Anhänger ahnen läßt.

Die Zeitgenossen akzeptierten Beethovens Mannigfaltigkeit, weil sie die Dialektik seines Genies verstanden. »Es beleidigt und versöhnt, es verwundet und heilt; man muß mit, da hilft kein Sperren und Weilen«, reflektierte Zelter gegenüber Goethe.[47]

Wenn man in Betracht zieht, daß die Zeitgenossen gleichwohl distanzierter und kritischer als die Nachwelt waren, dann sollte man es bei dem Versuch, sich der historischen Gestalt Beethovens zu nähern, ruhig zunächst mit ihnen halten.

Sonntags bei Czerny

Carl Czerny hat eine sehr aufschlußreiche Episode aus Beethovens mittlerer Wiener Zeit überliefert. Drei Jahre lang lud Czerny jeden Sonntag zu einer Kammermusik in sein elterliches Haus in Wien ein. Die meisten seiner Gäste wechselten im Lauf der Jahre. Da waren zunächst seine zahlreichen Klavierschüler, die aus ganz Europa kamen. Zu diesem Schülerstamm gesellten sich dann ein paar stets sorgfältig ausgewählte Bekannte, darunter manchmal Komponisten und Dichter aus

Wien und dem Ausland. Einer war ziemlich regelmäßig zu Gast: Beethoven. Vor Jahren hatte er den jungen Czerny selbst unterrichtet. Jetzt fühlte er sich in der Sonntagsgesellschaft seines inzwischen prominenten Schülers offenbar besonders wohl. In diesem Kreis wurde hauptsächlich zeitgenössische Musik gemacht, also Werke von Beethoven, Clementi, Carl Maria von Weber, Hummel oder vom Hausherrn selbst. Zu hören war aber auch historische Klaviermusik von Johann Sebastian Bach und dessen seinerzeit noch höher geschätztem Sohn Carl Philipp Emanuel.

Die Kammerkonzerte in Czernys Wohnung datieren von 1818 bis 1820. In diesen Jahren hatte sich Beethovens Gehörleiden bereits sehr verschlimmert. Dennoch habe er, wie Czerny sich erinnert, an solchen Sonntagen mehrmals am Flügel fantasiert und mit seinem unwahrscheinlich kraftvollen und virtuosen Spiel jeden Zuhörer tief beeindruckt.

Diese Episode der Sonntagsgesellschaft zeigt vordergründig den auch in späteren Jahren trotz eines schweren Gehörleidens – er war auf dem rechten Ohr taub, links bestand noch sogenannte Resthörigkeit – geselligen Beethoven, der sich zu dieser kleinen Runde musikalischer Kenner und Liebhaber immer wieder hingezogen fühlte.

Angesichts der progressiven Schwerhörigkeit, die Beethoven zwang, gesellschaftliches Leben, wie er es als Rheinländer immer geliebt hatte, weitgehend zu meiden – es gab ja noch keine brauchbaren technischen »Hörhilfen« –, muß sein Interesse ohne Frage ganz besondere Gründe gehabt haben. Mit Czerny ist Beethoven immer gleichbleibend freundschaftlich, sogar väterlich umgegangen. Eigentlich war er sein Lieblingsschüler, den er von Anfang an als hochtalentierten Klavierspieler akzeptierte und an dem er kaum etwas auszusetzen hatte. Außerdem schätzte er Czernys Schnelligkeit beim Ausarbeiten eines Klavierauszuges. Es war denn auch Czerny, dem Beethoven mit großem pädagogischen Vertrauen die ganzen Geheimnisse seiner handwerklich erfaßbaren Kunst vermittelt hat. Zuerst bestand er unerbittlich auf dem Tonleiterstudium, dann ließ er ihn die

Werke Carl Philipp Emanuel Bachs spielen, die er in seiner Jugend selbst studiert hatte. Dann zeigte er ihm den besonderen Gebrauch des Daumens und ermahnte ihn schließlich immer wieder zum Legato-Spiel (gebundene Artikulation).

Der Schüler hat sein ganzes Wissen und Können wiederum selbst weitergegeben, theoretisch in seinen biographischen und didaktischen Schriften, praktisch in seinen Klavierwerken und am nachhaltigsten durch die Ausbildung bedeutender Schüler von Franz Liszt über Theodor Leschetizky bis zu Theodor Kullak. Deren pädagogischer Einfluß reicht bis ins 20. Jahrhundert und ist im Spiel einiger Pianisten aus dieser Schule noch spürbar.[48]

Diese musikalische Tradition wird sozusagen bereits beim zweiten Blick in Czernys private musikalische Sonntagsgesellschaft erkennbar. Denn in der häufigen Anwesenheit Beethovens spiegelt sich zweifellos ein reges Interesse an den Aktivitäten seines ehemaligen Schülers und dessen Ausbildungsklasse. Die musikalischen Grundlagen dieses Nachwuchses gingen natürlich auf Beethoven zurück. Beethoven konnte also in Czernys Sonntagsgesellschaft erleben, wie seine Saat aufging.

Die Sonntags-Episode hat darüber hinaus noch einen entfernteren Hintergrund. Czerny, der sich in seinen Aufzeichnungen im Grunde nie unkritisch äußert und als weitgehend verläßlich gelten kann, berichtet auch, daß Beethoven auf dem Konzertpodium die Improvisationen und Fantasien pianistisch noch viel bravouröser auszuführen pflegte, als er sie dann später in Kompositionen endgültig festlegte. Die Bewunderung seiner Zeitgenossen entzündete sich denn auch tatsächlich mehr an seinem Spiel, das seine Kompositionen, was technische Virtuosität angeht, offensichtlich noch weit übertraf. Wegen seines wirkungsvollen Spiels wurde Beethoven sogar von seinen erklärten Gegnern geachtet. Seine Kompositionen hingegen fanden manche Rivalen unnatürlich, melodisch kümmerlich und formal willkürlich.

Worauf beruhte nun die besondere Wirkung seines Vortrags? Die Grundlage war sicherlich eine reibungslose Koordinierung von überlegenem technischen Spiel und großer emotionaler Kraft. Doch darüber hinaus hatte Beethoven als Spieler offenbar das Charisma »deutscher Innerlichkeit« im Sinne des klassizistischen Leitgedankens »Edle Einfalt und stille Größe«, wie ihn Winckelmann verstanden hatte.

Wer Beethoven aus der Nähe erlebte oder an der Rezeption seiner Werke teilnahm, kam unversehens ins Staunen. Das zeigt sich deutlich in Zelters Briefen. Solange er nämlich mit Beethovens Werken nur wenig vertraut war und ihn noch nicht persönlich kennengelernt hatte, beschäftigte er sich, ähnlich wie manche Wiener, vorzugsweise mit Berichten vom exzentrischen Benehmen des Kollegen. Ausführlich schrieb er Goethe über Beethovens Verdrießlichkeit, Zerstreutheit und die bedauernswerte Taubheit.

Wahrscheinlich langweilte Zelter Goethe aber mit diesen vom Hörensagen erfahrenen Nachrichten. Denn Goethe hatte Beethoven bereits 1812 in Teplitz selbst kennengelernt, sich ein Urteil aus eigener Anschauung gebildet und darüber an Zelter berichtet.

Später hatte auch Zelter Gelegenheit, Beethoven persönlich zu begegnen. Das geschah auf der Landstraße zwischen Mödling und Wien und beeindruckte ihn sehr. In Berlin lernte er weitere Werke Beethovens kennen. Durch diese sich entwikkelnde Vertrautheit wurde Zelter allmählich ein Bewunderer Beethovens. Er scheute sich nicht, seine früheren Meinungen zu revidieren und schrieb eingehende Werkanalysen an Goethe in Weimar, die sich auf seine neuen Erkenntnisse gründeten.

Doch wenn sich sogar dieser nicht unkritische Fachmann von Rang zunächst einmal hauptsächlich bei den Anekdoten über Beethoven aufhielt, wie mußte es dann erst um diejenigen Zeitgenossen bestellt sein, die Beethovens faszinierende Wirkung vielleicht nur vom Hörensagen kannten und kaum die Chance hatten, seine Werke, geschweige denn ihn persönlich kennenzulernen? Der Phantasie war hier jedenfalls keine Grenze gesetzt, und es ist gar nicht so verwunderlich, daß unter diesen

Umständen das besondere Interesse der Zeitgenossen an Beethovens Exzentrik als Mensch bereits damals zu einem Zerrbild führen mußte.

Die »zwei Väter« Beethovens

1810 erschien in Paris in einem Musiklexikon ein Artikel, der den knapp Vierzigjährigen als einen der offenbar fähigsten Komponisten dieser Zeit würdigt.[49] Erwähnt sind auch die frühen pianistischen und kompositorischen Leistungen des Kindes, das schon das »Wohltemperierte Klavier« von Johann Sebastian Bach vortragen konnte und bei südwestdeutschen Verlegern bereits verschiedene Klavierwerke und Lieder publiziert hatte. Diese starke Begabung brachten die beiden Lexikographen mit einer Herkunft aus höchsten Kreisen in Verbindung. Beethoven hatte zunächst, dem französischen Lexikon zufolge, zwar wie ein ganz normaler Sterblicher Unterricht erhalten; immerhin werden die beiden Lehrer Neefe und Albrechtsberger erwähnt. Aber mit einem bürgerlichen Vater aus Bonn, wie zuvor ein deutsches Lexikon vermerkt hatte, wollten sich die beiden Verfasser angesichts der außergewöhnlichen Leistungen dieses Musikers offenbar nicht zufriedengeben. Jedenfalls behaupteten sie, indem sie sich auf ein sonst nirgends erwähntes Gerücht bezogen, Beethoven sei ein Sproß des preußischen Königshauses, nämlich ein natürlicher Sohn Friedrich Wilhelms II. (s. Abb. 1 u. 2).

Diese hier erstmals gedruckte königliche Abstammungslegende wurde bald in Deutschland gelesen und diskutiert. Das Gerücht drang auch in Verlegerkreise, wo es nicht ohne Wirkung blieb und in einem Fall sogar übernommen wurde. Zunächst fielen in einer Neuauflage von Gerbers »Tonkünstlerlexikon« in dem Artikel »Beethoven« die Angaben über den Vater Johann van Beethoven, einen Berufsmusiker der Bonner Hofkapelle, plötzlich unter den Tisch.

Man wird den Verdacht nicht los, daß diese auffällige Änderung gegenüber der Originalausgabe, die Beethoven noch als

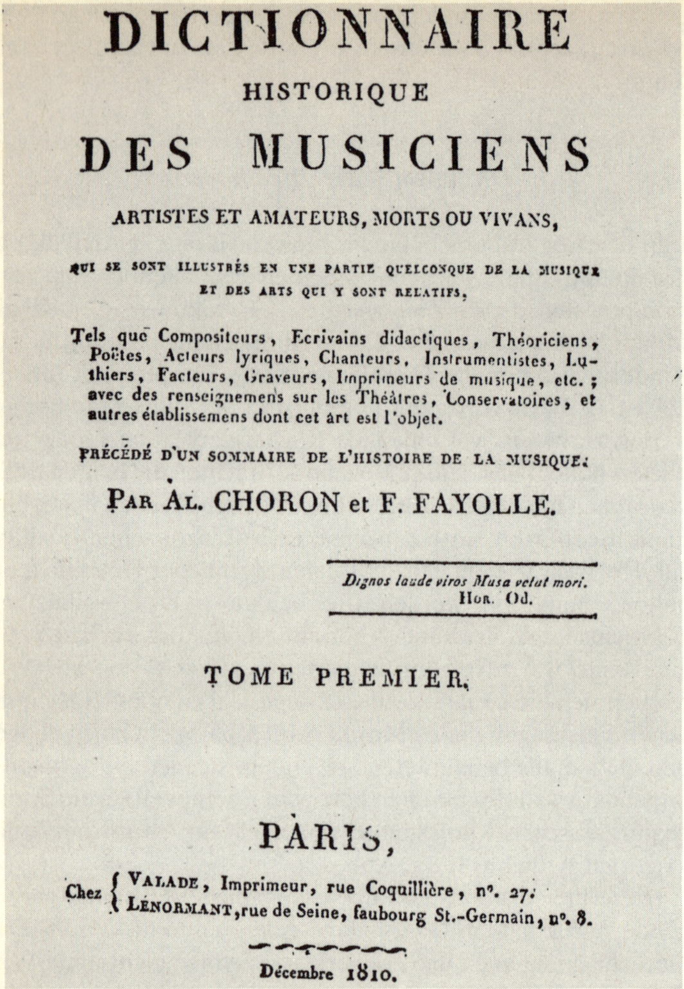

DICTIONNAIRE
HISTORIQUE
DES MUSICIENS

ARTISTES ET AMATEURS, MORTS OU VIVANS,

QUI SE SONT ILLUSTRÉS EN UNE PARTIE QUELCONQUE DE LA MUSIQUE ET DES ARTS QUI Y SONT RELATIFS,

Tels que Compositeurs, Ecrivains didactiques, Théoriciens, Poëtes, Acteurs lyriques, Chanteurs, Instrumentistes, Luthiers, Facteurs, Graveurs, Imprimeurs de musique, etc.; avec des renseignemens sur les Théâtres, Conservatoires, et autres établissemens dont cet art est l'objet.

PRÉCÉDÉ D'UN SOMMAIRE DE L'HISTOIRE DE LA MUSIQUE;

PAR AL. CHORON et F. FAYOLLE.

Dignos laude viros Musa vetat mori.
HOR. Od.

TOME PREMIER.

PARIS,

Chez { VALADE, Imprimeur, rue Coquillière, nº. 27.
LENORMANT, rue de Seine, faubourg St.-Germain, nº. 8.

Décembre 1810.

Abb. 1/2: *Das 1810 und 1811 in Paris erschienene Personen-Lexikon »DICTIONNAIRE HISTORIQUE DES MUSICIENS« von Alexandre Etienne Choron (1771–1834), der als Theoretiker, Dirigent und Pädagoge tätig war, und Françoise Joseph Marie Fayolle (1774–1852), einem Musikpublizisten, ist zu einem großen Teil die französische Übertragung von Ernst Ludwig Gerbers »Historisch-Biographisches Lexicon der Tonkünstler« (Leipzig 1790, 1792). Die Übernahme*

60 B E

écrivain plus moderne que Bède. V. Burney, Hist. gén. de la musique, t. 2.

BEDECKER (Jean). Prinz, dans son histoire, le compte parmi les premiers compositeurs de la fin du dix-septième siècle.

BEDESCHI (Paolo), dit Paolesio, chanteur excellent et castrat, né à Bologne en 1727, commença à étudier le chant sous la direction du célèbre compositeur Perti. En 1742, il entra au service du roi de Prusse, et y jouissait des leçons du grand François Benda. Il y a resté constamment, pendant 42 ans, jusqu'à sa mort, arrivée le 12 février 1784.

BEDFORD (Arthur), a fait insérer dans l'ouvrage périodique: *The present state of the republick of letters* (l'état présent de la république des lettres): *London*, 1730, in-8°, la dissertation suivante: *Scripture chronology demonstrated by astronomical calculations, etc.* (La chronologie de l'écriture prouvée par des calculs astronomiques), dans laquelle il traite: 1°. *Of the musick of the greecks and hebrews* (De la musique des Grecs et des Hébreux); 2°. *Of the musick and service, as performed in the temple* (De la musique et du service, que l'on exécutait dans le temple). V. Hist. de Forckel., t. 1, p. 177.

BEECKE ou BECKE (M. de), chambellan du prince de Œtting-Wallerstein, et directeur de sa musique, a composé les opéras suivans: *Claudine de Villa Bella*, à Vienne, vers 1784, et *die Weinlese* (la Vendange); *Klagen uber den Tod der grosen sængerin, Nanette von Gluck* (Complaintes sur la mort de la grande cantatrice Nanette de Gluk), imprimé à Augsbourg, 1777; *Des brave mann* (l'Homme probe), de Burger, gravé à Mayence, 1784. Pour la musique instrumentale, il a publié: six sonates pour le clavecin, Paris, 1767; quatre trios pour le clavecin, *ibid.*, 1767; six symphonies à huit et six symphonies à six.

BEELER (J. N. E.), organiste et compositeur à Deventer et Oberissel, vers l'an 1762; il a paru de lui une collection de chansons françaises avec la basse.

BEETHOVEN (Louis-Van), que l'on a dit fils naturel de Frédéric-Guillaume II, roi de Prusse, est né à Bonn, en 1772. Il prit d'abord des leçons de musique de Neefe, et ensuite d'Albrechtsberger. A onze ans, il jouait déjà le clavecin tempéré de Sébastien Bach. Il fit paraître alors à Manheim et à Spire, neuf variations d'une marche, trois sonates pour le clavecin et quelques chansons. Depuis, il a publié un grand nombre de sonates pour le piano, et plusieurs œuvres de trios, de quatuors et de quintettes pour le violon. Parmi les morceaux qu'il a écrits pour la vocale, on cite surtout, avec éloge, une scène et air à grand orchestre et piano. *Ah! perfido spergiuro.* V. le Catalogue de Ch. Zulehner. M. Beethoven est regardé comme un des plus habiles compositeurs de nos jours.

BEEZWARZOWSKY, organiste excellent de Jung-Bunsglen en Bohême, actuellement à Brunswick. Vers l'an 1777, il était à l'église de St. Jean à Prague. V. Statist.

BEFFROY DE REIGNY (L. A.), dit le Cousin Jacques, né à Laon en 1757, a fait les paroles et la musique du Club des bonnes gens, opéra en deux actes, joué en 1791, au théâtre Feydeau. Il est auteur des Soirées chantantes ou le Chansonnier bourgeois, 1805, trois vol. in-8°. Le Cousin Jacques excelle dans la chanson.

BEHRWALD, vivait à Berlin vers l'an 1764, et s'y fit connaître par plusieurs Symphonies en manuscrit.

BEISSEL ou BEYSSEL (Iodoc), conseiller des Archiducs d'Autriche, connu comme orateur, poëte, jurisconsulte et philosophe, vécut à Aix-la-Chapelle depuis 1474 jusqu'en 1494. Entr'autres ouvrages, il en a laissé un, intitulé: *De optimo genere musicorum*. V. Jœcher.

BELDEMANDIS (Prosdocimus), de Padoue, où il était, en 1422, professeur de philosophie, écrivit un Commentaire sur les ouvrages de J. de Muris. On conservait encore de lui au commencement du dix-huitième siècle, à Padoue, les ouvrages suivans: 1°. *Compendium tractatus practicæ cantus mensurabilis*, 1408; 2°. *Opusculum contra theoricam*

besorgte hauptsächlich Fayolle, während Choron nur die Einleitung und einzelne Artikel schrieb. Das »on dit« von Beethovens vermeintlicher königlicher Abstammung geht aber vermutlich auf Choron zurück.

den Sohn des Tenoristen Johann van Beethoven aufführt, mit den besagten Angaben aus Paris zusammenhängt. Möglicherweise hatte der Herausgeber dem Gerücht so viel Glaubwürdigkeit beigemessen, daß es ihm aus Gründen des Takts besser schien, die Frage der Herkunft lieber zu übergehen.

Tatsächlich wurde die Königslegende dann 1814 in Leipzig in dem angesehenen und weitverbreiteten »Conversations = Lexikon« von Brockhaus übernommen. Sie ist dort zwar erst an zweiter Stelle nach den bereits bekannten Informationen über die Bonner Herkunft aufgeführt, übrigens mit Beethovens falschem Geburtsjahr »1772«. Da die Abstammungslegende aber kommentarlos nachgedruckt wurde, entstand dadurch eine anscheinend zitierfähige Angabe über die illegitime Herkunft Beethovens. Außerdem nimmt der Artikel bei Brockhaus noch eine (womöglich unbeabsichtigte) Standeserhöhung vor. Denn das »van« vor Beethovens Familiennamen wurde nicht ausgeschrieben, sondern in der Abkürzung »v.« angegeben, die in der Regel für das Adelprädikat »von« steht. 1820 wurde in der fünften Originalausgabe dieses Lexikons, auch »Allgemeine deutsche Real=Encyklopädie« betitelt, die ›falsche‹ Standeserhöhung durch die Schreibweise »Ludwig von [!] Beethoven« scheinbar zur Tatsache (s. Abb. 3 u. 4).

Die beiden in Frage kommenden Väter, der bürgerliche und der königliche, gerieten jedenfalls bei Brockhaus nebeneinander ins Blickfeld. Dadurch werden sozusagen antike Zeiten wieder wach, als berühmten Herrschern problemlos zweierlei Erzeuger zugestanden wurden, nämlich ein göttlicher und ein irdischer. Über die biologische Wahrheit jedoch hatten die Leser des »Brockhaus« jahrelang selbst zu entscheiden. Denn die Königslegende hielt sich im Konversationslexikon neben den authentischen Angaben über Beethovens Herkunft sogar über seine Lebenszeit hinaus bis in die achte Auflage von 1830.

Auch in Beethovens engerem Bekanntenkreis ist über dieses Gerücht mehrfach gesprochen worden. Beethoven hatte den Artikel offenbar selbst nicht gelesen und verstand daher kaum, wovon die Freunde eigentlich redeten. Diese wollten aber die Sache keinesfalls auf sich beruhen lassen und versuchten wiederholt, so gut sie es vermochten, Beethoven über das Gerücht zu informieren.

Dabei mußte er sich gleichzeitig immer wieder den gutgemeinten Ratschlag anhören, die indiskreten Behauptungen doch unbedingt zu dementieren. Die Penetranz seiner Freunde ist ihm schließlich, als er sogar bei seiner Ehre gepackt wurde, ziemlich auf die Nerven gegangen. Doch über die Witze, die dabei gerissen wurden, hat er sicherlich gelacht: Zum Beispiel, als ein befreundeter Komponist nach der den Musikern eigenen Art des Wortwitzes in das seit seiner fortgeschrittenen Schwerhörigkeit unverzichtbar gewordene Gesprächsheft kritzelte: »Im Conversations Lexikon steht geschrieben, daß Sie ein *Saitenkind* (!) des Großen Friedrich wären.«

Auch in England wurde über die Abstammungslegende öffentlich geredet. Ein Journalist stiftete jetzt weitere Verwirrung, indem er in Unkenntnis der Lebensdaten preußischer Könige ausgiebig über die Unmöglichkeit der angeblichen Vaterschaft spottete. Beethovens Mutter müßte nämlich in diesem Falle, wie der witzige Autor errechnete, dreißig Jahre schwanger gewesen sein. Der ungenannte Engländer hatte in seinem sarkastischen Eifer nicht nur Friedrich Wilhelm II. (der wenigstens in zeitlicher Hinsicht hätte in Frage kommen können) mit dem flötenspielenden »Alten Fritz« verwechselt (der zweifellos nicht in Betracht kam), sondern war obendrein noch von falschen biographischen Daten ausgegangen. Wie man sieht, war das Gerücht immer wirrer geworden und längst ad absurdum geführt.

Jetzt aber meldete sich aus dem Rheinland Franz Wegeler, der Bonner Jugendfreund. Er war stolz auf Beethovens Erfolge – sah zu ihm auf wie zu einem »Heros« – und nahm dabei in Anspruch, als engster Vertrauter auf die Entwicklung seines Freundes nicht ohne Einfluß gewesen zu sein.

Wegeler berichtet, wie er mit zwei Freunden Beethovens Bekanntschaft gemacht hatte. In Berlin war er mit Zelter zusammengetroffen und in Kassel mit Louis Spohr, der seinerzeit bei der Uraufführung der »Schlachtensinfonie« als Schlagzeuger mitwirkte. Hieran anschließend fragt Wegeler Beethoven nicht

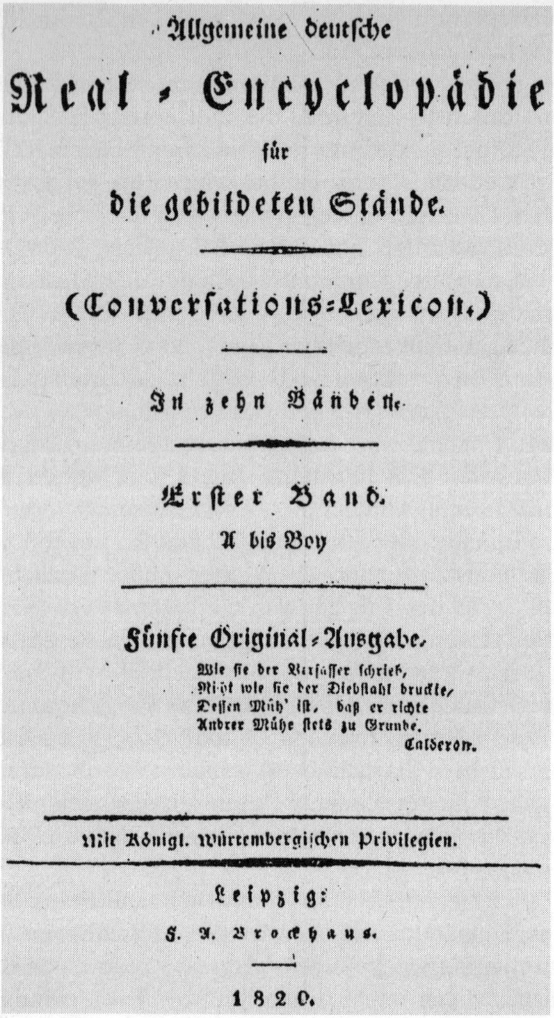

Allgemeine deutsche

Real-Encyclopädie

für

die gebildeten Stände.

(Conversations-Lexicon.)

In zehn Bänden.

Erster Band.

A bis Boy

Fünfte Original-Ausgabe.

Wie sie der Verfasser schrieb,
Nicht wie sie der Diebstahl druckte,
Dessen Müh' ist, daß er richte
Andrer Mühe stets zu Grunde.
Calderon.

Mit Königl. Würtembergischen Privilegien.

Leipzig:

F. A. Brockhaus.

1820.

Abb. 3/4: *Das in Frankreich zuerst veröffentlichte Gerücht von Beethovens illegitimer Abstammung aus dem preußischen Königshause hielt sich zusammen mit der falschen Schreibweise »von«, oder »v.« (statt van) und dem falschen Geburtsjahr, »1772« (statt 1770), in den Auflagen 1–8, 1814–1830, des Lexikons von Friedrich Arnold Brockhaus (1773–1823).*

und salben. Wie die Behandlung der Todten bei uns ist, kann es öfters geschehen, daß noch Leben in ihnen schlummert, wenn sie begraben werden. Nie sollten daher Beerdigungen bei denen, welche an oben benannten Zufällen gestorben sind, Statt finden dürfen, bis sich die gewissesten Merkmale der Fäulniß eingestellt haben. Selbst bei den an andern Krankheiten Verstorbenen sollte man im Winter wenigstens drei und im Sommer zwei volle Tage warten. Am sichersten aber wäre es, eine Todtenschau einzuführen, vermöge welcher ein vom Physikus unterrichteter Mann, oder in dessen Ermangelung die gewöhnliche, hierzu aber besonders unterrichtete und in Pflicht genommene Leichenfrau, dazu angestellt würde, jeden Todten zu verschiedenen Malen genau zu untersuchen, so daß keiner eher begraben werden dürfte, als bis das Zeugniß des Leichenbeschauers den wirklichen Tod des Verstorbenen bestätigte. In manchen Fällen ist das längere Aufbewahren des Todten im Hause freilich lästig, auch wohl gefährlich, z. B. bei ansteckenden Krankheiten, bei gänzlichem Mangel an Raum im Hause. Daher wäre es sehr zweckmäßig, wenn überall Todtenhäuser dazu bestimmt und eingerichtet würden, in welche jeder seine Todten gleich nach den ersten Stunden bringen könnte, wo nun, im Fall (wie z. B. bei oben angeführten Krankheiten), der Tod noch zweifelhaft wäre, alle mögliche Mittel zu deren Wiederbelebung angewendet werden könnten, und wo die Verstorbenen mit der gehörigen Ordnung und Ruhe so lange liegen blieben, bis die unbezweifelten Merkmale eines wirklichen Todes eingetreten wären. (Vergl. Scheintod.) H.

Beethoven (Ludwig von), einer der genialsten Tonkünstler unserer Zeit, geb. zu Bonn 1772, ein Sohn des ehemaligen Tenoristen an der churfürstlichen Capelle daselbst; nach einer andern von Favelle angeführten Meinung aber ein natürlicher Sohn Friedrich Wilhelms II. von Preußen. Schon in seinem eilften Jahre hatte er die Fertigkeit im Clavierspielen so weit gebracht, daß er Sebastian Bachs wohltemperirtes Clavier spielte, und im dreizehnten componirte er schon eigne Sonaten für sich. Diese ausgezeichneten und vielversprechenden Eigenschaften bewogen den damaligen Churfürsten von Cöln, ihn 1792 auf seine Kosten nach Wien zu **Haydn** reisen zu lassen, damit er sich durch den Unterricht desselben in der Kunst des Satzes vervollkommnen möchte. Nach einiger Zeit, ungefähr 1794 oder 1795, entschloß er sich, ganz in Wien zu bleiben, wo er denn auch bis jetzt sich aufhält. Nach **Mozart** haben sich vielleicht die Deutschen, was Instrumentalmusik betrifft, keines ihm so nahen Genies wieder zu erfreuen gehabt, wie in **Beethoven**. Diese Fülle, diese Neuheit, dieser Reichthum an Ideen, diese Kunst, mit welcher er alle seine Compositionen durchführt, sind in der That bewundernswerth, obgleich man nicht in Abrede seyn kann, daß er sich vom Fluge seiner Phantasie bisweilen verleiten läßt, seine Zuhörer in unverständliche Regionen zu führen. Am meisten beurkundet sich sein großes Genie in den vielstimmigen Arbeiten, besonders in den Sinfonien, die jetzt mehr bekannt werden, und unter denen vorzüglich eine große charakteristische Sinfonie (sinfonia eroica) sich auszeichnet, und in seinen Clavierconcerts. Auch für die Singmusik hat er geschrieben; doch scheint diese, und namentlich die Oper, nicht den Erwartungen entsprochen zu haben, die man davon hatte.

Befehlen heißt, durch gesetzliche Vorschriften über die Handlungen eines andern bestimmen. Befehle und Rathschläge sind dadurch von einander verschieden, daß die Befolgung dieser von der Willkür des ohne Dramatik, warum er die Ehre seiner Mutter nicht gerächt habe, als man ihn in Frankreich im Conversationslexikon zu einem Kind der Liebe machte. Wegeler selbst konnte allerdings das Durcheinander der biographischen Daten offensichtlich nicht mehr entwirren. In seiner Hilflosigkeit blieb ihm nichts anderes übrig, als Beethoven zu versichern, daß die Behauptungen des Engländers durchaus falsch seien!

Die merkwürdige Episode ist hier aber immer noch nicht ganz zu Ende. Sie kam zu Beethovens Zeiten nicht mehr zur Ruhe und sollte sogar in jüngerer Zeit wieder aufgegriffen und dabei auf Beethovens Kosten mißdeutet werden.

Mit seiner Antwort auf Wegelers etwas herausfordernde Briefstelle nahm sich Beethoven reichlich Zeit. Denn erst ungefähr nach einem Jahr schrieb er dem Freund gelassen, daß er es ihm anheimstelle, die Redlichkeit seiner Eltern, insbesondere seiner Mutter bekanntzugeben. Wegeler hat aber von dieser Vollmacht keinen Gebrauch gemacht. Und so stand das Gerücht sogar noch in der achten Auflage des »Brockhaus-Lexikon«, die drei Jahre nach Beethovens Tod herauskam. Erst 1833 veranlaßte Anton Schindler, der Biograph, die längst fällige Streichung des Passus über Beethovens angebliche illegitime Herkunft.

An dieser Stelle, wo die Abstammungssage im Grunde an ihr Ende gelangt ist, fragt sich natürlich, ob es sich jetzt überhaupt noch lohnt, ihr gelegentliches Aufgreifen in jüngeren Biographien weiterzuverfolgen. Mißverständnisse, die es nach wie vor gibt, etwa die Preußenkönige betreffend, könnten nunmehr eigentlich übergangen werden. Aber es gibt da außerdem das gewaltsame Zurechtrücken biographischer Fakten um einer »psychohistorischen« Erklärung willen, das nicht unwidersprochen bleiben darf und das zugleich auf eine anhaltende Bedeutung der Abstammungslegende für das historische Beethoven-Bild hinweist.

Noch heute wird die Abstammungssage gelegentlich in der biographischen Literatur als historische Skurrilität behandelt. Für manchen Biographen, Romain Rolland zum Beispiel, hatte längst der wirkliche Vater in der Rolle des sprichwörtlich »unintelligenten« und obendrein fortwährend sich betrinkenden, unverbesserlichen Tenors das Klischee von der ungewöhnlichen Herkunft eines Genies aufs neue bestätigt.

Das Besondere an Beethovens Herkunft war freilich nicht mehr das Königshaus, sondern das unordentliche Milieu, wie es sein echter Vater anscheinend verkörperte, dessen Frau angeblich auch nur aus dem »Dienstbotenstande« kam.[50] Die idealistische Vorstellung von der hohen Geburt eines Genies hatte jetzt eine Abwandlung erfahren. Allerdings waren dabei lediglich die sozialen Vorzeichen umgekehrt worden.

Diesem Zerrbild sind inzwischen eine ganze Reihe weiterer, nicht weniger grotesker biographischer Darstellungen gefolgt. Sie zeichnen Beethoven variantenreich als vermeintlichen Psychopathen, der angeblich an Verfolgungs- und Sexualwahn litt, Phantasien von Ehepartnerschaft und Adelszugehörigkeit hegte, geldbesessen und mißtrauisch war und noch anderes mehr.

Der angesehene amerikanische Beethoven-Forscher Maynard Solomon hat in seiner ausführlichen und bis in winzigste Details akribisch angelegten Biographie auch Beethovens Reaktionen auf die Abstammungslegende untersucht.[51] Solomon, der zu seiner Legitimation mehrfach aus Freuds Werken zitiert, hat sich bei seinen Deutungen einem psychoanalytischen Ansatz verschrieben. Unter solchem Aspekt interpretiert er Beethovens langjähriges Schweigen zu dem Gerücht über seine königliche Abstammung als eine im Pathologischen wurzelnde Lebenslüge. Der Komponist wird dabei der »Phantasien von illegitimer Geburt« und der »Selbsttäuschung« geziehen, als ob das Gerücht nicht von dem Lexikon besagter Franzosen herrühre, sondern von ihm selbst ausgedacht und in Umlauf gesetzt worden sei. Das »Opfer« wird auf diese Weise durch den

Autor, der bei seinem psychoanalytischen Vorgehen die geschichtlichen Fakten, wie man sieht, völlig unbekümmert auf den Kopf stellt, kurzerhand zum »Täter« gestempelt. Solomons aberwitzige Deutungen gipfeln in seiner eigenwilligen Analyse der Widmungeschichte der Neunten Sinfonie.

Die Richtigstellung erfordert einige Bemerkungen zur Vorgeschichte: Nach langem Hin und Her zwischen in Erwägung gezogenen Widmungsträgern in London, Paris, Wien und St. Petersburg entschied sich Beethoven schließlich für Friedrich Wilhelm III. in Berlin. Der kränkelnde und bereits vorgealterte Komponist sah sich damals aus wirtschaftlichen Gründen genötigt, für die Verbreitung dieses Werkes mit besonderer Energie zu kämpfen, wobei er sich hilfesuchend an Zelter in Berlin und auch an Cherubini wandte.[52]

Angesichts der Symbolträchtigkeit dieser Sinfonie (»Alle Menschen werden Brüder«) könne aber Beethoven, so wird von Solomon unterstellt, diesen Regenten kaum zufällig ausgesucht haben. Denn der preußische Souverän sei ja der Sohn jenes Königs, den Beethoven in seiner »Wahnidee« fälschlich für seinen eigentlichen Vater gehalten habe. Der Autor, der seine Biographie den »Widersprüchen und Ursprüngen« gewidmet hat, will mit dieser Spekulation den Leser schließlich glauben machen, Beethoven habe seine »Sinfonie der Brüderlichkeit« (Schiller!) seinem vermeintlichen (Halb-) Bruder gewidmet und dadurch indirekt sich selbst als Königssohn ausgegeben.

Dieses Beethoven-Zerrbild ist kein Einzelfall. Der methodische Ansatz, Beethovens Biographie »psychohistorisch« darzustellen, ist mittlerweile immer wieder aufgegriffen worden, neuerdings auch in populärer medizinischer Literatur. So liest man in einer jüngeren Krankheitsgeschichte nicht nur von Beethovens »Wahnideen«, sondern nunmehr auch von der neurotischen »Kausalität« seiner Erkrankungen.[53] Der Leser dieser Pathographie »weiß« jetzt, daß sich Beethoven seine Leiden als »psychosomatische Reaktion« auf ein (selbstverschuldetes) neurotisches Verhalten, »Unbeherrschtheit« zum Beispiel, im Grunde selbst zuzuschreiben habe.

Solche Zerrbilder geben kaum noch etwas von der eigentlichen Persönlichkeit Beethovens wieder. Sie erinnern bei näherem Hinsehen an Karikaturen im Spiegelkabinett eines Jahrmarkts, denn Einzelheiten sind maßlos übertrieben und verzerrt. Moderne Beethoven-Biographen beziehen sich vermehrt auf die psychoanalytische Methode Freuds. Aber ist das bei historischer Kunstbetrachtung überhaupt legitim?

Bei Freud lassen sich in bezug auf die Frage nach der Bedeutung der Abstammungssage in der Tat mittelbare Interpretationshilfen finden. Hierbei ist zunächst die Schrift »Der Mythos von der Geburt des Helden« seines Schülers Otto Rank zu berücksichtigen. Die Abhandlung entstand auf Anregung Freuds, der sie auch beeinflußte und später in seiner Studie über Moses kommentierte.[54] Die besagte Schrift des Freudschülers befaßt sich mit der Tradition alter Kulturvölker, ihren Nationalheroen phantastische Züge zu verleihen. Diese Verklärung galt gleichermaßen messianischen Religionsgründern wie realpolitischen Despoten. Im Nahen Osten wurde insbesondere die Geburts- und Jugendgeschichte der Helden verherrlicht und sagenhaft überhöht. So bei Moses, Sargon, dem Syrier und Kyros, dem Perser, der übrigens, nachdem er Babylon besetzt und die Gefangenschaft der Israeliten beendet hatte, bei Jesaja (45,1), ungeachtet seiner anderweitigen Rolle als militärischer Aggressor, schlicht »der Messias [Gesalbte] des Herrn« heißt.[55] Mythenbildungen nehmen auf Logik offensichtlich kaum Rücksicht.

Aufgrund der verblüffenden Ähnlichkeit zwischen ganz verschiedenen Völkern hat Freud aus den Darstellungen seines Schülers eine typische Urform abstrahiert, welche die wichtigsten Züge des Heroenkultes in sich vereinigt. Hiernach ist der Held vornehmer Herkunft, meistens ein Königssohn. Seine Zeugung vollzog sich jedoch fast immer heimlich, weil es Hindernisse gab. Sein Heranwachsen ist durch die Diskrepranz zwischen seiner vornehmen Abstammung, also der Herkunft aus einem Herrscherhaus, und dem einfachen Leben als Hirte, wie zum Beispiel bei Kyros, bestimmt. Der Held überwindet aber diese soziale Kluft, findet Anerkennung und erlangt

Größe und Ruhm. Dieses Bild deckt sich in einigen wesentlichen Zügen mit der Sage vom illegitimen komponierenden deutschen Königssohn aus Bonn, wie sie sich in den Lexika von Choron/Fayolle und Brockhaus findet. Aus dem sozialen Kontrast zwischen der königlichen Familie der Hohenzollern in Berlin und der Familie des bürgerlichen Bonner Hofmusikers entsteht nämlich der Mythos von der heroischen Natur und der sozialen Erhöhung des Komponisten.

Die Sage, die Beethoven zu einem deutschen Nationalheroen machte, ist, kulturgeschichtlich betrachtet, offensichtlich nach einem archetypischen Muster gebildet. Das Neue an diesem Mythos stellt der Beruf des Helden dar. Denn als Komponist gehört er zunächst nicht, wie Politiker oder Religionsgründer, zu den Persönlichkeiten des öffentlichen Lebens. Doch wird mit Beethoven als vermeintlichem Königssohn jetzt erstmals auch ein messianisch-heroisch überhöhter Künstler zu den maßgeblichen Namen der europäischen Geschichte gezählt.

Der Mythos vom Nationalheroen Beethoven hat bis ins 20. Jahrhundert das Bild des Komponisten überzeichnet. Das begann ohne Frage bei den Zeitgenossen. Denn Beethoven wurde schon von seinen näheren Freunden, insbesondere Wegeler und Grillparzer, als »Heros« angesehen, wenngleich unter anderem Blickwinkel. Im Zusammenhang des Mythos ist die ideologische Nähe zu den Politikern und Religionsstiftern bezeichnend, in die Beethoven als Komponist gerückt wurde. In dieses Beethoven-Bild paßt natürlich nur ein begrenzter Ausschnitt seiner Musik. Das Spätwerk zum Beispiel, das Kompendium seiner Kunst als Tonsetzer, hatte darin keinen Platz. Der Mythos verklärt nicht nur, er verdunkelt auch.

Beethoven und Freud

Die jüngeren biographischen Schriften über Beethoven sind größtenteils unter »psychohistorischen« Aspekten geschrieben worden. Immer mehr Autoren, ursprünglich in den USA, inzwischen zunehmend auch in Westeuropa, suchen Hilfe bei Freud. Es fragt sich allerdings, ob diese Methode bei einer historischen Figur überhaupt anwendbar ist.

Tatsächlich benutzte der Nervenarzt Sigmund Freud, der neurotische Patienten aus therapeutischen Gründen zum Blick »nach innen« anleitete, auch dann die Technik der Psychoanalyse, wenn er als Laie Kunstwerke betrachtete.[56] Angeregt durch eine Methode des italienischen Arzt-Kollegen und Kunsthistorikers Morelli, beobachtete er zunächst Details, von denen bis dahin kaum jemand Notiz genommen hatte. Aus der Auswertung dieser Vorarbeiten suchte er schließlich das Geheimnis des Kunstwerks Schritt für Schritt zu enträtseln.

Hier ist zunächst ein biographischer Hinweis angebracht. Freud, ein Kaufmannssohn, verstand sich mehr als Psychologe, Deuter und Entdecker verborgener Konflikte, denn als Arzt. Er hatte wie seine Schwester Anna in die seit einigen Generationen in Hamburg ansässige Familie Bernays eingeheiratet. Sein Interesse an Kunstwerken fand hier im Kreise hanseatischer Bildungsbürger ohne Zweifel Nahrung.

Freuds Vorliebe galt der Dichtung und der Skulptur. Die Malerei rangierte bei ihm erst an zweiter Stelle. War sein Interesse erst einmal geweckt, so beschäftigte er sich sehr lange mit einem Kunstwerk. Er versuchte zu begreifen, worauf seine Faszination beruhte: »Eine rationalistische oder vielleicht analytische Anlage sträubt sich in mir dagegen, daß ich ergriffen sein und dabei nicht wissen solle, warum ich es bin, und was mich ergreift« (Freud, Der Moses des Michelangelo, 1913). Ihn interessierte weniger das verstandesmäßige Erfassen des Formalen und Handwerklichen als vielmehr die psychische Konstellation des Schaffenden. Er wollte wissen, was den Künstler eigentlich angeregt hatte. Dessen psychische Einstellung, so überlegte Freud, müsse nämlich auch der Kunstfreund erreichen. Denn zum Verstehen eines Kunstwerkes sei im Grunde die gleiche innere Verfassung notwendig, in der sich der Künstler bei der Konzeption eines Werkes befunden habe. Freud suchte diese spezifische psychische Konstellation an den betreffenden Kunstwerken zu erforschen. So hat er über seinerzeit noch unbeachtete Details der Moses-Statue des Michelangelo nachgedacht. Ähnlich ging er auch bei Shakespeare vor, dessen Hamlet er analysierte. Seine akribischen Beobachtungen führten zu einem zweifachen Ergebnis, nämlich zu einer Deutung der Kunstwerke und zu einer Benennung der seelischen Regungen der Künstler als der Quelle ihrer Schöpfungen.[57] Diese Analysen haben ihm, wie er betont, den Kunstgenuß überhaupt erst ermöglicht.

Es fällt sicherlich auf, daß in diesem Zusammenhang bis jetzt noch nicht von Musik die Rede war. Das hat seinen guten Grund. Denn Freud war nach eigenem Bekenntnis in der Musik »fast genußunfähig«. Er konnte sich die Wirkung der Musik nicht begreiflich machen. Es war ihm nicht gegeben – wie etwa Beethovens älterem Zeitgenossen Goethe –, sich mit Hilfe von fachkompetenten Beratern den musikalischen Genuß in »Begriff und Wort« (Goethe an Zelter) zu verwandeln.

Freud blieb hier jedweder Zugang verschlossen. Das theoretische Gespräch, das er über Sophokles, Michelangelo, Leonardo da Vinci oder Shakespeare geführt hatte, konnte also über Beethoven zum Beispiel nicht stattfinden.

Dennoch haben sich die Beethoven-Forscher psychoanalytischer Observanz ausdrücklich auf Freud bezogen. Seinen Weg sind sie jedoch mitnichten gegangen. Statt Details in den Kompositionen zu betrachten und anhand einer das Biographische miteinbeziehenden Analyse zur psychischen Konstellation des Komponisten Beethoven vorzudringen, haben die »Psychohistoriker« Beethoven als einen Neurose-Patienten angesehen und ihm Wahnideen unterstellt. Ihr posthumer Umgang mit dem Menschen Beethoven ist dabei ausgesprochen feindselig ausgefallen.[58]

Die pychohistorische Methode ist en vogue. Sie taugt aber kaum zur Verbesserung des Musikverständnisses. Dies zeigt sich in aller Deutlichkeit spätestens dann, wenn die Autoren versuchen, sozusagen in umgekehrter Richtung als Freud eine Beziehung zwischen dem Seelenleben des Künstlers und seinen Kunstwerken herzustellen. Die unbestritten vollendeten Kunstwerke und das Verhalten des angeblich schwer Gestörten klaffen in dieser Sicht offenbar unüberbrückbar auseinander. Das Psychoanalytiker-Ehepaar Sterba zum Beispiel, Verfasser einer biographischen Studie über Beethoven in seiner Rolle als Vormund seines Neffens Karl, weiß angesichts dieses Kontrastes einen Rat: Abwarten. Denn die wachsende Erkenntnis der »Ichmechanismen«, die angeblich beides hervorbingen, den Psychopathen wie das Kunstwerk, würde eines fernen Tages noch Licht in das rätselhafte Dunkel bringen.[59] Abwarten ist zwar das Recht und vielleicht sogar die Pflicht des Forschers. Bei einer historischen Gestalt ist diese Haltung jedoch schlicht unsinnig, weil es bei einem abgeschlossenen Leben eben keine Entwicklung mehr geben kann.

Offenbar liegt auch der analytischen Studie über Beethoven und seinen Neffen eine uneingestandene klassizistische Kunstauffassung zugrunde. Weil die Kunstwerke »erhabener« Natur sind, dürfe die Persönlichkeit ihres Schöpfer auch nicht anders sein. Postuliert wird also eine Identität von Kunst und Leben. Die Autoren waren indessen irritiert, da sie gerade das Gegenteil herausgefunden zu haben glaubten: Beethoven sei nämlich ein im Leben »gescheiterter und hemmungsloser Egomane« gewesen. Die psychoanalytische Methode führt hier offensichtlich nicht mehr weiter. Versagt aber eine Theorie, dann wird die Lösung des Problems hoffnungsvoll in die Zukunft projiziert.

Jacques Wildberger, ein zeitgenössischer Komponist, hat auf der Basis der Thesen des besagten Ehepaars versucht, in Beethovens späten Streichquartetten ein musikalisches Spiegelbild der angeblichen psychischen Gestörtheit des Komponisten zu entdecken.[60] Beethoven sei in seiner vermuteten latenten homoerotischen Neigung zu seinem Neffen monomanisch gewesen. Diese seelische Verfassung (»total auf einen einzigen Punkt fixiert«) habe das Spätwerk beeinflußt.

Auch bei dieser »psychographischen« Deutung ist jener Weg, den Freud bei der Interpretation von Kunstwerken beschritten hatte, nicht eingehalten worden. Statt nämlich zuerst einmal das Werk unbefangen zu untersuchen, macht sich der »Psychohistoriker« nicht überprüfbare posthume Befunde zu eigen. Er weiß deshalb wohl schon im voraus, was er finden wird. Die Besonderheiten wie »Kurzatmigkeit und Gehetztheit der Thematik« sind das »Spiegelbild eines Zwangsneurotikers« (nicht aber Merkmale eines Spätstils). Die pervertierte Methode hat auch hier eindeutig in die Irre geführt.

Die »psychoanalytischen« wie die »psychohistorischen« Musikforscher müssen sich fragen lassen, mit welchem Recht sie sich eigentlich auf Freud berufen, wenn sie seine Methode der Kunstbetrachtung in Wahrheit nicht übernehmen.

Noch einmal: Freud wollte sich den Kunstgenuß begreiflich machen. Er versuchte über eine am Werk gemachte Beobachtung die psychische Konstellation des Kunstschöpfenden als den Bezugspunkt zwischen Kunstwerk und Kunstbetrachtung zu erkennen. Freud sah sich aber außerstande, diesen bei anderen Künsten mehrfach beschrittenen Weg auch bei der Musik einzuschlagen. Seine anderweitig erprobte Methode war für ihn in der Musik überhaupt nicht anwendbar. Sicherlich nicht, weil er auf diesem Gebiet »Laie« war, sondern weil der Zugang zu den Quellen einer Komposition offenbar in anderen Schichten zu suchen ist.

Titelblatt und Anfang des dritten Satzes (Primo) der unveröffentlichten Sonate für Klavier zu vier Händen (1790), von »Caspar Beethoven«, dem Lieblingsbruder Ludwig van Beethovens. (Ausschnitte)

*Ludwig Johann van Beethoven (*1839, Wien-Wieden, † zwischen 1890 und 1916 in Paris oder Brüssel), der Großneffe (hier etwa 35 Jahre alt), und sein Söhnchen Karl Julius Maria, der Urgroßneffe des Komponisten. Ludwig Johann van Beethoven, der seine Vornamen nach seinen beiden Großonkeln (dem Komponisten und dem Apotheker) erhielt, war von Beruf, der Reihe nach: freier Journalist; Sekretär des Deutschen Ordens in Wien; (hochstapelnder, wegen Betrugs und Unterschlagung zu einer Gefängnisstrafe verurteilter) Privatier in München; »Managing Director« der NY Commisionaire CO; »Vice Director« der »South Pacific Railway« in den USA; (erwerbsloser) Privatmann in Paris.*

Das Familiengrab auf dem Wiener Zentralfriedhof von Maria Anna Philippina van Beethoven (1846, † 1917), der Witwe Ludwig Johanns, und ihrem Sohn Karl Julius Maria (* 1870, † 1917). Der »letzte Beethoven« beherrschte drei Sprachen und war zunächst in Brüssel, später in Wien, als Journalist für englische und französische Zeitungen tätig. Während des Ersten Weltkrieges diente er in Wien als »Landstürmer des Infanterieregiments des Landsturmbezirks 39«. Seine Mutter war in ihren jüngeren Jahren in den USA eine erfolgreiche Konzertpianistin, die auch Unterricht gab. Das Beerdigungsregister verzeichnet sie jedoch nur als »Ingenieurswitwe«.*

Titelblatt von »Wellingtons Sieg oder die Schlacht bei Vittoria«, op. 91, Wien 1816, bei S. A. Steiner (Klavierauszug von Beethovens Hand). Der Erfolg dieser Schlachtensinfonie – der größte überhaupt, der ihm zeitlebens zuteil wurde – regte Beethoven noch zum Plan eines musikalischen Denkmals der sogenannten Völkerschlacht bei Leipzig, mit nationalen Märschen und römischer Kirchenmusik, an. Er hat dieses Vorhaben jedoch nicht verwirklicht.

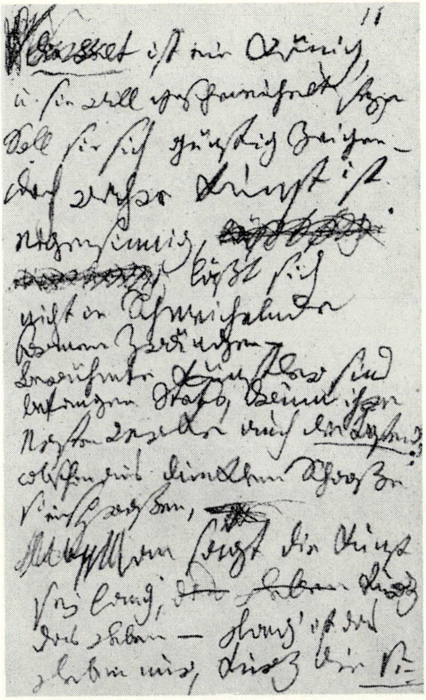

Handschriftliche Zitate Beethovens in deutscher Schrift aus dem Trauerspiel »Herostratos« von Franz Maria von Nell (1794 – 1852) in einemonversationsheft[100], März 1820.
Beethoven hatte die Stellen aus der zeitgenössischen Tragödie (vom antiken geltungssüchtigen Pyromanen aus Ephesos) wahrscheinlich im »Conversationsblatt» gelesen, in dem 1820 Auszüge vorabgedruckt wurden. Ihn interessierten offenbar der Satz »Doch wahre Kunst ist eigensinnig« und der hier verkürzte[101] und variierte Aphorismus des Hippokrates »Das Leben ist kurz, die Kunst ist lang« (Ὁ βίος βραχύς, ἡ δέ τέχνη μακρή), den er sicherlich in der umgestellten deutschen Fassung aus Goethes Faust, Der Tragödie erster Teil. Nacht, kannte (»Wagner: Ach Gott! die Kunst ist lang, Und kurz ist unser Leben.«) und den er jedenfalls in der (ebenso umgestellten) lateinischen Fassung (»Ars longa, vita brevis«) zweimal (1816 und 1824) als Kanon vertonte.[102] Die Handschrift des damals 49jährigen Beethoven hat auf dieser nahezu restlos ausgenutzten Seite in der Zusammenfügung der Buchstaben wie auch in der Aufeinanderfolge der Wörter und Zeilen, einschließlich der Überschreibungen und Ausstreichungen, einen charakteristisch hohen Verbundenheitsgrad.

»Abend«. Kupferstich, 1807. Aus dem graphischen Zyklus »Tageszeiten« (1802/1803) von Otto Philipp Runge (1777–1810). Im Musikzimmer in Goethes Haus in Weimar hingen 1811 die vier Kupferstiche »Morgen«, »Mittag«, »Abend«, »Nacht« des von Goethe hochgeschätzten und im didaktischen Teil seiner »Farbenlehre« zitierten romantischen Malers und Kunsttheoretikers O. Ph. Runge. Für Goethe waren »Kupferstiche überhaupt das Kunstmittel, durch welches Kenner und Liebhaber sich am meisten und bequemsten unterhalten« (Tag- und Jahreshefte, 1806). Während eines solchen Gespräches anläßlich des Betrachtens der Kupferstiche von Runge und angeregt durch das gleichzeitige Anhören einer Klaviermusik von Beethoven fiel der im Titel dieses Buches zitierte Ausspruch von »Sehnsucht und Unruhe in der Musik«.

»Nacht«. Kupferstich, 1807. Aus dem graphischen Zyklus »Tageszeiten« (1802/1803) von Otto Philipp Runge (1777–1810). Die 1811 in Weimar von Kunstfreunden bemerkte Analogie zwischen Runges »Arabesken oder symbolisch allegorischen Darstellungen« (Sulpiz Boisserée) und Beethovens Musik kam nicht von ungefähr. Sie wurzelte in einer konzeptionellen Gemeinsamkeit der beiden Künstler, die gleichermaßen von ausgeprägter Eigenwilligkeit waren. Beide suchten zur gleichen Zeit (zwischen 1801 und 1803) nach neuen Wirkungen in der Kunst. Runge stellte den Menschen ins Zentrum seiner allegorisch programmatischen Arabesken. Beethoven suchte in seinen allegorisch programmatisch konzipierten Werken (der Musik zum Prometheus-Ballett, der »Eroica« [damals als »charakteristische Sinfonie« bezeichnet«, s. Abb. 4] und der »Pastoralsinfonie«) ausdrücklich eine »Wirkung auf's Gemüth« seiner Zuhörer zu erreichen.

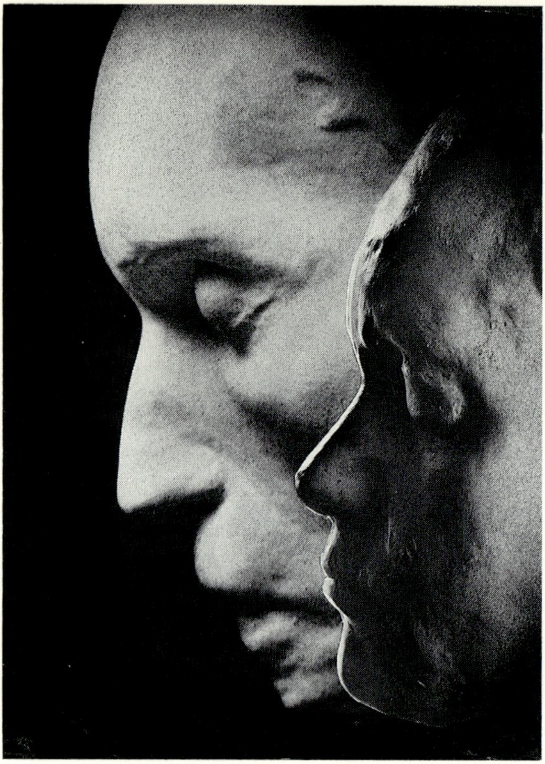

Studie nach der Lebendmaske (im Vordergrund, rechts), abgenommen 1812, von Franz Klein (1779–1836) Bildhauer in Wien, und der Totenmaske (im Hintergrund), abgenommen 1827, zwei Tage nach Beethovens Tod, von Joseph Danhauser (1805–1845), Historien- und Genremaler in Wien.
Beide Masken zeigen gleichermaßen die besondere, von den Zeitgenossen mit einer »Kugel« verglichene Form von Beethovens Stirn, die zeitlebens keine pathologischen Veränderungen aufwies (etwa infolge einer nach James Paget benannten Osteodystropie, wie lange Zeit angenommen wurde). Während die Gesichtszüge der Lebendmaske Vitalität, Energie und Konzentration widerspiegeln, ist die Totenmaske Abbild des ausgezehrten sogenannten Hippokratischen Gesichts[103] bei »chronisch Kranken im Endstadium« (Bankl/Jesserer).

5. Schöpfen aus literarischen Quellen

Beethoven als Satiriker

Beethovens Dankbarkeit gegenüber Tobias Pfeifer, dem ersten beeindruckenden Lehrer aus seinen Kindertagen in Bonn, hatte offenbar Bestand. Dies wird jedenfalls äußerlich durch eine Geldzuwendung bezeugt, die ihm Beethoven viele Jahre später zuteil werden ließ. Sein Verhältnis zu zwei wichtigen Lehrern in Wien ist hingegen in blanken Sarkasmus umgeschlagen. Innerhalb des Generationenproblems zwischen Lernenden und Lehrenden ist Respektlosigkeit eben keinesfalls ausgeschlossen.

Die zur Selbstfindung zweifellos notwendige innere Distanzierung von seinen Lehrern hatte Beethoven nicht nur mit sich allein abgemacht. Er verarbeitete sie in einem Brief zu einer dreiteiligen Kurz-Satire. Die Empfänger, zwei junge Geschäftsfreunde, hatten gerade die Musikzeitschrift »Cäcilia« gegründet. Beethoven forderte sie ohne Umschweife zur Veröffentlichung seiner Satire auf. Die übermütige, gleichwohl gezielte Episode wirft Licht auf Beethovens offenbar lange angestauten Zorn. Gleichzeitig sprechen aus dieser Episode berstende Vitalität und künstlerisches Selbstbewußtsein. Doch gehen wir schrittweise vor.

1824 gründete der Verlag B. Schott's Söhne in Mainz die besagte Zeitschrift. Ein Redaktionsrundscheiben erreichte im selben Jahr auch Beethoven, der sich gerade nach einem anderen Verleger umschaute. Das in der zweiten Generation von Johann Andreas und Johann Josef Schott geleitete Unternehmen mit seinerzeit moderner lithographischer Drucktechnik wurde aufgrund dieser ersten Kontakte auf Anhieb Beethovens neuer Verleger, übrigens sein einunddreißigster und letzter.

Das Haus übernahm zunächst die soeben vollendete Missa solemnis und die Neunte Sinfonie. Wenig später kamen nach und nach weitere Werke hinzu, insbesondere Kammermusik.

Der schriftliche Kontakt mit den beiden Firmenchefs blieb bis zu Beethovens Lebensende bestehen und war von Anfang an sehr offenherzig und geradezu freundschaftlich. Beethoven hatte großes Zutrauen zu Schott gewonnen. Seine Honorarforderungen von eintausend Gulden für die Messe und sechshundert Gulden für die Neunte wurden akzeptiert; damit war das Verlagshaus allerdings an die Grenze seiner Belastbarkeit gegangen. (Beethovens Missa solemnis kostete das Unternehmen etwa das vierfache Jahreseinkommen des Notenstechers.)

Beethoven hatte an der Zeitschrift »Cäcilia« seine Freude. Er las sie später noch zur Zerstreuung auf dem Krankenbett. Dem Redakteur der Zeitschrift, Gottfried Weber, einem namhaften Theoretiker aus der Kurpfalz, wollte er vertrauensvoll das Korrekturlesen der Notenstiche übertragen. Kurzum, die »Cäcilia« hatte es Beethoven angetan. In einem Geschäftsbrief vom 22. Januar 1825 schickte er in der Anlage nicht nur ein paar neue Kanons zur Veröffentlichung in dieser Zeitschrift, sondern außerdem eine dreiteilige »Romantische Lebensbeschreibung des Tobias Haslinger«. Was hatte Beethoven bewogen, sich bei Schott's Söhnen jetzt auch noch als Textautor zu versuchen? Zunächst einmal wollte er die soeben geknüpften Kontakte noch weiter ausbauen. Er liebäugelte mit einer Gesamtausgabe seiner Werke und zwar gegen ein Pauschalhonorar. Bei diesem Gedanken geriet er geradezu ins Schwärmen: »Wer weiß welche große Verbindung noch zwischen uns stattfinden kann« (1824).

Beethoven stellte sogar in Aussicht, zu jeder »Gattung von Werken wie z. B. Sonaten, Variationen etc.« noch ein neues Werk hinzu zu komponieren. Im Anschluß an diese allerdings kaum machbaren Kompositionspläne, die er allein schon aus Zeitgründen nicht hätte verwirklichen können, bot er dem Hause Schott den besagten Zeitschriftenbeitrag an, also zwei Kanons und die Romantische Lebensbeschreibung.

Bei einem Kanon handelt es sich um eine musikantisch humoristische Huldigung an E. T. A. Hoffmann: »Hoffmann sei kein Hofmann«, die er 1820 in Wien wahrscheinlich in der

Weinstube Selig aus dem Stegreif niedergeschrieben hatte. (s. Abb. 6, Seite 151.) Dies war eine kleine Gegenleistung an den Dichter, der Beethoven schon wiederholt öffentlich Anerkennung gezollt hatte, in Rezensionen neuer Werke, in Abhandlungen, in Stammbucheintragungen und insbesondere in seinen Dichtungen »Phantasiestücke in Callots Manier« und »Der Dichter und der Komponist«. Beethoven fühlte sich von E. T. A. Hoffmann verstanden, produzierte nicht nur den Stegreif-Kanon, sondern schrieb ihm obendrein einen sehr warmherzigen Dankesbrief.

Die Nähe zwischen dem Kanon auf E. T. A. Hoffmann und der »Romantischen Lebensbeschreibung des Tobias Haslinger«, einer dreiteiligen Satire, ist sicherlich kein Zufall. Denn im Kern handelt sie von typisch romantischer Schul- und Regelfeindlichkeit, die eindeutig auf das Vorbild bei E. T. A. Hoffmann verweist.

1813 war in der »Allgemeinen Musikalischen Zeitung« Hoffmanns Schrift »Der Dichter und der Komponist« veröffentlicht worden. Beethoven dürfte als Leser dieses Fachblatts den Text gekannt haben, zumal die Person des Komponisten dort seinen Vornamen erhalten hat. (Den Spendenaufruf zugunsten der letzten überlebenden Tochter Bachs hatte er seinerzeit, wie schon erwähnt, auch aus dieser Quelle erfahren.)

Eine Stelle von ziemlich unverhohlener Theoriefeindlichkeit sprach dem ehemals »so eigensinnigen und selbstwollenden« Schüler Haydns und Albrechtsbergers sicherlich aus dem Herzen:

»Ludwig: Wenn du unter musikalischen Kenntnissen die sogenannte Schule der Musik verstehst, so bedarf es deren nicht, um richtig über das Bedürfnis der Komponisten zu urteilen: denn ohne diese kann man das Wesen der Musik so erkannt haben und in sich tragen, daß man in dieser Hinsicht ein viel besserer Musiker ist als der, der im Schweiße seines Angesichts die ganze Schule in ihren mannigfaltigen Irrgängen durcharbeitend, die tote Regel wie den selbstgeschnitzten Fetisch als den lebendigen Geist verherrlicht, und den dieser Götzendienst um die Seligkeit des höheren Reiches bringt.«

E. T. A. Hoffmann, der romantische Universalkünstler par excellence, der wahrscheinlich selbst kaum wußte, welches seiner Talente das gewichtigste war, das zeichnerische, das musikalische oder das dichterische (das juristische ist wohl nicht so von Belang), war jedenfalls ein genialer Musik-Experte. Er konnte die handschriftliche Partitur von Beethovens c-Moll-Sinfonie, welche die Verleger Breitkopf & Härtel ihm zur Rezension übersandten, beim ersten Lesen innerlich klingen hören – und zwar bevor sie uraufgeführt wurde – und ihren innovatorischen Charakter allein schon aufgrund ihres technischen Schwierigkeitsgrades erkennen. Dieses Werk bedürfe nämlich eines Dirigenten, weil seine komplexe Struktur nicht mehr wie üblich bloß vom Pult des Konzertmeisters geleitet werden könne, schreibt E. T. A. Hoffmann in der »Leipziger Allgemeine Musikalische Zeitung«.[61]

Dennoch läßt dieser Experte von Rang seinen Komponisten »Ludwig« sagen, daß der bessere Musiker überhaupt keiner Schule bedürfe, welche nur tote Regeln als Fetisch verherrliche und durch solchen Götzendienst letztlich die Geistigkeit verfehle. Natürlich spricht hier nicht der Komponist Ludwig, sondern der erzromantisch theoriefeindliche Dichter, der gleichwohl selbst komponierte, übrigens auch einige sehr gelungene Werke, die bis heute überlebt haben.

Beethoven hat dieses literarische Muster offensichtlich aufgegriffen und für seinen persönlichen Gebrauch in Details verdichtet. Dasselbe Vorgehen finden wir bereits beim sogenannten Heiligenstädter Testament und bei der Bearbeitung von Schillers Ode an die Freude.

Die Satire ist in den Rahmen einer Lebensbeschreibung des Tobias Haslinger eingebettet, eines Musikers und Teilhabers des Verlagshauses S. A. Steiner. Haslinger, der auch Kammermusik komponierte, hatte von Beethoven eine ganze Reihe größerer Werke verlegt (sechs Sinfonien, das Violinkonzert, vier Klavierkonzerte, zwei Ouvertüren). Er unterhielt in der Paternostergasse in Wien einen geschmackvoll eingerichteten Laden, der großen Zulauf fand. Inzwischen war er aber bei Beethoven hoffnungslos in Ungnade gefallen, vermutlich wegen Geldangelegenheiten. Beethoven hielt nun nach einem neuen Verleger Ausschau. Wie wir schon wissen, kam es dabei zu der Verbindung, die sich gut anließ. Doch hatte ihm Haslinger offenbar aus Neid abgeraten, sich nach Mainz zu wenden. Dies aber wollte Beethoven ihm durch die Veröffentlichung der satirischen Lebensbeschreibung boshaft heimzahlen. Die Verleger sollten allerdings bei Haslinger die Genehmigung zum Abdruck noch einholen. Nur knapp zwei Wochen nach seinem ersten Schreiben wiederholt Beethoven seine Aufforderung an Schott's Söhne, sich von Tobias Haslinger die Genehmigung wegen der Lebensbeschreibung zu erbitten, wobei er hinzufügt, daß dieser Spaß genau das Richtige für den Umgang mit einem solchen »Wiener ohne Herz« sei. Keine Frage, Beethoven nimmt Haslinger hier schonungslos aufs Korn, und die ›Biographie‹ zielt natürlich zunächst auf die Hauptfigur, seinen ehemals befreundeten, gelegentlich als »Adjutanterl« apostrophierten Kollegen. Doch ist auch nicht zu übersehen, daß die »Lebensbeschreibung« in ihrem Kern noch eine weitere Satire enthält, die auf die Kontrapunktlehre von Fux und die Fugenrezepte von Albrechtsberger gerichtet ist. Beethovens Geschäftsbrief an Schott's Söhne vom 22. Januar 1825 wurde in einer wohl von Gottfried Weber subtil redigierten Fassung in der »Cäcilia«, Jahrgang 1825, April, zweiter Band, Heft 7, Seite 205 und Seite 206, einschließlich der faksimilierten Unterschrift abgedruckt (s. Abb. 5 u. 6).

Beethoven hatte in der Komposition längst eigene Wege erfolgreich beschritten. Aber der Trotz aus seinen Studienjahren war ihm immer noch nicht vergangen. Mehr als dreißig Jahre nach seiner Wiener Lehrzeit schrieb er sich nämlich mit dieser Satire seine angestaute Verachtung gegen seine »väterlichen« Lehrer von der Seele. Sein Sarkasmus richtet sich ziemlich unverhohlen gegen jenen didaktischen Stoff, der ihm offensichtlich zeitfremd und verfehlt erschien. Albrechtsberger, wie Haydn bereits 1809 verstorben, wird also posthum als Lehrer der Übertreibung beschuldigt (»die Wechselnoten aufs äußerste auseinandergesetzt«) und des Artifiziellen geziehen (»die Kunst, musikalische Gerippe zu erschaffen«). Aber auch

Kanons

nebst

Erwähnung ihrer Veranlassung

von

Ludwig van Beethoven.

Mit Vergnügen übergebe ich hier der *Cäcilia* und ihren Lesern einige Kanons, die ich als Beilagen einer humoristisch-romantischen Lebensbeschreibung des hiesigen Herrn Tobias Hasslinger geschrieben, welche, in drei Theilen, nächstens erscheinen soll.

Im ersten Theile findet sich Tobias als Gehülfe des berühmten sattelfesten Capellmeisters Fux, und hält die Leiter zu dessen *Gradus ad Parnassum.* Da er nun zu Schwänken aufgelegt, so bewirkt er, durch Rütteln und Schütteln der Leiter, dass Mancher, der schon ziemlich emporgestiegen, jählings den Hals bricht, u. dgl. —

Nun empfiehlt er sich unserm Erdenklumpen, und kommt, im zweiten Theil, zu den Zeiten Albrechtsbergers wieder ans Tageslicht. Die schon vorhandene Fuxische *nota cambiata* wird nun gemeinschaftlich mit Albrechtsberger behandelt, die Wechselnoten aufs äusserste auseinandergesetzt, die Kunst musikalische Gerippe zu erschaffen, wird aufs Höchste getrieben, u. s. w. —

Tobias spinnt sich dann neuerdings als Raupe ein, und entwickelt sich im dritten Theil, um zum drittenmal auf dieser Welt zu erscheinen. Die kaum erwachsenen Flügel eilen dem Paternostergässchen zu, er wird paternostergässle-

Abb. 5: *Die im Verlag der Hof-Musikhandlung B. Schott Söhne unter der Redaktion von Gottfried Weber herausgegebene Musikzeitschrift »Cäcilia« hatte von 1824–1839 den folgenden Gesamttitel, durch den sich Beethoven vielleicht zu einer Mitarbeit angesprochen fühlte: »Cäcilia, eine Zeitschrift für die musikalische Welt, herausgegeben von einem Vereine von Gelehrten, Kunstverständigen und Künstlern«.*

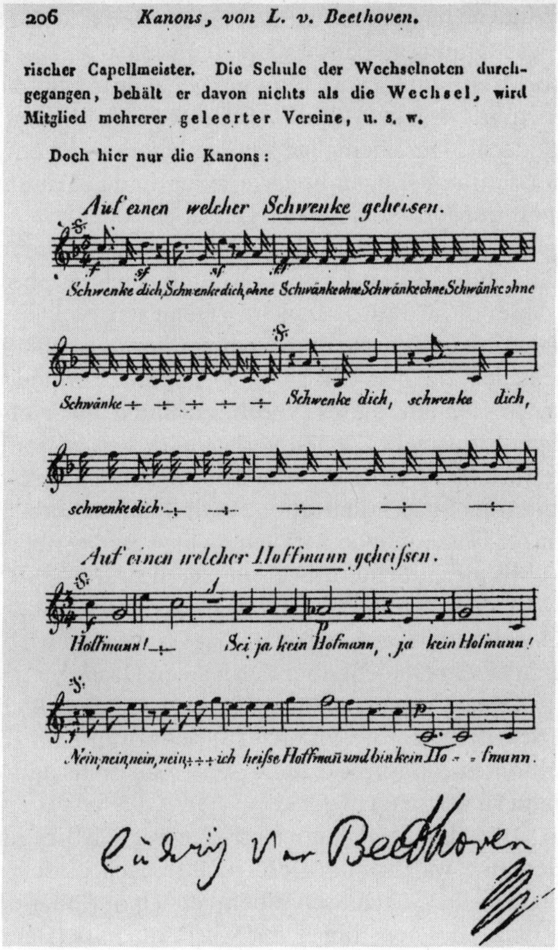
206 *Kanons, von L. v. Beethoven.*

rischer Capellmeister. Die Schule der Wechselnoten durchgegangen, behält er davon nichts als die Wechsel, wird Mitglied mehrerer geleerter Vereine, u. s. w.

Doch hier nur die Kanons:

Abb. 6: *Die in der »Cäcilia« erstmals veröffentlichten Scherzkanons, WoO 187, und WoO 180, erhielten auf Beethovens ausdrücklichen Wunsch ähnliche (in die Gesamtausgabe seiner Werke indessen nicht aufgenommene) Titel, die sich nur durch die Namen unterscheiden. Offenbar schätzte Beethoven beide Adressaten gleichermaßen hoch: Carl Schwencke (*1797, † nach 1879), ein reisender Konzertpianist und origineller Komponist aus Hamburg, der zeitweilig in Nußdorf, bei Wien, lebte, und E. T. A. Hoffmann (*1778, †1822), der gewissermaßen sein Tondichterkollege war.*

Haydn, obwohl namentlich nicht genannt, wird indirekt als Benutzer des »Gradus ad Parnassum«, der seinen Schüler mit der immerfort tradierten »Nota Cambiata« belehrte, mit dem beißenden Spott des inzwischen dreiundfünfzigjährigen Beethoven bedacht. Der ehemalige Schüler hatte seine Lehrer mittels einer satirisch spitzen Feder erledigt und auf diese Weise das Generationsproblem für sich gelöst.

Ein gedruckter Text jedoch sieht bekanntlich immer etwas anders aus als ein Manuskript. Das mußte auch Beethoven erfahren, als er diese Satire versuchte. Denn als er seinen Text in dem zugesandten Zeitschriftenexemplar vor Augen hatte, war er über seinen eigenen Ulk ziemlich erschrocken und bekam Gewissensbisse, mit dieser Veröffentlichung doch etwas zu weit gegangen zu sein. Zuerst vertraute er sich in ironischem Ton brieflich Karl Holz an, seinem befreundeten ständigen Mitarbeiter bei Streichquartetten: »Mit Staunen höre ich, daß die Mainzer Gassenbuben wirklich meinen Scherz mißbraucht haben!« Mit dieser Schuldzuweisung an die Adresse der sonst so umworbenen Verleger noch nicht genug, erfindet Beethoven eine durchsichtige Ausrede. Das Ganze sei doch bloß als Vorlage zu einem Gedicht über den Namen Haslinger gedacht, das Ignaz Franz Castelli (1781–1862) – ein von ihm geschätzter Wiener Schriftsteller, dessen »1000 Sprichwörter« ihn als mögliche Kanontexte interessierten – schreiben solle und das er selbst dann zu vertonen gedenke:

»Es ist abscheulich; ich kann nur beteuern, daß dies gar nicht mein Gedanke war, sondern ohngefähr: nach diesem Witze sollte Castelli ein Gedicht schreiben, jedoch nur über den Namen des musikalischen Tobias, mit Musik von mir« (Beethoven an Karl Holz, 10. August 1825).

Dies war jedoch nur ein privates Bekenntnis gegenüber einem Freunde. Beethoven mußte mit seinem Sinneswandel wohl oder übel auch noch an die Öffentlichkeit gehen. Deshalb schrieb er drei Tage später an die Verleger Schott. Um nämlich zu verhindern, daß sein beißender Spott als Beleidigung verstanden würde, machte er einen Rückzieher. Er dementierte. Die Publikation habe er nicht gewollt, schrieb er jetzt nach

Mainz, und fügte noch hinzu, nie habe er sich träumen lassen, daß seine Privatkorrespondenz zu einer Veröffentlichung mißbraucht würde. (Dabei hatte er die Veröffentlichung in Mainz sogar angemahnt!) Dennoch behauptete er jetzt, das Ganze sei nur ein Entwurf, überhaupt lediglich ein Scherz gewesen und – um eine weitere Ausrede nicht verlegen – letztlich durch seine unleserliche Handschrift mißverstanden worden.

Beethoven war also durch seinen eigenen Übermut offensichtlich in Bedrängnis geraten. Der Brief wurde übrigens nicht von ihm selbst niedergeschrieben, sondern von ihm diktiert. Die Gebrüder Schott, die Empfänger, meinten die Handschrift Tobias Haslingers erkannt zu haben, der ihr Verleger-Kollege war. Diese Möglichkeit würde gut zu Beethovens plötzlichem Sinneswandel passen. Denkbar ist nämlich, daß Haslinger, der als Musikalienhändler und Verleger sicherlich die Zeitschrift »Cäcilia« zugeschickt bekam, nach der Lektüre dieser Satire bei Beethoven protestierte. Wie spätere Briefe zeigen, brauchte Beethoven den verspotteten Kollegen auch weiterhin, den er jetzt übrigens als seinen geachteten Freund bezeichnete. Von Beethovens eigener Hand war nur die Nachschrift dieses Briefes: »Ich rechne ganz sicher darauf, daß dieser Aufsatz sogleich in die Cäcilia eingerückt würde.«

Das Dementi ist jedoch nie gedruckt worden. Aus gutem Grund, denn Beethovens Argumente sind kaum überzeugend, zumal er die Veröffentlichung nicht nur einmal erbeten hatte, sondern auch, wie erwähnt, in einem zweiten Brief wiederholte. Hinzu kam, daß der Redakteur der »Cäcilia«, Gottfried Weber (1779–1839), nicht zu den Bewunderern Beethovens zählte. Das beruhte vielleicht auf Gegenseitigkeit. Beethoven hatte Weber jedenfalls einmal in einer etwas derb ironischen Briefstelle an die Gebrüder Schott als »recensierenden Ober-Appelations = Rath« betitelt (28. Januar 1826).

Gottfried Weber unterstützte in freundschaftlicher Zuneigung Carl Maria von Weber – in gewisser Weise Beethovens Rivale –, der zeitweise in Mannheim bei ihm wohnte und dort zusammen mit ihm und Meyerbeer einen »Harmonischen Verein« gründete und auf gemeinsamen Ausflügen ins Neckartal bei Zwingenberg erstmals mit der phantastischen Welt des Freischütz in Berührung kam.

Gottfried Weber, also ein Freund der Romantik und offensichtlich kein ausgesprochener Anhänger des Klassizisten Beethoven, sollte auf dessen besonderen Wunsch auch das Korrekturlesen der Notenstiche übernehmen. Den Gebrüdern Schott konnte das nur gelegen sein. Sie wollten natürlich um jeden Preis den illustren Komponisten als Zugpferd für ihr Haus behalten. Aber Gottfried Weber fühlte sich ausgenutzt und setzte sich zur Wehr. Wütend notierte er auf den Rand eines von Beethovens Bruder Johann geschriebenen Geschäftsbriefes seine Ablehnung: »Die Correctur kann ich unmöglich übernehmen, und habe keine Lust Hrn. Beethovens Corrector zu werden. Verfluchte Zumuthung von dem Hansnarr!«[62]

Beethovens brieflicher Rückzieher bezieht sich jedoch eigentlich nur auf seinen spöttischen Angriff gegen Haslinger, insbesondere auf den etwas schwachen Wortwitz ›geleert‹. Von der deftigen Kontrapunkt-Satire hingegen ist in dem Widerruf gar nicht die Rede. Diese innere Satire wird also im Grunde nicht zurückgenommen. Vielleicht war Beethoven in diesem Punkt auch weiterhin der Meinung, daß weder Haydn, der offensichtlich etwas zu großzügig verfuhr, noch Albrechtsberger, der eher pedantisch war, ihm in seinen jungen Jahren didaktisch das hatten bieten können, wonach es ihn verlangte.

Ferdinand Ries berichtet, daß Beethoven manches erst durch harte Erfahrung habe lernen müssen, was er früher im Unterricht nie annehmen wollte. Aber eben dieser Umweg (den natürlich auch andere Komponisten gegangen sind) war offenbar unvermeidbar.

Die Probleme hingen aber sicherlich nicht nur mit dem Generationsunterschied zusammen. Sie sind auch in Beethovens Verhältnis zur Tradition begründet. Er wollte überlieferte Formen nicht ohne weiteres übernehmen, sondern allenfalls als Vehikel für neue Inhalte verwenden. Beethoven schuf zumindest als sogenannter Bildungsmusiker keine autonomen Kunstwerke, die konzeptuell nur sich selbst genügen. Vielmehr hat er die Musik oft mit literarischen Formen und Inhalten verquickt.

An dieses neue Kunstverständnis gemahnt ein Auspruch, den Karl Holz, der befreundete Geiger, uns überliefert hat: »Eine Fuge zu machen, ist keine Kunst, ich habe deren zu Dutzenden in meiner Studienzeit gemacht. Aber die Phantasie will auch ihr Recht behaupten, und heut zu Tage muß in die althergebrachte Form ein anderes, ein wirklich poetisches Element kommen«.[63] In diesem Ausspruch steckt auch Kritik. Beethoven sah die Gefahr des Historismus, der ihm keine Möglichkeit schöpferischer Entfaltung bot. Kontrapunktischer Stil ohne inhaltliche Erneuerung erschien ihm offensichtlich kontraproduktiv. Außerdem waren Ende des 18. Jahrhunderts auch die konventionellen Gattungen durch Routine bedroht.

Haydn schrieb weit über hundert Sinfonien. Die meisten stehen in der streicherfreundlichen Tonart D-Dur. Beethoven hat seinen Anspruch, dem Traditionellen neue Prägung zu geben, insbesondere in Orchesterwerken eingelöst. Hierzu zählen die Musik zum Prometheus-Ballett, die »Eroica«, die »Pastorale« und die Neunte Sinfonie. Doch ohne seinen permanenten Umgang mit der klassischen und zeitgenössischen Literatur ist die Entstehung dieser Werke kaum denkbar.

Ein Werther-Brief aus Heiligenstadt

Beethovens sogenanntes Heiligenstädter Testament vom Oktober 1802 ist in der biographischen Literatur als vermeintlicher Abschiedsbrief eines potentiellen Selbstmörders gründlich mißverstanden worden. Bei näherem Hinsehen entpuppt sich das angeblich juristische Dokument nämlich als ein intimes Selbstgespräch, das schon wegen seines teilweise fragmentarischen Charakters wohl kaum an Außenstehende gerichtet ist, sondern zweifellos der skrupulösen Selbsterforschung des Schreibers dient. Beethoven grübelt in diesem Brief über seine zunehmende Behinderung als Schwerhöriger in der Gesellschaft und in seinem Beruf. Er bringt in den Brief-Monolog auch fremde Erlebnismuster ein, macht Anleihen bei einem Briefroman der Weltliteratur.

Unter solchem Blickwinkel ist das Dokument ein Beispiel für Beethovens enges Verhältnis zur Literatur, die ihm neben der römisch-katholischen Liturgie, der Philosophie und den zeitgenössischen Dramen eine wichtige Bezugsquelle für seine Ideen als innovatorischer Komponist war. Doch als eine private innere Zwiesprache ist dieser Brief kaum für fremde Ohren gedacht.

Das Dokument wurde auch von Interpreten mißverstanden. Sie benutzten den Heiligenstädter Brief gewissermaßen als Requisit zur Einstimmung auf Beethovens Musik, um den Komponisten in entsprechenden Auszügen klischeehaft als Heros im Kampf mit dem Schicksal erscheinen zu lassen. In solcher Absicht hat die Pianistin Elly Ney an ihren Beethoven-Abenden während des Zweiten Weltkrieges wiederholt Auszüge aus dem Dokument zitiert. Der gesamte Text wurde mittlerweile mit professionellen Sprechern auf Tonträger produziert, die unter anderem als Anschauungsmaterial für den Unterricht an allgemeinbildenden Schulen im Handel sind.

Jedermann hat natürlich zu Recht Zugang zu Beethovens Reliquien. Aber nicht jedes ursprünglich private Dokument ist für die Öffentlichkeit bestimmt, noch für eine kommerzielle Vervielfältigung ohne adäquate Kommentare geeignet.

Das Mißverständnis um das Heiligenstädter Dokument beruht vor allem auf der Verkennung der verschiedenen Ebenen dieses Briefes. Sie sind nämlich nur zu einem geringen Teil real, zu einem großen Teil aber poetisch zu verstehen. Eine dritte, sozusagen dazwischen liegende Ebene ist fiktiv, was in gewisser Weise auch auf eine literarische Form des Briefes deutet.

Ein weiteres Mißverständnis birgt die bei Experten wie Musikfreunden vorhandene Neigung, Beethovens Werke in jedem Falle unter Zuhilfenahme eines biographischen Schlüssels erklären zu wollen.

Der Brief aus Heiligenstadt bestätigt kaum das Klischee vom Heros. Er zeugt aber von einem literarisch gebildeten Beethoven. Eine Rückbesinnung auf die von ihm benutzten Quellen kann zu einem besseren Verständnis des Briefes verhelfen. Doch zunächst ist noch zu fragen, ob für Beethoven selbst überhaupt Beziehungen zwischen Ereignissen im täglichen Leben und seinen Werken bestanden.

Beethoven konnte seelischen Kummer, der ihn bedrückte, offenbar genau bestimmen. Er ließ sich zum Beispiel durch den Verlust ihm Nahestehender stark erschüttern. Der Tod seines aus Bonn stammenden Freundes Salomon schmerzte ihn sehr. Und der Tod seines Bruders Karl, den er lange Zeit hatte leiden sehen, überwältigte ihn so, daß er in Depressionen verfiel, was auch Auswirkungen auf sein Komponieren hatte:

»Ich war mehrere Zeit hindurch nicht wohl; der Tod meines Bruders wirkte auf mein Gemüt und auf meine Werke« berichtete er seinem Schüler Ferdinand Ries (28. Februar 1816).

In diesen Fällen handelte es sich allerdings um psychisches Leid, das aus seinen zwischenmenschlichen Beziehungen herrührte. Doch im Unterschied zu solchen Erschütterungen hat der durch sein Gehörleiden bewirkte psychische Druck Beethovens musikalische Produktivität offenbar nur wenig tangiert.

Allerdings fühlte er sich in seinem ausgeprägten rheinländischen Hang zur Geselligkeit behindert. In einem Brief an den Jugendfreund Amenda, dem Beethoven seine Erkrankung als erstem anvertraute, lesen wir: »bei meinem Spiel und Komposition macht mir mein Übel noch am wenigsten, nur am meisten im Umgang« (1. Juni 1801).

Beethovens Gehörleiden war wohl in seinem achtundzwanzigsten Lebenjahr zuerst aufgetreten und seither weiter fortgeschritten. Doch sogar elf Jahre nach seinem Bericht an Amenda, als die Taubheit fraglos schon erheblich zugenommen hatte, beobachtete Goethe noch dieselben ungleichen Auswirkungen, daß nämlich der Verlust des Gehörs weniger dem Musiker als dem geselligen Beethoven schadete.[64]

Allerdings ging Beethoven dann doch ein wichtiger Teil seiner musikalischen Persönlichkeit verloren. Denn er mußte sein öffentliches Klavierspiel zunehmend einschränken und schließlich ganz aufgeben. Für sich selbst hat er aber noch lange weitergespielt. Zuletzt versuchte er mit Hilfe eines selbstgeschnitzten Holzstäbchens, das er zur Übertragung der Schwingungen an einem Ende zwischen seine zusammengebissenen Zähne nahm, am anderen Ende zwischen den Deckel und das Gehäuse seines Instrumentes klemmte, ein paar Klangfetzen zu vernehmen. Das war insofern doppelt schwierig, als sein Spiel inzwischen ohnehin sehr brüchig geworden war. Beethoven hat jedoch trotz seines permanent sich verschlimmernden Gehörleidens unvermindert weiter komponiert, wobei sich sein besonderer, auf ein bestimmtes Ziel (»immer einfacher«) gerichteter Fleiß noch ständig steigerte. Sein Schreiben war lebenslang im Grunde durch nichts in der Welt zu verhindern.

Seine Reizbarkeit allerdings, die sich manchmal heftig gegen seine Mitmenschen kehrte, ist ohne jeden Zweifel auf den Streß zurückzuführen, unter welchem er seit der Verschlimmerung seines Gehörleidens stand. Hiervon ist auch in dem sogenannten Heiligenstädter Testament die Rede. Dieser Teil gehört der realen Ebene an. Dennoch finden sich auch dort Elemente der poetischen Ebene. Zunächst fällt eine unüberhörbar emfindsame Sprache auf:

»aber welche Demüthigung wenn jemand neben mir stund und von weitem eine flöte hörte und *ich nichts* hörte; oder jemand *den Hirten Singen hörte*, und ich auch nichts hörte, solche Ereignisse brachten mich nahe an Verzweiflung, es fehlte wenig, und ich endigte selbst mein Leben – nur sie die Kunst, sie hielt mich zurück, ach es dünkte mir unmöglich, die welt eher zu verlassen, bis ich das alles hervorgebracht, wozu ich mich aufgelegt fühlte, und so fristete ich dieses elende Leben – wahrhaft elend; einen so reizbaren Körper, daß eine etwas schnelle Veränderung mich aus dem Besten Zustande in den schlechtesten versezen kann.«

In diesem Abschnitt fällt bereits auch ein wichtiges Stichwort: »es fehlte wenig, und ich endigte selbst mein Leben.« Doch der Schlüssel zu der von Beethoven benutzten literarischen Vorlage ist unschwer in der Nachschrift des Briefes zu finden, die in einer phonetischen Schreibweise des Ortsnamens Beethovens rheinländischen Akzent widerspiegelt:

»Heiglnstadt am 10ten Ocktober 1802 so nehme ich den Abschied von dir – und zwar traurig – ja die geliebte Hoffnung – die ich mit hierher nahm, wenigstens bis zu einem gewissen

Punckte geheilet zu sejn – sie muß mich nun gänzlich verlassen, wie die Blätter des Herbstes herabfallen, gewelckt sind; so ist – auch sie für mich dürr geworden, fast wie ich hierher kam – gehe ich fort – selbst der Hohe Muth – der mich oft in den schönen Somertägen beseelte – er ist verschwunden – . . . – o Vorsehung – laß einmal einen reinen Tag der *Freude* mir erscheinen – so lange schon ist der wahren Freude inniger Widerhall mir fremd – o wann – o wann o Gottheit – kann ich im Tempel der Natur und der Menschen ihn wider fühlen, Nie? – nein – o es wäre zu hart.«

Kein Zweifel, Beethoven hat hier mit jeder Zeile und jedem Bild Goethes Briefroman »Werther« paraphrasiert und sich angeeignet. Seine Umstellungen der ausgewählten Vorbilder zeigen, daß er »Die Leiden des jungen Werthers« wie die meisten Gebildeten seines Zeitalters sehr genau kannte. Die Originalstellen sind trotz Beethovens Anverwandlungen immer noch zu erkennen. Ihre Lokalisierung verschafft uns die Möglichkeit nachzuvollziehen, wie Beethoven hier das von einem gesundheitlichen Problem bestimmte Selbstgespräch über weite Strecken mit Hilfe von literarischen Mustern führte.

Ähnlich wie manchmal beim Komponieren hat er sich Versatzstücke aus den verschiedensten Teilen der Vorlage ausgewählt und sie eines nach dem anderen zu eigenen Aussagen zusammengefügt. Wenn es ihm notwendig schien, baute er die Texte auch um. Unverändert hat Beethoven von Goethe das Stilmittel der empfindsamen Sprache und der Naturverbundenheit Werthers übernommen. Verändert hat er die negative Seite des Helden, der bei Goethe im Konflikt zwischen seiner empfindsamen Individualität und den starren Normen einer bürgerlichen Gesellschaft zur Verzweiflung bestimmt, im Selbstmord enden mußte. Bei Beethoven verhält es sich entgegengesetzt. Die Übernahme des im Heiligenstädter Brief mehrfach zitierten Selbstmordmotivs dient immer nur der Bestätigung seines Lebenswillens und seiner Zielsetzung als Komponist:

». . . die Kunst, sie hielt mich zurück, ach es dünkte mir unmöglich, die welt eher zu verlassen, bis ich das alles hervorgebracht, wozu ich mich aufgelegt fühlte.«

Doch jetzt zur Herkunft der von Beethoven benutzten Muster. Goethes Werther-Figur ist stimmungsmäßig mit der Natur im Gleichklang gezeichnet, woraus sich eine natürliche Kontrastierung ergibt. Der Frühling stimmt ihn heiter, der Herbst düster. An einem düsteren Herbsttag kommt Werther von einem Landaufenthalt in die Stadt zurück. So hoffnungslos, wie er fortgegangen war, kehrte er auch wieder heim. Während dieses Aufenthaltes auf dem Lande hatte er einen depressiven Bauernjungen getroffen, den er aber trotz dessen geistiger Verwirrung (er glaubte mitten im Winter im Freien Blumen pflücken zu können) um seine verrückte Hoffnung beneidete. Werther erkennt hier alles in allem sein Spiegelbild. Aber er selbst ist ohne Hoffnung: »Und ich – und ich gehe ohne Hoffnung, ohne Zweck heraus und kehre wieder heim, wie ich gekommen bin« (Werther, Zweites Buch, 30. November « [1772]).

Beethoven kündigt in der Nachschrift zum Brief aus Heiligenstadt seine Rückkehr nach Wien an. Er nimmt Abschied und läßt die Hoffnung auf Heilung seiner Krankheit ganz zurück: »Heiglnstadt am 10ten Ocktober 1802 so nehme ich den Abschied von dir – und zwar traurig – ja die geliebte Hoffnung – die ich mit hierher nahm, wenigstens bis zu einem gewissen Punckte geheilet zu sejn – sie muß mich nun gänzlich verlassen.«

Natürlich könnte die weitgehende Übereinstimmung dieses Satzes mit der entsprechenden Stelle aus Werther zunächst einmal als Zufall angesehen werden. Aber wenn wir weiter lesen, wird Beethovens Werther-Paraphrasierung deutlicher. Beethoven wiederholt die Schilderung seiner Gemütsverfassung beim Abschied vom Landaufenthalt und übernimmt diesmal Goethes kontrastierende Werther-Stimmung, die den Jahreszeiten entspricht:

»wie die Blätter des Herbstes herabfallen, gewelckt sind; so ist – auch sie für mich dürr geworden, fast wie ich hierher kam – gehe ich fort – selbst der Hohe Muth – der mich oft in den schönen Somertägen beseelte – er ist verschwunden –.«

In Goethes Briefroman erscheinen diese Stimmungsbilder in der Chronologie der Jahreszeiten. Beethoven verläßt Heiligenstadt im Herbst. In seiner Werther-Paraphrase muß er deswegen eine Umstellung vornehmen und das entsprechende herbstliche Bild zuerst aufgreifen und danach, in der Erinnerung an schönere Zeiten, die freundlichere Jahrezeit anführen.

Die Herbststimmung ist ziemlich wörtlich von Goethe übernommen: »Ja, es ist so. Wie die Natur sich zum Herbste neigt, wird es Herbst in mir und um mich her. Meine Blätter werden gelb, und schon sind die Blätter der benachbarten Bäume abgefallen« (Werther, Zweites Buch, 4. September [1772]).

Außerdem gibt es bei Goethe dieses Bild: »Die Zeit meines Welkens ist nahe, nahe der Sturm, der meine Blätter herabstört« (Werther, Zweites Buch, Ende Dezember [1772]).

Das heitere Stimmungsbild hat Beethoven ebenfalls dem Goethe-Text nachgestaltet. Bei Goethe heißt es: »Eine wunderbare Heiterkeit hat meine ganze Seele eingenommen, gleich einem Frühlingsmorgen, die ich mit ganzem Herzen genieße« (Werther, Erstes Buch, 10. Mai [1771]). Beethoven variiert die Vorlage folgendermaßen: »selbst der Hohe Muth – der mich oft in den schönen Somertägen beseelte – er ist verschwunden –.«

Auch der Schluß von Beethovens Nachschrift ist eine Werther-Paraphrase. In Goethes schon erwähntem düsteren November-Brief wendet sich »Werther« angesichts seiner Betroffenheit über das Los des verwirrten Bauernburschen an Gottvater: »O Gott! Du siehst meine Tränen!... das Vertrauen zu einer heilenden Wurzel, zu den Tränen des Weinstocks, was ist es als Vertrauen zu dir, daß du in alles, was uns umgibt, Heil- und Linderungskraft gelegt hast, der wir so stündlich bedürfen? Vater! den ich nicht kenne! Vater der sonst meine ganze Seele füllte und nun sein Angesicht von mir gewendet hat! rufe mich zu dir! schweige nicht länger!« (Werther, Zweites Buch, 30. November [1772]) Beethoven variiert diese Stelle – in ähnlicher Gebetshaltung wie Goethe – als Anruf an die Gottheit: »– o Vorsehung – laß einmal einen reinen Tag der *Freude* mir erscheinen – so lange schon ist der wahren Freude inniger Widerhall mir fremd – o wann – o wann o Gottheit – kann ich im Tempel der Natur und der Menschen ihn wider fühlen, Nie? – nein – o es wäre zu hart.«

Beethovens Werther-Paraphrasen sind auch im Hauptteil des Heiligenstädter Briefes festzustellen. Doch wie kam es eigentlich zu diesen literarischen Anleihen?

Briefromane sind ursprünglich nicht nur als schöne Literatur geschrieben worden, sondern auch als psychologische Lebenshilfen. Der Pionier dieser neuen Epistolographie war Samuel Richardson. Seine Romane in der Form des Briefwechsels dienten den Zeitgenossen vor allem zur inneren Selbstfindung.

Auch Goethes Briefroman bietet aufgrund seiner Ichform die Möglichkeit zu einem Rollenspiel. Der Leser kann im Verlauf der zahlreichen Brieffolgen (zu denen keine Antwortschreiben verfaßt sind) zunehmend in die Rolle der Hauptperson schlüpfen, sich mit ihr identifizieren und dabei wie Werther seine eigenen Leiden spiegelbildlich erleben.

Goethe hat übrigens die Episode mit dem Bauernburschen, die Beethoven bei seiner Aneignung in der Nachschrift aus Heiligenstadt benutzte, als dramaturgischen Kunstgriff zur Verdeutlichung der Tragik seines negativen Helden erst in die Neufassung des Romans eingefügt (1787).

Fast das ganze zeitgenössische Lesepublikum erkannte seinerzeit in Goethes »Leiden des jungen Werthers« die Möglichkeit zur Identifikation, Napoleon eingeschlossen, der einer Überlieferung zufolge den »Werther« siebenmal gelesen hat. Das ist heute wohl nur noch schwer nachvollziehbar, von Thomas Manns Novelle »Tonio Kröger« einmal abgesehen, in der sich zumindest in der ersten Hälfte dieses Jahrhunderts viele Leser selbst wiederzuerkennen glaubten.

Das Interesse am Werther-Roman war seinerzeit ohne Frage unvergleichlich größer. Es erhitzte sich bis zum »Werther-Fieber«, das sich über ganz Europa und bis nach Moskau ausdehnte. Die Leser kleideten sich wie die Hauptpersonen, Lotte und Werther, liebten einander und litten wie sie. Manche identifizierten sich mit dem Helden sogar bis zum Selbstmord.

Diese positivistisch mißverstandene Kopie des Werther-Stils gibt es bei Beethoven nicht, wie wir eben gesehen haben.

Goethe war übrigens zeitweise verärgert über die ungewollten Nebenwirkungen seines Erstlingsromans. Aus der Distanz des Alters kam Goethe in einem Eckermann-Gespräch dann nochmals auf die Werther-Zeit zu sprechen. Dabei benannte er Gründe für die weitverbreiteten Identifizierungen, die wohl auch für Beethovens Brief aus Heiligenstadt gelten:

»Gehindertes Glück, gehemmte Tätigkeit, unbefriedigte Wünsche sind nicht Gebrechen einer besonderen Zeit, sondern eines jedes einzelnen Menschen, und es müßte schlimm sein, wenn nicht jeder einmal in seinem Leben eine Epoche haben sollte, wo ihm der ›Werther‹ käme, als wäre er bloß für ihn geschrieben« (Goethe zu Eckermann).

Ohne Zweifel hat Beethoven Goethes Werther in diesem persönlich bezogenen Sinn verstanden. Die Verzweiflung, die Werther über seinen seelischen Zustand empfindet, ist bei Beethoven weder gesellschaftlich bedingt noch hypochondrischer Natur, sondern hängt mit seinem Gehörleiden zusammen. Gleichwohl ist auch diese Ebene zum Teil fiktiv. Tatsächlich war Beethoven seit seinem achtundzwanzigsten Lebensjahr schwerhörig. Aber zum Zeitpunkt des Heiligenstädter Briefes hörte er noch leidlich gut. Er war am 6.10.1802 noch keinesfalls »taub«, wie er dort schrieb. Er war auch nicht in seinem achtundzwanzigsten Jahr, wie es im Text des Heiligenstädter Briefes heißt, sondern bereits in seinem zweiunddreißigsten. Zwar hielt sich Beethoven bis 1810, wie wir bereits wissen, irrtümlich für zwei Jahre jünger, was bei dieser falschen Jahresangabe natürlich berücksichtigt werden sollte. Aber auch dann macht sich Beethoven immer noch um zwei Jahre jünger. Diese in anderen Dokumenten von seiner Hand kaum anzutreffenden Ungenauigkeiten deuten zweifellos auf die irreale Ebene des Briefes. Hierzu gehört auch die unvollständige Anrede seiner Brüder in der Überschrift, in der Mitte und im Postskriptum des Briefes. Jedesmal spricht Beethoven im Plural von »meine Brüder«, und jedesmal steht nur der Name »Carl« da, gefolgt von einer Lücke, als ob sich ihm die Feder sträubte, auch den Namen seines jüngeren Bruders, Johann Nikolaus, niederzuschreiben.

Aus dieser Sicht verfaßt Beethoven kein reales Testament, obwohl er im Zusammenhang des Selbstmordmotivs scheinbar seine Hinterlassenschaften regelte. Denn er will in Wirklichkeit gar nicht aus dem Leben scheiden. Er schrieb zwar einige emphatische Sätze, aber darin ist nicht mehr von Selbstmord, sondern vom natürlichen Tod die Rede. Der Schreiber eilt diesem Ereignis zunächst scheinbar freudig entgegen, um es sich aber sofort auf später zu wünschen:

»– so wär's geschehen – mit freuden eil ich dem Tode entgegen – kömt er früher als ich Gelegenheit gehabt habe, noch alle meine Kunst-Fähigkeiten zu entfalten, so wird er mir trotz meinem Harten Schicksal doch noch zu frühe komen, und ich würde ihn wohl später wünschen –.«

Schließlich spricht der Briefschreiber Beethoven mit dem Tod als allegorischer Person: »kom, wann du willst, ich gehe dir muthig entgegen –.« Und dies klingt wieder wie die Paraphrase einer Stelle aus »Werther«: »Es ist beschlossen, Lotte, ich will sterben, und das schreibe ich dir ohne romantische Überspannung, gelassen« (Werther, dritter Teil, 21. Dezember [1772]).

Schroffheiten à la Shakespeare

Beethoven hatte in dem Brief aus Heiligenstadt nach dem Muster von Goethes Werther, dem tränenreichen literarischen Vorbild seines Zeitalters, eigene seelische Not aufgearbeitet. Der Gleichklang des Menschen mit der Natur spielte dabei eine Rolle. Der Brief schloß mit dem Anruf an die Freude, deren Widerhall er in der Natur und bei den Menschen suchte. Von solchem »Anruf« als literarischer Anleihe wird im Zusammenhang der Neunten Sinfonie noch zu sprechen sein.

Den Gedanken vom inneren Gleichklang hat Beethoven später in einem ebenfalls für ihn wichtigen Brief wiederholt. Der Empfängerin, Therese Malfatti, die er heiraten wollte, schwärmt er von seinem bevorstehenden Landaufenthalt im Werther-Stil vor:

»Kindlich freue ich mich darauf, wie froh bin ich, einmal in Gebüschen, Wäldern, unter Bäumen, Kräutern, Felsen wandeln zu können; kein Mensch kann das Land so lieben wie ich – geben doch Wälder, Bäume, Felsen den Widerhall, den der Mensch wünscht« (1807).

Im selben Brief fragt er seine erklärte Wunschbraut, ob sie Goethe und Shakespeare, seine beiden Lieblingsdichter, gelesen habe, und zwar den Fortsetzungsroman »Wilhelm Meister« und die Shakespeare-Übersetzung von Schlegel.

Als »Bildungsmusiker« (Alfred Einstein) liebte Beethoven literarische Muster und klassische Zitate. Manche seiner Äußerungen beruhen auf versteckten literarischen Zitaten. Sie sind doppelbödig. Doch blieb ihr Hintersinn den Adressaten wahrscheinlich zumeist verborgen. Und so ist Beethoven manchmal sogar in seinen Schroffheiten im Grunde noch ein gewitzter Stilkopist.

Shakespeare wurde seinerzeit viel gelesen und gern zitiert, in Zelters Musikbriefen an Goethe zum Beispiel. Wilhelm von Schlegels poetische Übersetzungen trugen wesentlich zur deutschen Shakespeare-Renaissance bei. Schiller und Goethe beschäftigten sich um die Wende vom 18. zum 19. Jahrhundert mit der Bearbeitung des »Macbeth« für die Weimarer Bühne.

Beethoven kannte »Hamlet« offenbar genauso gründlich wie den »Werther«. In dem schon zitierten Brief an Carl Amenda vom 1. Juni 1800, dem er zuerst seine Schwerhörigkeit anvertraute, finden sich auch unverschämte Sätze über Freundschaften, verblüffend frei nach Shakespeare. Die hier kongenial verwendete unverblümte Sprache mag manchen Leser allerdings auf den ersten Blick einigermaßen betroffen machen:

»... er [Zmeskal] ist und bleibt zu schwach zur Freundschaft, ich betrachte ihn und Schuppanzigh als bloße Instrumente, worauf ich, wenn's mir gefällt, spiele, aber nie können sie edle Zeugen meiner innern und äußern Tätigkeit, ebensowenig als wahre Teilnehmer von mir werden, ich taxiere sie nur nach dem, was sie mir leisten.«

Diese Briefstelle besagt mit ungenierter Offenheit, daß Beethoven auch die schwachen Freunde brauchte; er bediente sich ihrer gern, hielt sie aber unbedingt auf Distanz und wollte sie keinesfalls an seiner inneren, ureigenen Welt als Komponist teilhaben lassen. Joachim Kaiser empfiehlt dem über solchen Hochmut erschreckten Leser gleichwohl den Vergleich mit Shakespeare, indem er darauf hinweist, wie geschickt Beethoven den Dichter variiert. Beethoven hat sich nämlich das im folgenden zitierte Gespräch Hamlets mit Güldenstern zum Muster genommen:

»Nun seht Ihr, welch ein nichtswürdiges Ding Ihr aus mir macht? Ihr wollt auf mir spielen; Ihr stellt Euch, als kenntet Ihr die Griffe auf mir; Ihr wollt in das Herz meiner Geheimnisse dringen; Ihr wollt mich von meiner tiefsten Note bis zum Gipfel meiner Stimme hinauf prüfen: und in dem kleinen Instrument hier ist viel Musik, eine vortreffliche Stimme, dennoch könnt Ihr es nicht zum Sprechen bringen. Wetter! denkt Ihr, daß ich leichter zu spielen bin als eine Flöte? Nennt mich was für ein Instrument Ihr wollt, Ihr könnt mich zwar verstimmen, aber nicht auf mir spielen.«[65]

Beethovens zunächst hochmütig anmutende Bemerkungen über zwei Freunde erhalten somit auf den zweiten Blick eine andere Dimension. Mit Shakespeares Hamlet im Hintergrund sind sie eigentlich nicht mehr bösartig, sondern im Grunde komödiantisch zu nennen.

Aber später ist aus dem Spiel frei nach Shakespeare für einen bestimmten Adressaten doch noch bitterer Ernst geworden. Beethoven fühlte sich bei einem Konzert durch Schindler hintergangen. In einem Brief läßt er ihn seine Verachtung spüren, indem er seine Dienste zwar nicht ausschlägt, aber sich seine Gegenwart beim Mittagstisch grundsätzlich verbittet, weil seine ganze Ordnung dadurch gestört würde:

»Denn bei Ihrer Gewöhnlichkeit, wie wäre es Ihnen möglich, das Ungewöhnliche nicht zu verkennen.?!!« (1824)

Nach einer Bemerkung Grillparzers schätzte Beethoven von den zeitgenössischen Dichtern Schiller besonders hoch. Grillparzer konnte in seinen »Erinnerungen über Beethoven« allerdings nur noch wenige der selbst gehörten Äußerungen wiedergeben, weil er sich seinerzeit mehr für die Werke des Komponisten als für die Gespräche mit ihm interessiert hatte. Hinzu kam, daß seit 1815 eine Unterhaltung mit Beethoven ohnehin nur mühsam geführt werden konnte, im Zimmer überwiegend schriftlich und auf Spaziergängen, so gut es ging, halb gesprochen, halb geschrieben. Doch die eindrucksvollsten Aussagen sind Grillparzer natürlich im Gedächtnis geblieben, darunter Beethovens Bemerkung, daß er die Dichter für glücklicher als die Musiker halte und sie um das Los beneide, ein weiteres Gebiet zu haben. Hier klingen deutlich Gedanken der durch Friedrich Schlegel, Schleiermacher und Tieck begründeten Romantischen Schule an, die Beethoven in sein künstlerisches Weltbild aufgenommen hatte: »Romantische Dichtart, sie allein ist unendlich, wie sie allein frey ist, und das als ihr erstes Gesetz anerkennt, daß die Willkür des Dichters kein Gesetz über sie leide.«[66]

Beethoven hat sich mit Begrenzungen nie abfinden können. Handicaps jedweder Art wollte er bis zum Ende seines Lebens immer überwinden. Kunstwillen ist bei ihm denn auch das Streben nach Erweiterung. Es mußte immer über das Bestehende hinausgehen.

Grillparzer hat Beethovens Altersstil im Hinblick auf die Möglichkeit einer neuen Oper mit ziemlicher Reserve gewürdigt. Er anerkannte zwar den hohen Stellenwert der späten Werke, kritisierte aber ihre herbe Klanglichkeit und den komplizierten Gebrauch eigenwilliger Stilmittel. Gleichwohl suchte er sich bei dem gemeinsamen Opernprojekt »Melusine« ganz auf Beethovens Spätstil einzustellen. Er strich die meisten lyrischen Partien seines Librettos und stellte statt dessen Chöre und aufwendige Finale in den Vordergrund. Einen ganzen Akt konzipierte er speziell melodramatisch.

Grillparzer verstand übrigens selbst etwas vom Komponieren. Er hatte unter anderem Texte aus Homers Odyssee, Heines (bereits von Schubert vertontes) »Fischermädchen« und eigene Gedichte für Klavier und Singstimme gesetzt.[67] Das Melusine-Projekt wurde allerdings nie verwirklicht. Obwohl Beethoven Grillparzer gegenüber beteuert hatte, die Oper sei bereits fertig, war sie zumindest schriftlich offensichtlich nicht einmal begonnen worden. Im Nachlaß fand sich keine einzige Note. (Der Verleger Wallishauser gab das Libretto an Konradin Kreutzer weiter, der es als romantische Oper in drei Akten vertonte, die 1833 in Berlin aufgeführt wurde.)

Grillparzers Überlieferungen sind dennoch nicht ohne Bedeutung für das historische Beethoven-Bild. Sie lassen uns etwas von Beethovens Ringen um Neuerungen ahnen.

Die von Grillparzer hervorgehobene melodramatische Form ist als Gattung im Grunde bis ins 20. Jahrhundert eine Randerscheinung geblieben. Dennoch war sie speziell als Verbindung von gesprochenem Wort und begleitendem Orchestersatz stets bühnenwirksam.

Beethoven hatte 1805 im Fidelio im Finale des II. Aktes die Befreiungsszene »Da stiegen die Menschen ans Licht« als Melodram komponiert. Fünf Jahre später gebrauchte er die gleiche Form in der Musik zu Goethes Egmont für den Anruf des Schlafs in der Gefängnisszene, kurz vor dem Schluß des Trauerspiels.

Doch inzwischen gab es den viel größeren Erfolg Carl Maria von Webers mit dem Melodram in der magischen Wolfsschluchtszene im Freischütz (1821). Weber war im Grunde Beethovens Rivale und sein einziger zeitgenössischer Kollege, welcher ihm in der Modernität des Kompositionsstiles gleichkam. Aber was die Oper angeht, hat Weber ihn übertroffen.

Beethoven traf mit dem über sechzehn Jahre jüngeren Weber (der aber noch ein Jahr vor ihm starb) in Baden bei Wien zusammen. Beim gemeinsamen Mittagessen führten sie freundschaftliche Fachgespräche. Beethoven war durch Webers Erfolg seit der Freischütz-Premiere in Berlin ziemlich irritiert, sicherlich weniger aus Neid als aus Respekt.

So war sich Beethoven offenbar bewußt, daß Webers Hornsatz kaum übertroffen werden konnte. Grillparzers Melusine-Libretto beginnt aber mit einem Jägerchor. Weber hatte für den Jägerchor im Freischütz vier Hörner eingesetzt. »Sie sehen«, sagte Beethoven während einer Vorbesprechung zu Grillparzer, »daß ich da ihrer acht nehmen müßte; wo soll das hinführen?«[68] Grillparzer verstand diese Bemerkung nicht. Pragmatisch schlug er kurzerhand die ersatzlose Streichung der Jägerchor-Nummer vor. Beethoven gab sich mit dieser Änderung zwar dem Anschein nach zufrieden, aber eine Lösung war das offenbar nicht.

Die innere Herausforderung, den bereits zu seinen eigenen Lebzeiten erfolgreich nachgerückten Rivalen überbieten zu müssen, bestand eben auch nach der Streichung des Jägerchors. Beethoven wußte längst, daß seine dramatische Musik an der Kunst Webers gemessen würde. Niemand konnte den im »Freischütz« gesetzten Maßstab ignorieren. Und nicht nur ein neuer Jägerchor, sondern auch die ganze Oper müßte wohl noch besser als Webers Freischütz instrumentiert werden. Aber mit einer Verdoppelung der bereits gebräuchlichen Besetzung, also etwa »acht Hörner statt vier«, war das wohl kaum zu erreichen.

Beethoven hatte damals schon neue Klangvorstellungen entwickelt. Entwürfe zu einer größeren Sinfonie lagen bereits in der Schublade, wie aus einigen der Gesprächsfetzen in einem Konversationsheft hervorgeht. Die Stimmen der ersten Violine wollte er dabei verzehnfachen!

Solche klanglichen Verästelungen hätten seinerzeit zwar kaum praktisch verwirklicht werden können. Die Konzeption war aber keineswegs utopisch, sondern lediglich verfrüht. Diese Schreibweise sollte nämlich der Musik des 20. Jahrhunderts vorbehalten sein, in György Ligetis »Ramifications« (1969) zum Beispiel (deutsch: »Verästelungen«). Beethoven hatte hier seiner Zeit also um rund anderthalb Jahrhunderte vorausgedacht.

Wo aber lag zu Lebzeiten die Lösung für Beethovens neue Pläne? Was die dramatische Musik betrifft, so mußte er weiter nach einem geeigneten Libretto suchen. Grillparzer kannte Beethovens stilistische Eigenheiten sehr genau. Er ahnte, weshalb diese Suche vergeblich sein würde: weil es kein Libretto für den späten Beethoven geben konnte.

In seiner kongenialen Affinität zu Beethovens Altersstil wußte Grillparzer um die Bedeutung des Finales. Bei der Abfassung seines Librettos ließ er Beethoven zuliebe Chöre und aufwendige Finale vorherrschen. Diese Konzeption sollte in keiner weiteren Oper verwirklicht werden. Sie wurde aber die Grundlage zu Beethovens letzter Sinfonie. Das Finale der Neunten ist nämlich nicht nur die Krönung der Sinfonie, sondern auch das dramaturgische Ziel der vorausgehenden drei Sätze.

Das Libretto richtete sich Beethoven bekanntlich selbst ein. Abgesehen von einer kleinen eigenen Zutat, ist es die Umschmelzung von Schillers Gedicht »An die Freude«. Nicht bekannt ist, daß bei der Umformung auch die Pindarsche Odenform eine Rolle gespielt hat.

Beethoven machte also gleich zwei literarische Anleihen, um die Sinfonie zu erweitern. Seine autodidaktische literarische Bildung war jetzt in formbildende Schöpferkraft umgeschlagen. Die stärkste innovatorische Leistung in der Sinfonie mit dem romantisch sakralen Anklang liegt nämlich ohne Zweifel in der Konzeption des Dramaturgen Beethoven. Der junge Bonner »improvisator triumphans« des ausgehenden 18. Jahrhunderts hatte sich rund dreißig Jahre später in Wien zum »musicus doctus« gewandelt.

Doch wie war es zu dieser literarisch-musikalischen Synthese gekommen?.

Wie Bartholomäus Ludwig Fischenich, der Bonner Rechtsgelehrte und spätere kurköllnische Staatsrat, in dem schon erwähnten Brief vom 26. Januar 1793 an Charlotte von Schiller schreibt, wollte Beethoven bereits während seiner letzten Bonner Jahre Schillers Gedicht in voller Länge musikalisch bearbeiten.

Fischenich erhielt seine Ausbildung in Jena, wo Schiller Geschichte lehrte. Er hatte im Hause Schillers gesellschaftlich verkehrt und hielt den Kontakt auch nach seinem Weggang aus Jena aufrecht. Ebenso bewahrte er sich auch noch im späteren Berufsleben seine Begeisterung für den Dichter. Als Universitätsprofessor der Jurisprudenz in Bonn ließ er, wie wir schon erfahren haben, auch seine Studenten daran teilhaben. Seine Vorlesungen über Natur- und Völkerrecht pflegte er nämlich nach Lust und Laune zu unterbrechen, um zur geistigen Erbauung der Studenten einige Gedichte Schillers vorzutragen. Darunter dürfte sich denn auch die von ihm selbst brieflich erwähnte Ode »An die Freude« befunden haben, deren Urfassung 1785, im Gründungsjahr der Bonner Universität, entstand und 1786, als Beethoven fünfzehn Jahre alt war, in einer zweiten Fassung veröffentlicht wurde.

Wie wir uns erinnern, hörte Beethoven im Sommer-Semester 1789 an der Bonner Universität verschiedene Vorlesungen, darunter auch griechische Literatur. Die musikalische Bearbeitung aller acht Strophen jedoch, von der bei Fischenich die Rede ist, hatte Beethoven schon allein wegen der Länge des Gedichts wohl kaum beabsichtigt. In Bonn kam Beethoven offenbar noch zu keiner genaueren Konzeption. Erst in Wien notierte er sich 1798 und 1812 Entwürfe zu einer Vertonung der Ode. Beethoven konzipierte hier schon eine Chorbesetzung, aber nicht innerhalb einer Sinfonie, sondern im Rahmen einer Ouvertüre. Er plante damals bereits, nur eine Auswahl des Textes zu verwenden. Er notierte sich zum Beispiel: »nicht das Ganze«.

Wahrscheinlich hatte er zeitweise nur die Erstfassung benutzt, was aus dem Satz »Fürsten sind Bettler« hervorgeht, mit dem er Schillers siebente Zeile »Bettler werden Fürstenbrüder« variiert (siehe Anhang, S. 246). Beethoven ließ aber Schillers Text dann vorerst doch wieder fallen und schrieb eine reine Instrumentalkomposition. Es entstand die Ouvertüre C-Dur, op.115, »Zur Namenfeier«.

Erst im Jahre 1822 reift der Plan, die Ode als Schlußsatz zu komponieren. Beethoven notierte sich jetzt: »Finale. Freude schöner Götterfunken, Tochter aus Elysium. Die Symphonie aus 4 Stücken und das 4. Stück recht fugiert.« Ein anderer Eintrag in einem Skizzenbuch befaßt sich bereits mit Einzelheiten: »Ende der Symphonie mit türkischer Musik und Singchor.« Diese Notizen umreißen den viersätzigen Aufbau der Neunten Sinfonie und die Verwendung besonderer Mittel im Finale. Neben der Türkischen Musik, die er bereits in der Schlachtensinfonie gebrauchte, sollte auch der alte kontrapunktische Stil berücksichtigt werden. Hierbei mußte er aber, seinem eigenen Anspruch folgend, den alten Stil durch Einführung eines poetischen Elementes renovieren.

Ein wichtiger Schlüssel zum Verständnis dieser Sinfonie liegt erst in dem vollendeten Werk, nämlich in dem einzigen Text, der von Beethoven selbst stammt und den er Schillers Gedicht vorangestellt hat: »O Freunde, nicht diese Töne! sondern laßt uns angenehmere anstimmen und freudenvollere.« Es ist das Baritonsolo, das nach den vorangegangenen drei Instrumentalsätzen von über fünfzig Minuten zum erstenmal die »musica humana« als Sprechgesang und hymnisches Chorlied in die Sinfonie einbringt.

Beethovens eigener Text bezieht sich natürlich nicht auf den unmittelbar darauf einsetzenden Anruf (»Freude schöner Götterfunken, Tochter aus Elysium«), sondern auf den Inhalt der vorangegangenen Musik. Beethoven widerruft in dem Baritonsolo gewissermaßen die Ästhetik der soeben verklungenen Musik (»Nicht diese Töne, sondern angenehmere«), die natürlich allen an der Aufführung Beteiligten noch im Ohr ist. Doch was soll dieser rückwärts gewandte dramaturgische Kunstgriff bewirken?

Unmittelbar vor den Ausruf des Baritons hat Beethoven eine Fanfarenmusik gesetzt, die schroffer und polternder kaum gedacht werden könnte. Beethoven scheute hier nicht vor schier kakophon schrillen Tönen (Sekundreibungen zwischen Trompeten, Pauken und den Holzblasinstrumenten) und schockierenden Rhythmen (das Tempo blockierende Synkopen) zurück. Diese infernal acherontische Grundstimmung wird durch den einzelnen Satz, den Beethoven der Ode vorausschickt, ausdrücklich widerrufen. Beethovens umarmende Aufforderung an sein Publikum, jetzt angenehmere Töne anzustimmen, ist aber nicht nur auf die besagte düstere kurze Fanfarenmusik bezogen, sondern auch auf den gesamten ersten Teil der Sinfonie.

Das Werk besteht also aus zwei inhaltlich grundverschiedenen Teilen. Das ist sogar ohne Vorwissen aus der Rekapitulierung des Finalebeginns erkennbar. Mit Hilfe von zusätzlichen, aus der Auswertung einiger Skizzen gewonnenen Informationen wird die ästhetische Zweiteilung der Chorsinfonie in eine vorbereitende düstere Grundstimmung im ersten Teil und eine freudige, bis zum Taumel gesteigerte Hochstimmung im zweiten Teil noch verdeutlicht. Doch bleiben wir zunächst bei dem Versuch, durch aufmerksames Hören und Erinnern einen direkten Zugang zu gewinnen.

Beim Bariton hat der Hörer das Erlebnis des Wiedererkennens: Das Rezitativ kommt ihm bekannt vor, denn er hat es eben erst gehört. Dreimal! Und das war deutlich.

Aber die Erinnerung führt noch weiter zurück. Dreimal wurde der Hörer mittels kurzer Zitate aus den vorhergehenden Sätzen aufgefordert, sich an den ersten Teil der Sinfonie zu erinnern. Beethoven bedient sich hier der Reminiszenz-Technik mittels des Selbstzitats, eines auch in der Literatur gebräuchlichen raffinierten dramaturgischen Kunstgriffs, den er auch schon im Finale der Fünften Sinfonie anwandte.

Den besagten Reminiszenzen folgen jeweils (nicht textierte) Intrumental-Rezitative. Doch anhand des einzigen textierten Rezitativs, des Baritonsolos, erkennt der Hörer nunmehr retrospektiv, welche Bedeutung auch den nicht textierten Rezitativen im Zusammenhang der Reminiszenzen zukommt. Die Rezitative haben nämlich den gleichen Sinn wie die Worte, die Beethoven den Bariton, gleichsam seinen Odensprecher, verkünden läßt: »O Freunde, nicht diese Töne! sondern laßt uns angenehmere anstimmen und freudenvollere.«

Aus Entwürfen zum Chorfinale geht hervor, daß Beethoven die in der Endfassung instrumental ausgeführten Rezitative ursprünglich auch mit eigenen Worten textieren wollte. Wenn wir zur Verdeutlichung der besagten ästhetischen Gliederung der

Sinfonie in einen acherontischen und einen elysischen Teil Beethovens ursprünglich beabsichtigte Textierungen einmal rekonstruieren, erhalten wir gewissermaßen die Urfassung des Finalbeginns:

1) Die eröffnende schrille Fanfare sollte in einem gesungenen Rezitativ durch den folgenden eigenen Text Beethovens zurückweisend kommentiert werden:

»Nein, dieses würde uns erinnern an unseren verzweiflungsvollen Zustand.«

2) Nach dem kurzen Selbstzitat des ersten Satzes, einer Reminiszenz von sogenannten leeren Quinten (von Richard Wagner als »geisterhaft« bezeichnet), hatte Beethoven im Rezitativ wieder einen zurückweisenden Text vorgesehen:

»O nein, dieses nicht, etwas anderes gefälligeres ist es, was ich fordere.«

3) Das kurze Selbstzitat des zweiten Satzes (Molto vivace) wollte Beethoven im darauffolgenden Rezitativ ebenfalls unwirsch kommentieren:

»Auch dieses nicht (...) etwas schöneres und besseres.«

4) Das letzte Selbstzitat, eine Reminiszenz des dritten Satzes (Adagio molto e cantabile), sollte im Rezitativ nach einer weiteren Zurückweisung erstmals auch einen bejahenden Hinweis enthalten, das nämlich jetzt das Augenmerk auf etwas Heiteres zu richten sei:

»Auch dieses (...) es ist zu zärtlich, etwas Aufgewecktes muß man suchen.«

5) Das Freudenthema klingt kurz an, wie von fern und gleichsam wetterleuchtend. Ein letztes Rezitativ sollte das Ende des langen Suchens mit dem Schlüsselwort signalisieren:

»Ha, dieses ist es, es ist nun gefunden: Freude!«

In diesen Entwürfen wird deutlich, daß der erste, beim Beginn des Finales in Reminiszenzen rekapitulierte Teil von Beethovens Neunter Sinfonie ein programmatisches Spiegelbild seelischer Verzweiflung und zugleich des Suchens nach einem glücklicheren Zustand ist.

Wie schon gesagt, hat Beethoven sämtliche Textierungen wieder fallengelassen und statt dessen die Rezitative instrumental für die Violoncelli und Kontrabässe gefaßt. In der Partitur hat er aber ausdrücklich auf den Rezitativcharakter im Part der tiefen Streichinstrumente hingewiesen:

»Selon le caractère d'un recitative, mais in tempo«. (»Im Charakter eines Rezitativs, jedoch im Tempo.«)

Beethoven befand sich im Herbst des Jahres 1802 in Heiligenstadt in einer durch sein Hörleiden bedingten seelisch verzweifelten Stimmung. Gleichwohl beendete er sein briefliches Selbstgespräch voller Hoffnung. Eine Stelle aus Goethes Werther variierend, wendet er sich auf der Suche nach dem inneren Widerhall der Freude flehentlich an die Gottheit:

»– o Vorsehung – laß einmal einen reinen Tag der *Freude* mir erscheinen – so lange schon ist der wahren Freude inniger Widerhall mir fremd – o wann – o wann o Gottheit – kann ich im Tempel der Natur und der Menschen ihn wieder fühlen, Nie? – nein – o es wäre zu hart.«

Zwanzig Jahre später hatte er den ersehnten Widerhall der Freude mit der Komposition der sinfonischen Chor-Ode gefunden.

Das Innovatorische dieses Werkes liegt eigentlich kaum in der Musik. Die anderen Sinfonien sind im Grunde origineller. Doch neu ist die aus der Dichtkunst entlehnte Strukturierung des Finales. Der Aufbau beruht auf Beethovens Umformung von Schillers achtstrophigem Gedicht »An die Freude« in eine klassizistische dreiteilige Chor-Ode nach dem Vorbild Pindars. Aus Schillers langem und vielleicht auch etwas schwachem Gedicht entstand durch Beethovens schöpferische Dramaturgie eine komprimierte Fassung, die aussagestärker und im Zusammenhang seiner Vertonung weltweit bekannter wurde als Schillers Original.

Beethovens dramaturgische Leistung, zu der auch das instrumentale Vorspiel zu rechnen ist, wurde bislang ausnahmslos verkannt, auch von renommierten Fachleuten, darunter Claude Debussy, Wilhelm Furtwängler und Heinrich Schenker. Debussy meint in seiner Besprechung der Neunten Sinfonie, daß Beethoven nicht für »zwei Sous« literarisch gewesen sei. Außerdem schließt Debussy angesichts eines Skizzenbuches mit mehr als zweihundert Entwürfen zum Freudenthema, daß es Beethoven in erster Linie um die musikalische Gestalt ging und seine Verwendung der Schillerschen Verse lediglich eine klangliche Bedeutung habe.[69] Furtwängler äußerte in ähnlichem Sinn, die menschliche Stimme im Chorfinale der Neunten Sinfonie sei gewissermaßen nur ein weiteres Instrument, das Beethoven bei der Wiederholung des Freudenthemas zur Steigerung einsetzte.[70] Schenker beurteilt in seiner Analyse der Neunten Sinfonie (1912) den Eintritt des Chors jedoch als »logischen Lapsus«.

Wenn dem wirklich so wäre, hätte Beethovens Textauswahl natürlich keinen besonderen Sinn. Mehr noch, Beethovens Einrichtung der verschiedenen Strophen müßte dann letzten Endes als willkürlich und konzeptionslos gelten. Dies ist aber angesichts seiner planvollen Arbeitsweise bei weit über hundert anderen Werken kaum denkbar. Wir wagen hier Debussy zu widersprechen, denn Beethoven war in Wirklichkeit als ein lebenslang nach Anregungen suchender Intellektueller mit den literarischen Strömungen seiner Epoche vertraut.

Als künstlerischer Zeitzeuge der deutschen Oden-Renaissance von Klopstock bis Hölderlin war er sehr wohl empfänglich für die sich eröffnende neue Ausdrucksform romantisch klassizistischer Menschheitsideale. Beethoven hat im Finale der Neunten künstlerisch tatsächlich auf die dreiteilige Pindarsche Chor-Ode zurückgegriffen. Dies ist zunächst rein musikalisch zu erkennen und zwar an der unterschiedlichen Gestaltung der drei Hauptteile im vokalen Abschnitt:

Der erste Teil, die Vertonung eines dreistrophigen Textes, ein »Anruf« der Freude (»Freude schöner Götterfunken« bis »Und der Cherub steht vor Gott«) ist in einem ziemlich schnellen Tempo gestaltet. (Allegro assai, 4/4 Takt, wobei Beethoven zur Orientierung nach der Skala von Mälzels Metronom den musikalischen Pulsschlag 80 pro Minute für Halbe brieflich seinem Verleger Schott in Mainz mitteilte.)

Der zweite Teil, die Vertonung einer einzelnen Strophe (siehe weiter unten: »Froh, wie seine Sonnen fliegen« bis zu »Freudig wie ein Held zum Siegen«) ist ein stilisierter Marsch und im Tempo noch schneller als der erste Teil (verkürzter 6/8 Takt, punktiertes Viertel mit der Metronomzahl 84).

Der dritte Hauptteil schließlich ist in der Vertonung eines zweistrophigen Textes (»Seid umschlungen« bis »über Sternen muß er wohnen«) ein Abschnitt lyrischer Religiosität in zwei verschiedenen langsamen Zeitmaßen. (3/2 Takt, Andante maestoso, Metronomzahl Halbe 72 und Adagio ma non troppo, ma divoto, punktierte Halbe 60.) Doch was hat dies mit einer Ode Pindars zu tun?

Der dreiteilige Aufbau der antiken Ode wurde lange ignoriert, weil die Musik verloren ging und der Text lediglich als Libretto überlebte. Dieser Oden-Torso konnte also nicht mehr gehört, aber wenigstens noch gelesen werden. Doch die vitale Verbindung von Wort und Musik (und nicht zu vergessen die Choreographie) war natürlich verloren gegangen.

Mit Beethovens Chor-Ode nach Texten von Beethoven und Schiller und der Gliederung von Pindar existiert innerhalb der mit Klospstock einsetzenden deutschen Oden-Renaissance erstmals ein integrales klassizistisches Kunstwerk. (Allerdings ohne die antike Choreographie.)

Wir haben soeben versucht, den Weg, den die fragmentarische Lese-Ode vorschreibt, sozusagen umgekehrt zu beschreiten, nämlich die Dreiteiligkeit der Chor-Ode unter weitgehender Ignorierung des Textes rein musikalisch anhand der unterschiedlichen Tempi zu begreifen. Doch wo sind nun die Entsprechungen zum historischen Vorbild?

Die antike Ode Pindars aus der dorischen Zeit Griechenlands gliedert sich in den »Anruf« (invocatio), den »Mythos« (die Heldensage) und das »Gebet«.[71] Wenn wir Beethovens Textcollage aus Schillers Gedicht mit dieser Gliederung vergleichen, erkennen wir die verblüffende Übereinstimmung mit den drei »Topoi« der Chor-Ode Pindars. Beethovens Text gliedert sich nämlich in den »Anruf« der Freude (»Freude schöner Götterfunken«), den »Mythos« der Freude (»Freudig wie ein Held zum Siegen«) und das »Gebet« (»Ahnest du den Schöpfer, Welt? Such ihn überm Sternenzelt! Über Sternen muß er wohnen«).

Beethoven benutzte für seine Textcollage – und das ist offenbar bislang immer übersehen worden – hauptsächlich Schillers erste Fassung aus dem Jahre 1785. Das geht nicht nur aus der Zeile »Laufet Brüder eure Bahn« hervor, die in Schillers zweiter Version (1803) »Wandelt, Brüder, eure Bahn« lautet. Es wird vor allem aus der ganz anderen Gliederung ersichtlich, die Schiller der Urfassung zugrunde legte. In Anlehnung an die Tradition antiker Chorlyrik ist diese Ode nämlich jeweils in Verse (acht) des Einzelsängers (oder des Protagonisten) und Verse (vier) des »Chors« aufgeteilt:

AN DIE FREUDE (1785)

(1.) Freude, schöner Götterfunken,
Tochter aus Elysium,
Wir betreten feuertrunken,
Himmlische, dein Heiligthum.
Deine Zauber binden wieder,
was der Mode Schwerd getheilt;
Bettler werden Fürstenbrüder,
wo dein sanfter Flügel weilt,

(1.) Chor,
Seid umschlungen, Millionen!
Diesen Kuß der ganzen Welt!
Brüder – überm Sternenzelt,
muß ein lieber Vater wohnen.

(2.) Wem der große Wurf gelungen,
eines Freundes Freund zu seyn;
wer ein holdes Weib errungen,
mische seinen Jubel ein!
Ja – wer auch nur eine Seele
sein nennt auf dem Erdenrund!
Und wer's nie gekonnt, der stehle
Weinend sich aus diesem Bund!

(2.) Chor
Was den großen Ring bewohnet,
Huldige der Simpathie!
Zu den Sternen leitet sie.
Wo der Unbekannte tronet.

(3.) Freude trinken alle Wesen,
An den Brüsten der Natur,
Alle Guten, alle Bösen
folgen ihrer Rosenspur.
Küße gab sie uns und Reben,
einen Freund, geprüft im Tod.
Wollust ward dem Wurm gegeben,
und der Cherub steht vor Gott.

(3.) Chor
Ihr stürzt nieder, Millionen?
Ahndest du den Schöpfer, Welt?
Such' ihn überm Sternenzelt,
über Sternen muß er wohnen.

(4.) Freude heißt die starke
Feder
In der ewigen Natur
Freude, Freude, treibt die Räder
in der großen Weltenuhr.
Blumen lockt sie aus den
Keimen,
Sonnen aus dem Firmament,
Sphären rollt sie in den Räumen,
die des Sehers Rohr nicht kennt!
(4.) Chor
Froh, wie seine Sonnen fliegen,
Durch des Himmels prächtigen
Plan,
Laufet Brüder eure Bahn,
Freudig wie ein Held zum siegen.

Beethoven benutzte für den »Anruf« (Teil I) die Strophen des »Protagonisten« 1, 2 und 3. Für den Topos »Mythos« (Teil II) nahm er den Chor der 4. Strophe. Den Topos »Gebet« (Teil III) schließlich collagierte er aus den Chören zu den Strophen 1 und 3 (siehe Anhang, Seite 251).

Aus der zweiten Fassung benutzte Beethoven lediglich die Zeilen 6 und 7 (»Was die Mode streng geteilt / Alle Menschen werden Brüder), wodurch der präzisere und zweifellos stärkere Satz »Bettler werden Fürstenbrüder« leider verloren ging. Ebenso ersetzte Beethoven in dem Topos »Gebet« die viel stärkere Zeile »Ahndest du den Schöpfer, Welt?«, durch die schwächere »Ahnest du den Schöpfer, Welt?«

Aufschlußreich ist Beethovens Instrumentation in dem zweiten Abschnitt »Heldensage«. Wir erinnern uns an die in einem Entwurf skizzierte Bemerkung: »Türkische Musik«. Beethoven hatte dieses bereits von Gluck, Mozart und Haydn benutzte Stilmittel schon in der Schlachtensinfonie an gleicher Stelle, nämlich im Finale, bei der Komposition der Siegesfeier gebraucht. Eine direkte Anregung hierzu erhielt er in dem böhmischen Badeort Teplitz, wo er im Sommer 1812 wie Goethe zur Kur war:

»In Teplitz hörte ich alle Tage 4 Mal türkische Musik, den einzigen musikalischen Bericht, den ich abstatten kann. Mit Göthe war ich viel zusammen« (12. August 1812).

Im Dezember darauf wurde die Schlachtensinfonie uraufgeführt. Zehn Jahre später setzte Beethoven die Türkische Musik wieder im Zusammenhang mit einem Siegesbild in einem Finale ein. Aus künstlerischer Absicht hat Beethoven den Sinn des von Schiller gebrauchten Bildes gewissermaßen isoliert. Dadurch wird Beethovens Konzeption des zweiten Topos »Mythos« deutlich erkennbar. Er verzichtete nämlich aus dramaturgischen Gründen auf Schillers Bild vom Astronomen, dem »Seher«, der das Firmament zwar wissenschaftlich beobachtet, mit seinem Fernrohr aber die spirituelle Freude natürlich nicht erblickt. Dieses Bild paßte inhaltlich offenbar nicht zur Konzeption der Heldensage. Durch Beethovens Isolierung bezieht sich das Bild (»Froh wie seine Sonnen fliegen«) grammatikalisch auf den »Helden«, als der semantisch wichtigsten Vokabel im »Mythos«.

Die Dreiteilung im Finale der Neunten Sinfonie Beethovens nach der Form der Pindarschen Chor-Ode in »Anruf«, »Mythos«, »Gebet« wurde bislang immer übersehen. Sie ist, wie schon gesagt, auch auf der musikalischen Ebene deutlich zu erkennen.

Der ›Anruf‹ der Freude artikuliert sich extrovertiert (Allegro assai). Der ›Mythos‹ ist musikalisch forsch gestaltet (Allegro assai vivace. Alla Marcia: sehr lebhaft, wie ein Marsch). Der dritte Teil ›Gebet‹ hat sakralen Charakter (Andante maestoso: schreitend majestätisch, und Adagio ma non troppo, ma divoto: langsam, aber nicht zu sehr, doch andächtig).

Eine besondere Stellung nimmt die Vertonung des religiösen Abschnitts »Gebet« ein. Schon im ersten Teil (»Anruf«) hatte Beethoven bei der musikalischen Ausdeutung der Zeile »Und der Cherub steht vor Gott« die Musik rhythmisch verbreitert und bei der dreimaligen, mit dem vollen Ensemble ausgeführten Wiederholung des Zeilenendes »Gott« schließlich auf einer Fermate angehalten.

Im dritten Abschnitt ›Gebet‹ ist das Tempo durchgehend breit gestaltet, wie in einer Sarabande. Bei der musikalischen Ausdeutung der Zeile »Seid umschlungen, Millionen« greift Beethoven auf die alte Praxis zurück, den Wortgehalt durch ein entsprechendes Intervall zu musikalisieren.

Dafür gibt es als geschichtliches Vorbild zum Beispiel Martin Luthers Vertonung des einhundertunddreißigsten Psalms »Aus tiefer Not schrei ich zu Dir« (»De Profundis«, 1524). Das Wort

»tief« hat Luther im Stil seiner Zeit durch eine fallende, gewissermaßen in die Tiefe verweisende Quinte ins Musikalische übersetzt.

Ähnlich geht auch Beethoven vor, wenngleich er einen ganz andersartigen Text behandelt und allein schon als Katholik und Klassizist in eine andere Himmelsrichtung als der Protestant Luther schaut. Sein Blick ist denn auch in diesem Zusammenhang »mehr gerichtet nach oben«, wie es ihn sein Lehrer Neefe lehrte. Und so zeichnet er bei der Vertonung von Schillers an Millionen gerichteten menschheitsverbrüdernden Worten den Sinngehalt mit einem nach oben geführten außergewöhnlichen Intervallsprung nach.

Den menschliches Vorstellungsvermögen überschreitenden Imperativ »Seid umschlungen, Millionen!« drückt Beethoven durch eine aufwärts geführte große None aus, gewissermaßen selbst ein überdimensioniertes riesiges Intervall. Diese für seine Zeit ziemlich ungewöhnliche Melodieführung ist übrigens oft kritisiert worden. Das Hintergrundwissen über die verwendete Kompositionstechnik kann hier hilfreich sein, nicht zuletzt auch zur Vermeidung von ästhetischen Mißverständnissen dieser Stelle.

Nach dem Abschnitt »Mythos« fügte Beethoven eine Wiederholung des ersten ›Topos‹ »Anruf« ein. Die ritornellartige Wiederkehr ist jetzt in den (6/8) Takt des Marsches übersetzt und transportiert auf diese Weise auch etwas von der enthusiastischen Stimmung, die Beethoven in dem aufwendig, unter anderem durch den Einsatz von Türkischer Musik vertonten mythischen Abschnitt erzeugt hat.

Nach der Vertonung der einzelnen Strophen des Abschnitts »Gebet« ändert Beethoven das Stilmittel. Er schreibt Kontrapunkt. In einem Entwurf war ja geplant: »Türkische Musik« und »recht fugiert«. Beide Mittel hatte Beethoven schon im letzten Satz der Schlachtensinfonie verwendet. Im Finale dieser Sinfonie schrieb er jetzt eine Doppelfuge für den gemischten Chor mit Begleitung des vollen Orchesters. Dabei mischte er die verschiedenen Klangfarben durch unterschiedliche Koppelung und Gegenüberstellung der vokalen Register. So wurde das Timbre der menschlichen Stimme, das ihm Salieri eingehend erläutert hatte, im Chorfinale zu einem tragenden Baustein.

Die Fuge beginnt mit der Folge ›dunkel-hell‹ in der Koppelung von Alt und Sopran und komplettiert sich zur Doppelfuge in der Verbindung ›hell-dunkel‹ zwischen Tenor und Baß.

An dieser Stelle wird Beethoven seinem eigenen Anspruch gerecht, daß die traditionelle Kontrapunktik durch poetische Elemente erneuert werden müsse. Er benutzt in der Tat die Doppelfuge zu einer poetischen Verdichtung der Botschaft der von ihm selbst geformten klassizistischen Ode. Wie in einer Motette oder Oper läßt er verschiedene Texte gleichzeitig singen. Genauer: die Texte der von ihm selbst zusammengestellten Abschnitte »Anruf« und »Gebet«.

Auf diese Weise erklingen die von Beethoven musikalisierten Zeilen Schillers: »Freude schöner Götterfunken, Tochter aus Elysium, wir betreten feuertrunken, Himmlische, dein Heiligtum« und »Seid umschlungen, Millionen! Diesen Kuß der ganzen Welt!« in einer quasi verdreifachten Präsenz, nämlich

1. zwischen Alt und Sopran, 2. zwischen Tenor und Baß, 3. zwischen den unter 1 und 2 genannten Paaren: Alt/Sopran und Tenor/Baß.

Im Mittelpunkt steht natürlich der erste Abschnitt »Anruf« mit dem Freudenthema. Doch die wichtige Bedeutung des zweiten Topos »Gebet« ist nicht zu überhören; denn Beethoven beginnt die Doppelfuge in der ersten wie auch in der zweiten Exposition mit den ersten beiden Zeilen aus seiner Textauswahl: »Seid umschlungen, Millionen! Diesen Kuß der ganzen Welt!« Er beendet die Fuge in langausgehaltenen, gleichsam entrückten Klängen einer Coda mit den beiden nächsten Zeilen aus dem religiösen Abschnitt, die ein Bekenntnis zu Gott sind: »Brüder – überm Sternenzelt/Muß ein lieber Vater wohnen.«

Beethovens poetisch verdichtete Doppelfuge ist natürlich auch im Zusammenhang einer langen Beschäftigung mit entsprechenden Werken Johann Sebastian Bachs zu sehen. Beethoven kannte solche Musik bereits als Kind – wir erinnern uns an seine ersten Auftritte als Interpret Bach'scher Präludien und Fugen aus dem »Wohltemperierten Klavier«. Er meinte später, daß Bach eigentlich besser »Meer« heißen müßte, und hatte geplant, als Hommage eine Ouvertüre über das musikalisierte Namensmotiv B-A-C-H zu komponieren.

Aber wir werden hier außerdem noch an etwas ganz anderes erinnert. An Beethovens schrille Worte von »der Kunst, musikalische Gerippe zu schaffen«, die er satirisch in Richtung seines gestrengen Lehrers Albrechtsberger geschleudert hatte, der ihm zwar die Technik des ›alten Stiles‹, aber offenbar keine Hilfen für neue Inhalte vermitteln konnte. Doch wie beendet Beethoven die Chor-Ode?

In der ritornellartigen Wiederkehr des ersten Abschnitts verkürzt Beethoven den Beginn des »Anrufs« auf: »Freude, Tochter aus Elysium«. Die ausgesparten Worte: »schöner Götterfunken« bringt er dann erst in der Coda, einem bacchantischen »Prestissimo«-Satz, in dem auch wieder die lautstarke ›Türkische Musik‹ mit dabei ist.

Auch diesem letzten hymnischen Anruf der Freude geht wieder eine Passage aus dem religiösen Abschnitt voraus. Die Wiederkehr ist im Charakter aber nicht mehr lyrisch, sondern extrovertiert und geradezu ekstatisch. Dieser Schluß scheint letztendlich auch auf das antike Vorbild zu verweisen. Es kommt sozusagen Bewegung unter die Chorsänger. Der anfänglich statische Charakter des Freudenthemas ist jetzt durch eine Komponente der Ekstase ergänzt. Auch dies gehört zur ursprünglichen Ode als vielfältigem Ganzen aus Wort, Gesang und Bewegung im Sinn des antiken Musikverständnisses (μουσική, beziehungsweise χορεία).

Das Chorfinale ist in der Tat Beethovens differenzierte musikalische Ausdeutung einer von ihm selbst stilisierten dreiteiligen Ode. Es fragt sich, warum dies sogar von bedeutenden Musikern verkannt wurde.

Die Fehlinterpretation, das Chorfinale sei lediglich eine vokale Verdoppelung des instrumentalen Vorspiels, hat wohl mehrere Gründe. Zum einen waren die Interpreten von der Brillanz und Länge des instrumentalen Vorspiels sozusagen geblendet. Dies steht, wenn wir so wollen, sogar noch im Einklang mit der antiken Vorstellung vom Vorspiel einer Chor-Ode. Denn das »Prooemion« soll, um nochmals auf Pindar zurückzukommen, wie die Front eines Tempels weithin strahlen.[72]

Aber Pindars »Prooemion« ist wie Beethovens instrumentales Vorspiel eben nicht der Hauptteil, sondern doch nur Einstimmung. Dies gilt auch für Beethovens Vorspiel. Es dienen alles in allem – Rezitative, Reminiszenzen und Variationen des Freudenthemas – nur der Vorbereitung auf die eigentliche Chor-Ode.

Zum anderen hat man Beethoven ein formbildendes Schöpfen aus dichterischer Quelle offenbar ganz und gar nicht zugetraut (»nicht für zwei Sous literarisch«). Beethoven war jedoch als Kind seiner Zeit ein gebildeter Klassizist. Sein Lehrer Neefe hatte Gedichte von Klopstock vertont, dem geistigen Vater der deutschen Oden-Renaissance (»Klopstocks Oden mit Melodien«, 1776). Neefes Begeisterung war auch auf Beethoven übergegangen. Neefe hatte bei Klopstock vor allem »Empfindsamkeit« gefunden. »Manche Thränen der Schwermut und der Freude haben Sie mir entlockt, und überhaupt bin ich Ihnen das Meiste in Absicht auf die Empfindsamkeit meines Herzens schuldig«, schrieb Neefe in einem Brief an den Dichter.[73]

Beethoven las Klopstocks Oden in Originalausgaben seines Verlegers Steiner. Offenbar inspirierte ihn die Form. Jedenfalls begegnete er dort auf Schritt und Tritt dem dreiteiligen Aufbau: »Anruf, Mythos, Gebet«, etwa in der Ode »Für den König«, um ein beliebiges Beispiel herauszugreifen. Beethoven hatte auch bereits die klassizistische Ode Gellerts »Die Himmel rühmen« vertont sowie das Lied »Klage« von Hölty, einem weiteren Odendichter. Das Enthusiastische wie das Hymnische waren ihm als Komponist also schon länger vertraut.

Doch das Chorfinale in der Neunten Sinfonie ist mehr als die Vertonung einer Ode. Es ist die Komposition eines Oden-Machers, der auf Grund seiner umfassenden Bildung imstande war, sich den Stoff selbst zu formen.

Beethovens Neunte Sinfonie wurde auch von Zeitgenossen verkannt. Ihr Vorurteil, die Sinfonie sei das Produkt eines Geistesgestörten und gewissermaßen der Gipfel alles Unverständlichen konnte jedoch dem sechzehnjährigen Richard Wagner die Neugier nicht nehmen. Im Gegenteil, er fühlte sich von dem Werk jetzt um so stärker angezogen und kam so bald nicht mehr davon los. Zuerst machte er sich in nächtelanger Arbeit eine Abschrift der Partitur. Da noch keinerlei Klavierfassung existierte, verfertigte er spontan den ersten Klavierauszug zu zwei Händen. Wie Beethovens Druckvorlage der Partitur landete auch Wagners Pionierarbeit bei den Gebrüdern Schott. Diese revanchierten sich für das kostbare Geschenk mit der Übersendung einer Partitur von Beethovens Missa solemnis an den jungen Arrangeur.

1846 stellte Wagner in Dresden die Neunte Sinfonie als Dirigent in einer öffentlichen Aufführung vor, die Furore machte und die bis dahin offensichtlich verkannte Dimension des Werkes offenbarte. In seiner drei Jahre später in Zürich verfaßten Schrift »Das Kunstwerk der Zukunft« interpretiert er Beethovens letzte Sinfonie als den künstlerischen Schlüssel zu einer neuen Musik im Sinne eines romantisch-klassizistischen Gesamtkunstwerks.

Die innovatorische, über die bestehende Instrumentalmusik hinausweisende und zur Dichtung hinführende Komponente der Neunten Sinfonie wird Wagner noch einmal als Zweiundfünfzigjährigem bewußt, als er sich in seiner Lebensgeschichte an das musikalische Schlüsselerlebnis durch Beethoven erinnert:

»Was mich beim Anblick der mühsam verschafften Partitur sogleich wie mit Schicksalsgewalt anzog, waren die lang andauernden reinen Quintenklänge, mit welchen der erste Satz beginnt: diese Klänge, die in meinen Jugendeindrücken von der Musik eine so geisterhafte Rolle spielten, traten hier wie der gespenstige Grundton meines eigenen Lebens an mich heran. Diese Symphonie mußte das Geheimnis aller Geheimnisse enthalten; und so machte ich mich darüber, durch mühsame Abschriften mir die Partitur davon anzueignen.«[74]

Der kurz nach seinem Tod als »halbwahnsinnig« verkannte Beethoven war also mit seiner klassizistisch konzipierten Chor-Ode zum Leitstern Richard Wagners geworden.

Beethoven hatte in seinen letzten Lebensjahren gegenüber Grillparzer, dem befreundeten Dichter, eine Bemerkung über die ästhetische Begrenzung der Musik gemacht. Grillparzer stellte daran anschließend in seinen »Erinnerungen« fest, daß die Musik, um sich zu erweitern, in die Poesie hinüberstrebt.

Diese Vision vom romantisch vergrößerten Gesamtkunstwerk finden wir schließlich in der nach antikem Vorbild gestalteten Neunten Sinfonie verwirklicht. Und Wagners Konzeption des dramatischen Gesamtkunstwerks im Sinne einer romantischen Renaissance der Antike wurde durch seine frühe Intuition um die »Geheimnisse« der Neunten Sinfonie genährt.

Friedrich Schlegel, der nahezu gleichaltrige Zeitgenosse Beethovens, hatte das erklärte ehrgeizige Ziel, einmal als »der Winckelmann der Literatur« in die Geistesgeschichte einzugehen. Dieser Wunschgedanke konnte jedoch nicht in Erfüllung gehen; dazu fehlte ihm offenbar das schöpferische Vermögen.

Beethoven hingegen verfügte über große Kreativität und Kraft. Darum wurde er vom Dichterfreund Grillparzer beneidet, der einmal bekannte: »Hätte ich nur den tausendsten Teil Ihrer Kraft und Festigkeit.«[75]

In zäher Verfolgung seiner Ziele hat Beethoven fast alle einmal gefaßten Kompositionspläne verwirklicht. Die Bezeichnung Komponist jedoch ließ er lieber für andere Kollegen gelten. Er selbst nannte sich gern Tondichter. Seine Zeitgenossen sahen in ihm den Komponisten des »Erhabenen«.

Es gibt bei Beethoven aber auch Beziehungen zu den alten Griechen. Im Zusammenhang seiner allegorisch konzipierten Werke und eines späten Streichquartetts wird davon noch die Rede sein. Als einem auf die antike Tradition zurückgreifenden Komponisten gebührte Beethoven eigentlich jener Ehrentitel, der Friedrich Schlegel in seinem Fach versagt bleiben mußte, nämlich »der Winckelmann der Musik«.

6. Eigenwillige Kunstmittel

Von der geschlossenen zur offenen Form

In der Neunten Sinfonie erreicht Beethoven als ein von der Dichtkunst inspirierter Komponist seinen Höhepunkt. Von Haus aus war er aber ein Musiker, dessen Wurzeln im Klavierspiel lagen. Anfänglich komponierte Beethoven auch vom Klavier aus. Doch in seinen jüngeren Jahren trainierte er an seinem Flügel meistens das Phantasieren für die modischen Salonwettkämpfe.

Bei seinen abendlichen Improvisationen in den frühen Wiener Jahren ist Beethoven nicht selten von Rivalen belauscht worden. Sie notierten sich seine Einfälle und stellten sie am nächsten Abend in irgendeinem Salon als ihre eigenen Erfindungen vor.

Als Beethoven davon erfuhr, geriet er in Rage. Später überlegte er, wie er sich vor solchen Plagiatoren schützen könne. Er beschloß, in Zukunft seine musikalischen Gedanken sofort aufzuschreiben und anschließend gleich zu veröffentlichen. Dabei spickte er den Klaviersatz gelegentlich mit technischen Schwierigkeiten, etwa einem Oktavtriller in einer Hand, um die diebischen Konkurrenten zu ärgern.

Man könnte den gerissenen Musikpiraten eigentlich sogar dankbar sein. Denn sie haben Beethoven nachhaltig motiviert, seine Einfälle am Klavier sofort schriftlich zu fixieren, bevor sie sich womöglich wieder verflüchtigten. Den frechen Rivalen legte er auf diese Weise das Handwerk. Er selbst reifte um so schneller zum Komponisten, wovon vor allem die Nachwelt profitieren sollte. Außerdem entwickelte Beethoven dabei eine Arbeitstechnik, die er offenbar auch seinen Schülern vermittelte. Während einer kurzen Pause bei der Komposition der Neunten Sinfonie empfahl er nämlich dem Erzherzog Rudolf, die Einfälle gleich am Klavier aufzuschreiben. Als erfahrener Praktiker gab er auch den Hinweis, wie das zu bewerkstelligen sei:

»Dazu gehört ein kleines Tischchen an's Clavier. Durch dergleichen wird die Phantasie nicht allein gestärkt, sondern man lernt auch die entlegensten Ideen augenblicklich festzuhalten« (Brief vom 1. Juli 1823).

Natürlich ist das Schreiben vom Klavier aus nicht die einzige Möglichkeit. Doch läßt Beethoven in dem brieflich erteilten Fernunterricht durchblicken, daß Musik zunächst einmal mit Handwerk verbunden ist. Schreiben verlangt eine lange Entwicklung, bis die Hand endlich tut, was der Kopf will. Nach der gewissermaßen handwerklich gestützten Schreibübung ist dann das geistige Training ohne Zuhilfenahme des Klaviers notwendig. Beide Übungsarten ebnen den Weg zu der Fähigkeit, auch das Gefühl in Musik umzusetzen. Deshalb ermahnt Beethoven seinen Schüler in demselben Brief:

»Ohne Clavier zu schreiben ist ebenfalls nöthig, u. manchmal eine einfache Melodie Choral mit einfachen und wieder mit verschiedenen Figuren nach den Contrapunkten und auch darüber hinaus durchzuführen, wird Euer Kaiserlichen Hoheit sicher kein Kopfweh verursachen, ja eher, wenn man sich so selbst mitten in der Kunst erblickt, ein großes Vergnügen. – Nach und nach entsteht die Fähigkeit, gerade nur das was wir wünschen, fühlen darzustellen.«

Beethoven hat seine späteren Instrumentalwerke fast immer ohne Zuhilfenahme des Klaviers komponiert. Die Grundverschiedenheit zwischen Werken für das Hammerklavier und Instrumentalkompositionen erschien ihm zu gravierend. Er widerstand der Versuchung, zunächst am Tasteninstrument relativ bequem zu beginnen. Denn er wußte aus Erfahrung, daß er anschließend eben wegen dieser Grundverschiedenheit den Satz hätte abändern und gelegentlich auch kürzen müssen. Das spezielle Umschreiben eines Klavierwerkes hat Beethoven offenbar Mühe gemacht. Auf die geglückte Umwandlung der Klaviersonate E-Dur, op. 14 Nr. 1, in eine Fassung für Streichquartett in F-Dur war er sehr stolz.

Er wisse, so schrieb er an die Verleger Breitkopf & Härtel, daß ihm diese Transkription so leicht niemand nachmache (13. Juli 1802).

Aber diese Übersetzung eines Klavierwerkes war für ihn eine anachronistische Pflichtübung. In demselben Schreiben wendet er sich nämlich gegen die modische Sucht, Klavierwerke auf Streichbesetzungen zu übertragen. Denn diese Popularisierung widersprach seinem ausgeprägten Bemühen um die unverwechselbare Individualität jedes seiner Werke. Mozart, in dessen Schatten alle unmittelbar Nachfolgenden standen, und Haydn, von dessen uneingestandener geistiger Vaterschaft er nur schwer loskam, hatten eine andere Einstellung. Sie konnten ihre Klavierwerke auf andere Instrumente offenbar mit leichter Hand übersetzen. Beethoven sah sich selbst immer in Verbindung mit diesen beiden Wiener Klassikern und wollte sich deshalb hier nicht unbedingt ausschließen.

In einem Fall jedoch hat Beethoven eine spezifisch am Klavier entwickelte Form auf die instrumentale Ensemble- und Orchestermusik übertragen. Es ist die gewissermaßen kreisrunde, vergrößerte Scherzoform, die er anstelle der klassischen, gewissermaßen statischen Symmetrie des Menuetts setzt. Mit dieser dynamisch-motorisch konzipierten Neuerung bereichert er in seinen schöpferisch besten Jahren seine meisten kammermusikalischen und sinfonischen Werke. Robert Schumann übernahm diese Satzform in seinen beiden ersten Sinfonien und in einigen Kammermusikwerken. Entwickelt hatte Beethoven dieses Markenzeichen seines mittleren Schaffensabschnitts möglicherweise aber schon in seiner Jugendzeit.

Ein kreisend angelegtes fünfteiliges Scherzo existiert nämlich in der siebten Bagatelle für Klavier, op.33. Das Werk erschien 1802. Die Form der siebten Bagatelle Presto, As-Dur, ist aber möglicherweise wie die schon erwähnten »Kurfürstensonaten« sogar das Werk des elf- oder zwölfjährigen Beethoven. In der ausgearbeiteten Fassung kündigt sich jedenfalls die besagte Formschöpfung des mittleren Beethoven an. Der Scherzohauptsatz der siebten Bagatelle aus pochenden Akkorden im Baß und einem widerborstigen sequenzierenden Vorhaltsmotiv im Diskant wird durch ein zweistimmiges, in Dezimen gesetztes Trio aus Dreiklangs-Arpeggien kontrastiert. Diese Gegenüberstellung wird zweimal wiederholt. Daraus ergibt sich ein doppeltes Dakapo (von italienisch da capo, zu deutsch: [Wiederholung] von Anfang an). Bei dieser Wiederholung des Kontrastes ist der Trio-Satz anders als im herkömmlichen dreiteiligen Tanzsatz bewußt miteinbezogen. Der abrundenden, alleinigen Wiederholung des Hauptsatzes ohne Trio folgt eine nochmalige, allerletzte Präsentation, die Beethoven als eine krönende Coda gestaltet. Aus den pochenden Akkorden im Baß im doppelten piano sind jetzt vollgriffige, für die beiden Hände des Pianisten gesetzte Klänge im forte geworden. Im Stimmtauschverfahren erscheint das bärbeißige Vorhaltsmotiv nunmehr im Baß, um anschließend wieder in den Diskant zu wandern. Den umgekehrten Weg, also vom Diskant in den Baß, gehen die begleitenden Akkorde. Außer der erwähnten doppelten Präsentation des Hauptsatzes am Schluß, der die Anlage sogar in sechs Teile gliedert, unterscheidet sich dieses erste sogenannte »round and round-scherzo« von den späteren Sätzen durch Veränderungen bei den Wiederholungen. Während das Trio in seiner originalen Gestalt ohne irgendeine Variierung wiederkehrt, verändert Beethoven die Wiederholungen des Hauptsatzes. Nach und nach paraphrasiert er dabei die Baßfiguren und entwickelt das kurze Vorhaltsmotiv schließlich zu einer zusammenhängenden musikalischen Linie.

Wie schon gesagt, handelt es sich hier um Beethovens erste Umwandlung der traditionellen symmetrischen Form Menuett – Trio – Menuett. Sie ist radikaler als in den später entstandenen Sätzen dieser Gliederung. Auf Schritt und Tritt ist in diesem Klavierstück noch der ungestüme Improvisator präsent. In der ausgereiften Formschöpfung seiner mittleren Jahre gibt es jedoch keine Variierungen mehr, von gelegentlichen Raffungen in der Coda einmal abgesehen. Die innovatorische Satzform ist konsequent durchgehalten und musikalisch ganz und gar durchgestaltet, so daß Veränderungen wahrscheinlich nur abträglich wären.

Das Klavier-Scherzo war noch ganz der Wirkung des Augenblicks verpflichtet. Die Dakapoformen in den Instrumentalwerken des mittleren Lebensabschnitts sind anders konzipiert.

Denn aus dem Klaviervirtuosen ist inzwischen ein klassischer Komponist geworden, der den Effekt jetzt in eine strenge Gestaltung der Form verlagert.

Beethoven schrieb das Scherzo mit doppeltem Dakapo in seinen mittleren Jahren in vier Sinfonien (Nr. 4 bis Nr. 7), drei Streichquartetten (op.59/2, op.74, op.95), zwei Klaviertrios (op.70/2, op.97) und einer Sonate für Klavier und Violoncello (op.69).

Donald Tovey, der geistvolle englische Musikhistoriker, nennt die besagte neue Form Beethovens »round and round-scherzo«.[76] Damit ist der gewissermaßen kreisende Charakter angesprochen, den Beethoven anstelle der herkömmlichen Symmetrie eingeführt hat. Das sozusagen um sich selbst rotierende Scherzo bildet im Gegensatz zur symmetrisch konzipierten geschlossenen Dakapo-Gliederung nunmehr eine offene Form.

Beethovens Formschöpfung von den schier endlosen Wiederholungen der Gegensätze erfordert natürlich ein entsprechendes Mitgehen von Interpreten und Zuhörern. Das Nachvollziehen eines musikalischen Prozesses verlangt insbesondere Muße zum Zuhören. Das in der Praxis oft gehandhabte Streichen von vermeintlich überflüssigen Wiederholungen macht allerdings Beethovens Konzeption zunichte.

Beethovens Zeitgenossen hatten die Muße zum Zuhören offenbar noch in uneingeschränktem Maße. Sie registrierten auch seismographisch genau die veränderte Wirkung eines Werkes, wenn ein ihnen bekanntes »round and round-scherzo« nicht ausgeführt wurde.

Dieses passierte tatsächlich im Jahre 1820 in Wien bei einer Aufführung der Fünften Sinfonie. Es ist heute kaum bekannt, daß der dritte Satz »Allegro – Trio« auch das doppelte Dakapo bekommen hatte. Beethoven-Experten kannten jedoch diese authentische Fassung, die nachweislich zumindest bis zum Jahre 1820 (das waren elf Jahre nach der Uraufführung) in Wien gespielt wurde.[77]

Franz Oliva, von Beruf Bankkaufmann, als Privatmann einer der engeren Freunde, der Beethoven in Aktiengeschäften beriet, ein anderes Mal bei Goethe musikalisch am Flügel repräsentierte, war offenbar Experte in der Frage der authentischen Fassung der Fünften Sinfonie. Als er das Werk am 9. April 1820 in einem öffentlichen Konzert in Wien hörte, war er schwer enttäuscht. Er bekam nämlich eine verstümmelte Version dargeboten. Die beabsichtigte ästhetische Wirkung des Werkes wurde dadurch zunichte gemacht. Oliva berichtete Beethoven daraufhin in einer Gespächsnotiz im Konversationsheft von der Verballhornung der c-Moll-Sinfonie. Verblüffend ist dabei Olivas genaue Kenntnis der Kompositon, die er an einer Stelle geradezu akribisch beschreibt:

»Ich habe vergessen Ihnen zu sagen, daß Dillettanten gestern Ihre Symphonie abgekratzt haben; im 3ten Stück ließen sie fast die Hälfte weg; – der fugirte Mittelsatz war nur einmahl, dann tratt gleich die Stelle ein wo die Violinen piccicato haben, und den Übergang in das Finale, es machte eine sehr schlechte Wirkung;-«[78]

Olivas Bericht dokumentiert, daß Beethoven also in der Fünften Sinfonie, c-Moll, op.67, einen Satz mit zweimaligem Dakapo einschließlich des Trio-Satzes komponiert hatte. Olivas exakte satztechnische Beschreibungen (»fugirter Mittelsatz«, »piccicato« der Violinen) identifizieren diese Stellen zweifelsfrei als den Beginn des Trio-Satzes und die Nahtstelle zur modifizierten letzten Wiederholung im dritten Satz, also einem »round and round-scherzo«. Seine Kritik an der verkürzten Fassung (»es machte eine sehr schlechte Wirkung«) offenbart gleichzeitig auch die Vertrautheit mit der ästhetischen Wirkung der authentischen Fassung. Diese war in Wien also bekannt und hatte eine bessere Wirkung als die apokryphe Fassung. Aber wie konnte es überhaupt zur Verstümmelung der Originalgestalt dieser weltweit bekannten Sinfonie kommen?

Beethoven ließ in dem Notenmaterial, das er für die ersten Aufführungen bereitstellte, vom Kopisten sämtliche Wiederholungen ausschreiben. Dieses Aufführungsmaterial war deshalb viel umfangreicher als das gedruckte Material. Es paßte gerade noch auf die Notenständer, und die Musiker hatten beim

Umwenden ihre liebe Not, wie ein Zeuge der Uraufführung berichtet. Einen Vorteil aber hatte das dicke Notenpaket: Wegen der Fülle der Seiten konnten sich die Musiker keinerlei Kürzungen (sogenannte ›Striche‹) leisten, ohne die Übersicht zu verlieren.

In den Notendrucken jedoch, die teuer von den gestochenen Druckplatten hergestellt wurden, sind die Wiederholungen aus ökonomischen Gründen nicht mehr ausgezogen, sondern durch Repetitionszeichen markiert. Der Verlauf des Scherzos ist zwar genau angezeigt, doch entsteht gleichzeitig der Eindruck einer Textverkürzung. Dies hat die Interpreten nicht selten zum Weglassen konstitutiver Wiederholungen veranlaßt; im Finale der Fünften Sinfonie betraf das zum Beispiel die Wiederholung der Exposition. Solche Textretuschen sind am traditionellen symmetrischen Aufbau eines Satzes orientiert. Beethovens Konzeption der offenen Formen, des »work in progress«, insbesondere des »round and round-scherzo« verlangt jedoch die Einhaltung der Wiederholungen.

Auch beim Druck der Fünften Sinfonie sollte das doppelte Dakapo aus ökonomischen Gründen nicht mehr ausgezogen, sondern durch Zeichen markiert werden. Entsprechende Anweisungen hatte Beethoven bereits in die autographe Partitur hineingeschrieben. Er notierte über jenen Takten, die gewissermaßen den Drehpunkt zum Dakapo bilden, mehrere Zeichen, Bögen, Kreuze und Ziffern, welche auf die dazugehörigen Anschlußstellen verweisen. Über den Beginn dieses Wiederholungsscharniers schrieb er mit geradezu pedantischer Akribie, wie diese besondere Wiederholung auszuführen sei, nämlich einschließlich des Trios. (»Si replica con trio allora 2 se piace«, zu deutsch: »Man wiederhole zusammen mit dem Trio und [spiele] dann bitte den zweiten Teil«.)

Der Notenstecher hat allerdings diese teils mit Bleistift, teils mit einem Rötelstift geschriebenen Anweisungen übersehen. Vermutlich verstand er sie gar nicht. Sie beziehen sich auf die Anschlußstelle am Satzanfang, und zwar im vierten Takt. Beethoven hatte sie dort abolut klar mit einem sogenannten Andreaskreuz und der römischen Zahl I markiert. Auch das wurde vom Notenstecher übersehen. Durch diese Versäumnisse entstand natürlich ein falscher Notentext. Vor allem verschwand das doppelte Dakapo, das »round and round scherzo«, Beethoven selbst hat das nicht mehr korrigiert (s. Abb. 7 u. 8).

Die Geschichte dieser Wiederholung wurde inzwischen eingehend und abschließend untersucht. Dennoch wird diese Sinfonie, obschon eines der bekanntesten Werke Beethovens, aus Unkenntnis permanent in einer falschen Fassung gespielt. Ein einmal etablierter Irrtum ist offenbar kaum durch Argumente zu korrigieren. Die Interpreten glauben nämlich zunächst einmal an das, was sie kennen. Einspruch ist zwecklos.

Doch gibt es zwei Ausnahmen: die von Pierre Boulez (1968) und von Roger Norrington (1988) dirigierten Schallplattenaufnahmen. Boulez hat 1966 als Gastdirigent mit dem »New Philharmonia Orchestra« in der Royal Festival Hall die authentische Fassung nach rund einhundertundvierzig Jahren der Vergessenheit zum erstenmal wieder öffentlich vorgestellt. Die Fassung fand viel Zustimmung, auch bei den Londoner Musikern, die sich keineswegs sträubten, das ihnen sehr vertraute Werk einmal anders zu spielen.

Ihre Aufgeschlossenheit könnte von großem Nutzen sein. Just zu dieser Zeit zeigte die Londoner Beethoven-Rezeption nämlich Erschöpfungserscheinungen. Die Überrepräsentation insbesondere der Fünften Sinfonie und des Fünften Klavierkonzertes ermutigte die Manager der großen Sinfonieorchester zu einer ganz ungewöhnlichen Enthaltsamkeit: »Let us give Beethoven a rest« – »Gönnen wir Beethoven mal 'ne Pause«. Tatsächlich wurde damals beschlossen, die durch Abnutzung bedrohten Werke nur noch einmal wöchentlich aufzuführen. Das war zwar ein bescheidener, aber bemerkenswerter Anfang.

Die der authentischen Fassung der Fünften Sinfonie gegenüber aufgeschlossenen Londoner Musiker lernten eine ihnen bislang verborgene Dimension des Werkes kennen. Der dritte Satz ist nämlich auf zweifache Weise mit dem Finale verknüpft: zum einen durch eine nahtlose Überleitung im Anschluß an die letzte, reminiszenzartige Wiederholung des Scherzo-Satzes,

Abb. 7: *Autograph der Fünften Sinfonie, Seite 45. Beethoven notierte das formbildend bis ins Finale hineinreichende doppelte Dakapo des dritten Satzes in der Zeile der Violoncelli, in Takt 4, mit einem Wiederholungszeichen, bestehend aus einem Doppelstrich und einem Doppelpunkt. Die Stelle markierte er auf dem unteren Rand des Partitursystems deutlich mit einem sogenannten Andreaskreuz und einer römischen I.*

Abb. 8: *Autograph der Fünften Sinfonie, Seite 185. Beethoven schrieb ein Andreaskreuz und eine römische I, die auf Takt 4 verweisen, in die Zeile der Violoncelli am Ende einer zweitaktigen »prima volta« (deutsch: erste, auf den Satzanfang zurückleitende Wendung), die mit den Takten 2 und 3 (s. Abb. 7) identisch ist. Ein weiteres Andreaskreuz sowie eine arabische 2, die auf die zweite Anschlußstelle (s. Abb. 9), in der Coda verweisen, schrieb er auf den unteren Rand der Seite (in Takt 237, am Taktstrich 237 auf Takt 238).*

Abb. 9: *Autograph der Fünften Sinfonie, Seite 188, Dakapo-Anschluß in der Coda des dritten Satzes. Beethoven notierte auch hier ein Andreaskreuz sowie eine arabische 2. Über diese »seconda volta« (deutsch: zweite, in die Fortsetzung des Satzes leitende Wendung) schrieb er zur Verdeutlichung des Wiederholungsplans zusätzlich einen Bogen und eine weitere arabische 2.*

zum anderen durch eine abermalige Wiederkehr dieser schattenhaften Reminiszenz einschließlich einer verknappten Überleitung zur Reprise.

Die Bedeutung des Selbstzitates im Sinne einer Retrospektive bei Beethoven hatten wir bereits im Finale der Chorsinfonie kennengelernt. Auch in der Fünften Sinfonie ist die letzte Wiederholung des Scherzosatzes nur im Zusammenhang mit der »round and round form« und der besagten Reminiszenz verständlich. Und eben dieser komponierte übergreifende musikalische Zusammenhang, zweifellos ein Kennzeichen der klassischen Musik Wiens, wurde jetzt auch in London wieder hörbar. Die Musiker konnten noch eine weitere Erfahrung machen. Denn die wahre Gestalt dieser Sinfonie fordert angesichts ihres besonderen Aufbaus von den Interpreten eine ganz andere Ökonomie im Umgang mit den äußeren und inneren Kraftverhältnissen der Musik. So sind alle Steigerungen in der authentischen Gestalt der Fünften Sinfonie auch unter dem Aspekt übergreifender architektonischer Gliederung zu verstehen. Die Urfassung der Fünften Sinfonie ist also nicht nur eine Frage wissenschaftlicher Textkritik. In ihr steckt auch der Schlüssel zu einer stilistisch richtigen Interpretation.

Für Beethovens Formschöpfung gab es kaum Vorbilder. Es ist kompositorischer Neuerwerb und kein Erbgut. Haydn hatte sich als Sinfoniker gelegentlich der Reminiszenztechnik bedient, doch die Form nicht angetastet. Mozart komponierte zwar mehrere Menuette mit doppeltem Dakapo, schrieb dabei aber immer ein neues Trio, wodurch ähnlich wie in Bachs sogenanntem Brandenburgischen Konzert Nr. 1 der Satz zur Suite geriet.

Beethovens neue Satzform, die den Kontrastvorgang in die Wiederholungen einbezieht, hat offenbar andere geistige Wurzeln. Die Form entstand aus der Auseinandersetzung mit dem Stoff selbst, also aus dem Vorgang der Wiederholung und der Kontrastierung von Scherzo und Trio. Diese Besinnung auf die Parameter der Musik sollte dann auch ein Merkmal seiner letzten Werke werden.

In der Formschöpfung seines mittleren Lebensabschnitts erfüllte Beethoven in gewisser Weise eine ästhetische Forderung seines Lehrers Christian Gottlob Neefe. Zu den Voraussetzungen der wahren Musik gehöre nämlich Wissen und kreatives Können: »...die Kenntniß des ganzen musikalischen Stoffs, eine Fähigkeit, diesen Stoff nach allen darzustellenden Formen... umzubilden..«[79] Neefe hat auch konkret »Ueber die musikalische Wiederholung« geschrieben. Seine Überlegungen sind zunächst auf die Vokalkompositionen bezogen. Wie er aber selbst ausdrücklich anmerkt, sind sie auch auf die Instrumentalmusik übertragbar: »Es kann eine musikalische Idee oft und vielleicht unmittelbar auf einander wiederholt werden, und diese Wiederholung kann ein wahres Verdienst des Komponisten seyn. – Aus der Originalität der Gedanken, und der eigenen Art der Ausführung derselben entstehen die besonderen Manieren großer Meister, wodurch sie sich eben so von einander unterscheiden, wie große Dichter und Maler. Die Wiederholung wird aber auch noch aus einem anderen Grunde oft nothwendig. Unsere Seele verlangt sich alles dessen, was ihr interessant ist, ganz zu bemächtigen. Darnach muß sich der Komponist richten.«[80]

»Sehnsucht und Unruhe in der Musik« – Allegorische Ebenen bei Beethoven

Anfang Mai 1811 fand in Goethes Weimarer Haus eine improvisierte musikalische Soiree statt. Nach dem Essen führte der Hausherr seine Gäste aus dem Speisesalon in das Musikzimmer. Geladen waren Sulpiz de Boisserée, gelehrter Kunstsammler aus Köln, und Franz Oliva, Bankkaufmann und der persönliche Musikbotschafter Beethovens aus Wien.

Goethe hatte bei der Einrichtung des Musikzimmers Funktion und Dekoration nach den Leitsätzen seines Leipziger Lehrers Oeser aufeinander abgestimmt. Bei allem, was mit künstlerischer Konzeption und handwerklichem Können zusammenhing, achtete er auf eine damals neue Einfachheit und Tiefe des Gefühls. Goethe ließ sich bei der Anschaffung des

Hammerflügels über die technische Qualität gern von Fachleuten beraten. Ästhetisch hatte er aber eine dezidierte eigene Meinung. Er bevorzugte Instrumente mit einem schlichten Exterieur. Auch daran zeigte sich, daß in der bildenden Kunst Oeser und mittelbar auch Winckelmann seine ersten Mentoren gewesen waren.

Im Musikzimmer in Weimar hingen damals Bilder des erst kürzlich verstorbenen Philipp Otto Runge. Runge wurde von vielen Dichtern des beginnenden 19. Jahrhunderts als Begründer der romantischen Malerei sehr geschätzt. Goethes Gäste bekamen Runges graphischen Zyklus »Tageszeiten« in vier Stichen zu sehen, »Arabesken oder symbolisch allegorische Darstellungen von Morgen, Mittag, Abend und Nacht«, wie Boisserée überlieferte (s. Tafeln 6 u. 7).

Nun wurde der Flügel aufgeklappt, und Oliva spielte Beethoven. Die Gesellschaft lauschte der Klaviermusik, betrachtete aber auch gleichzeitig die Kupferstiche der »Tageszeiten« von Runge. Angeregt durch diesen doppelten Genuß, führten Boisserée und Goethe ein lebhaftes Gespräch über die Ähnlichkeiten der Künste. Goethe geriet über die Schönheit von Runges Darstellungen in helle Aufregung und griff Boisserée in den Arm: »Zum Rasendwerden, schön und toll zugleich.« Und Boisserée fügte hinzu: »Ja, ganz wie die Beethovensche Musik, die der da spielt, wie unsere ganze Zeit.«

Goethe hatte Anfang dieses Jahres in Weimar recht häufig Musik von Haydn gehört. Das Oratorium »Die Jahreszeiten« war sogar zweimal gegeben worden, vollständig bei einem Geburtstagskonzert für die Herzogin Luise und in Ausschnitten in einem Hauskonzert, das aufgrund des großen Anklangs zusätzlich angesetzt worden war. Außerdem war Goethe noch bei der Aufführung einer Messe und eine Vokalkomposition (»Herr, ich bin viel zu gering«) von Haydn zugegen.

Jetzt wurde in seinem Haus Musik von Beethoven, dem ehemaligen Schüler von Haydn, gespielt. Die neue Dimension dieser Musik rief bei Goethe keine uneingeschränkte Zustimmung hervor. Er äußerte auch Kritik. Sie geriet indes unversehens zu einer Bestätigung von Beethovens Konzeption der Einfachheit. Goethe anerkennt die gelungenen Schönheiten der Details. Wörtlich erwiderte Goethe auf Boisserées Bemerkungen zu einer Übereinstimmung zwischen den symbolisch allegorischen Darstellungen Runges und der Musik Beethovens: »Freilich, das will alles umfassen und verliert sich darüber immer ins Elementarische, doch noch mit unendlichen Schönheiten im einzelnen.«[81]

Boisserée war von Runges Darstellungen der »Tageszeiten« angetan. Als Goethe dies bemerkte, ging er zu ihm, und wieder diskutierten sie spontan über die neue phantastische Dimension in den Kunstwerken ihrer Zeit. Das engagierte Gespräch ging jetzt hauptsächlich über »die alles zersprengende, ins Unendliche sich verlierende Sehnsucht und Unruhe in der Musik und in diesen malerischen Versuchen«.

Ausgangspunkt dieser Betrachtungen waren also die Darstellungen Runges und die Klaviermusik Beethovens. Goethe diskutierte über Analogien zwischen bildender Kunst und Musik übrigens nochmals im darauffolgenden Sommer. Gesprächspartner war jetzt Zelter. Wie das Weimarer Tagebuch vom 1. Juli 1811 vermerkt, ging es dabei auch um die Frage des gleichen Aufbaus: »Zeitig mit Zelter spazierengefahren. Über die Ähnlichkeit der Kompositionen der bildenden und der musikalischen Kunst.«

Über das Gespräch in Goethes Haus schrieb Sulpiz Boisserée am 4. Mai 1811 an seinen Bruder Melchior. Sein Bericht ist nicht die einzige Quelle, in der Beethovens Musik mittelbar als allegorisch bezeichnet wurde. Ein Programmzettel mit einer Einführung in »Die Geschöpfe des Prometheus« anläßlich der Uraufführung in Wien am 18. März 1801 mit der Musik von Ludwig van Beethoven beginnt mit dem Satz: »Die Grundlage dieses allegorischen Ballets ist die Fabel des Prometheus«.[82]

Beethoven bezieht sich auch selbst auf diesen Titel, als er das Verlagshaus Breitkopf & Härtel auf einen Fehler bei der Herausgabe seiner Klaviervariationen op.35 aufmerksam machte. Er bat, das bereits gedruckte Titelblatt zu ändern, weil darauf die Angabe über die Herkunft des Themas fehle, das nämlich aus dem »allegorischen Ballet« stammte (Juni 1803). Beethovens Bitte wurde nicht entsprochen. Durch dieses Versäumnis gingen nicht nur die exakten Angaben über Autorschaft und Herkunft des Themas verloren; es wurde auch die kunst- und literaturgeschichtlich wichtige Vokabel »allegorisch« im Zusammenhang mit Beethovens Musik unterdrückt. Die Komposition kam außerdem zu einem mißverständlichen Beinamen. Denn das Klavierwerk wurde wegen der thematischen Verwandtschaft mit dem später entstandenen Finale aus Beethovens Dritter Sinfonie unter der Bezeichnung Eroica-Variationen bekannt. Der Zusammenhang ist jedoch anders herum richtiger. Nicht die Eroica ist hier der Bezugspunkt. Vielmehr bildet die allegorische Prometheus-Musik konzeptionell wie thematisch die Quelle der Eroica und der Variationen op.35. Dieses Klavierwerk hätte also eigentlich den Beinamen »Prometheus« erhalten müssen.[83]

Die Allegorie war in der Tat ein Thema des klassizistisch-romantischen Zeitalters. Winckelmann hat der Allegorie eine eigene Schrift gewidmet. Aber das Thema klingt bereits in seiner Erstschrift über die Malerei und Bildhauerkunst der alten Griechen an. Bei Winckelmann sind Allegorien zunächst Bilder, die allgemeine Begriffe bedeuten: »Denn die Malerei erstreckt sich auch auf Dinge, die nicht sinnlich sind; diese sind ihr höchstes Ziel... Scheinet die Vorstellung möglich, so ist sie es nur allein durch den Weg der Allegorie, durch Bilder, die allgemeine Begriffe bedeuten.« Zugleich ist die Allegorie bei Winckelmann eine künstlerische Technik, die Gedanken transportiert. Der Künstler müsse lernen, seine Gedanken in Allegorien einzubringen. Denn dadurch gebe er mit seinem Werk mehr zu denken, als für das Auge sichtbar sei. Auf diese Weise erreicht der Künstler die denkbar höchste Stufe seines Schaffens.[84]

Goethe hat Winckelmanns auf die bildende Kunst bezogenen Allegorie-Begriff ziemlich wörtlich in seine Diskussion über die Dichtkunst übernommen. Allerdings sei das Allegorische nicht die wahre Natur der Poesie. Der Dichter müsse anstelle des Allegorischen, dem Exempel für das Allgemeine, vielmehr das Besondere gestalten, wodurch zugleich auch das Allgemeine erfaßt werde.[85]

Auch wenn Goethe hier den Allegorie-Begriff seines Vorbildes umkehrt (statt zum Allgemeinen das Besondere, im Besonderen das Allgemeine suchen), bleibt Winckelmanns Grundgedanke erhalten: Die höheren Ziele eines Kunstwerkes sind weniger in der Gestalt des Werkes wahrnehmbar als in dem, was das Kunstwerk zu denken aufgibt.

Diese allegorische Konzeption gilt auch für die Musik der Wiener Klassik. Hinter der klanglichen Gestalt des Werkes existiert nämlich der höhere Sinn des Kunstwerkes, der dem Kenner zu denken gibt.

Beethoven hat namentlich drei Orchesterwerke allegorisch konzipiert, die trotz verschiedener Entstehungszeiten aus diesen inneren Gründen wie auch durch musikalische Verwandtschaft zusammengehören: die Musik zu Salvatore Viganòs »heroisch allegorischen Ballet in zwei Aufzügen ›Die Geschöpfe des Prometheus‹«, die Dritte Sinfonie (Eroica) und die Sechste Sinfonie (»Sinfonia pastorella«).

Der Prometheus-Stoff hat Beethoven nachhaltig beschäftigt. Er befaßte sich sehr genau mit dem Ballett-Szenar von Salvatore Viganò (1769–1821). Dies geht aus Textauszügen, Notizen und Stichworten in seinen Skizzenbüchern hervor.

Der Ballettautor Vigan hatte die klassische Sage bühnenwirksam aufbereitet, indem er verschiedene Themen aus der Antike collagierte, nämlich die Prometheusfabel, den Mythos des Musenführers Apollon und die Sage »Die Macht der Musik und des Tanzes« (La forza della musica e della danza). Diese Überschrift ist zugleich auch der Untertitel einer zeitgenössischen Inhaltsangabe.

Später hat sich Beethoven wiederholt aus der Prometheus-Musik selbst zitiert: In den Klaviervariationen op. 35, den Zwölf Contretänzen WoO 14 (sprachlich ist dieser Titel übrigens eine kontinentaleuropäisch entstandene Verballhornung von »Country Dance«), in der Eroica und der Pastoralsinfonie.

Neben den musikalischen Selbstzitaten taucht die allegorische Konzeption der Prometheus-Musik auch verbal in Skizzeneintragungen auf, des weiteren in Satzüberschriften und

Briefen. Kaum ein anderes Thema hat Beethoven anhaltender beschäftigt als der allegorische Stoff aus der Prometheus-Musik. Beethoven war von der Mythen-Collage des Ballettszenars fasziniert, die Prometheus als den »erhabenen« Retter der rohen Menschheit schildert. Prometheus bringt nämlich die von ihm selbst aus leblosen Tonstatuen erschaffenen, geistig vorerst noch ungebildeten Menschenkinder, einen Mann und eine Frau, zum Studium der Künste und Wissenschaften bei Apollon und den Musen auf den Parnaß. Auf dem Plateau der Götter erfahren die beiden Geschöpfe des Prometheus vor allem die Macht der Musik und des Tanzes (»La forza della musica e della danza«).

Die klassizistische Vorstellung, daß die Beschäftigung mit Wissenschaft und Kunst den Menschen bilde und »erhöhe«, war seit der Komposition der Prometheus-Musik zu einem Bestandteil seines Weltbildes geworden. In einem warmherzigen Dankesbrief an eine kleine Verehrerin kleidet er diesen Gedanken in eine verdeckte (sprachliche) Allegorie. Kunst und Wissenschaft, so ermahnt Beethoven das Kind, rücken den Menschen hinauf auf jenen Berg, wo die Götter residieren. In gut klassizistischer Manier schrieb er an die kleine klavierspielende Emilie in H. (vielleicht Hamburg), die ihm eine Brieftasche selbst gewirkt hatte:

»Fahre nur fort, übe nicht allein die Kunst, sondern dringe auch in ihr Inneres; sie verdient es, denn nur die Kunst und die Wissenschaft erhöhen den Menschen bis zur Gottheit« (17. Juli 1812).

Zwölf Jahre später variiert Beethoven diesen Gedanken in einem Brief an die Mainzer Verleger Schott: »sind es diese [Kunst] und Wissenschaft doch, die uns ein höheres Leben andeuten und hoffen lassen« (17. September 1823). Und seinem Schüler Erzherzog Rudolf vertraut er dieses stolze Credo an:

»Höheres giebt es nichts, als der Gottheit sich mehr als anderen Menschen nähern, und von hier aus die Strahlen der Gottheit unter das Menschengeschlecht zu verbreiten« (August 1823).

In Beethovens musikalischen Selbstzitaten spielen die Allegorien von der Wirkung des Tanzes auf den Menschen eine besondere Rolle. Dies hängt mit der Konzeption des Ballettautors zusammen. Das Prometheus-Szenar endet unter festlichen Tänzen, die den im Verlauf des Bühnengeschehens erdolchten Titanen Prometheus wieder zum Leben erwecken. Dieses »Happy-End« hat Beethoven durch ein Rondo aus mehreren Contretänzen vertont. Den ersten Tanz verwandte er ein Jahr später noch dreimal, und zwar in den zwölf Contretänzen für Orchester, den Klaviervariationen op. 35 und der zur selben Zeit begonnenen Dritten Sinfonie Eroica.

Das »Happy-End« des Titanen Prometheus, des Menschheitsretters, hatte für Beethoven noch einen zeitgebundenen Hintergrund. Wenn wir der Deutung des Constantin Floros folgen, assoziierte »Beethoven in seiner Vorstellung Bonaparte, den Helden seiner Zeit, mit Prometheus, dem Helden der antiken Mythologie«. Beide Helden waren damals erklärte Retter der Menschheit. Der zeitgenössische Konsul als Befreier vom Chaos der Revolution und der mythische Titan als Erzieher der geistig ungeformten Menschenkinder.

Beethoven fand sich mit seiner Bewunderung für Napoleon Bonaparte natürlich nicht allein. In ganz Europa hegten viele Intellektuelle Sympathien für den korsischen Konsul. Doch scheint Beethovens Neigung auch mit seiner Vorliebe für historische Vorbilder zusammenzuhängen. Auf seinem Arbeitstisch stand eine Miniatur-Büste des Lucius Junius Brutus, eines sagenhaften Konsuls, in welchem viele Republikaner des Sturm und Drang ihr politisches Leitbild sahen. Beethovens Anteilnahme an den römischen Politikern wurde durch seine Plutarch-Lektüre genährt, wie Ferdinand Ries sich erinnert.

Von der Sympathie für den historischen Konsul zu der Bewunderung des zeitgenössischen Pendants war es offenbar nur ein kleiner Schritt. Das Selbstzitat des Prometheus-Tanzes im Finale der Eroica gewinnt vor diesem Hintergrund an Bedeutung. Die Assoziation des Prometheus als sagenhafter Retter der Menschheit mit dem Konsul Bonaparte als Hoffnungsträger wird durch das Selbstzitat des Tanzes aus dem Finale der Musik zum Prometheus-Ballett musikalisch vollzogen. Wie

Beethoven in einem Brief an Breitkopf & Härtel schrieb, sollte die Dritte Sinfonie eigentlich Bonaparte betitelt werden (26. August 1804).

Nachdem sich aber 1804 der Korse zum Kaiser der Franzosen hatte wählen lassen, ließ Beethoven diesen Plan fallen. Er sei über Napoleons politischen Anachronismus zornig gewesen, berichtet Ferdinand Ries. Die Stimmung im deutschen Reich war aber allgemein nicht für Bonaparte. Es erschien daher wenig ratsam, dem französischen Kaiser und mittlerweile auch militärischen Sieger von Austerlitz eine Sinfonie zu widmen.

Beethovens Meinungsänderung betrifft indessen kaum den Inhalt seiner Musik. Die Komposition war damals längst vollendet, einschließlich des Finales mit dem Prometheus-Zitat, welches mit Bonaparte assoziiert ist. Auch durch die Änderung der Widmung wird die allegorische Konzeption eines abgeschlossenen Werkes nachträglich nicht mehr geändert. Beethovens Selbstzitat bleibt also, was es ist, die Wiederaufnahme einer Titanen-Huldigung.

Ebenso hatte sich Beethovens Einstellung zu seinen politischen Leitbildern kaum verändert. Nach wie vor wanderte die Brutusbüste bei seinen Wohnungswechseln mit und stand weiterhin auf seinem Arbeitstisch, an dem er nachts seine Werke aus den Skizzen zur Partitur schriftlich ausarbeitete.

Genausowenig wie Beethovens Bewunderung für den römischen Konsul Brutus abnahm, erkaltete auch seine Neigung zu Bonaparte. Noch 1810 zog er ernstlich in Erwägung, seine für die Aufführungspraxis innerhalb der römisch-katholischen Liturgie komponierte C-Dur-Messe Napoleon zu widmen. Diesen Plan schrieb er sich auf ein Skizzenblatt. Die Notiz offenbart auch seine Bemühungen, mit seinen Werken womöglich in Frankreich erneut Fuß zu fassen, wo er durch die Entstehung der Königslegende bereits eine ganz besondere Beachtung erfahren hatte:

»Einige große Werke geschrieben, die mich mit Frankreich in Verbindung bringen und in den Zeitungen Aufsehen machen, die Messe könnte vielleicht auch dem Napoleon dediziert werden.«[86]

In der Sechsten Sinfonie hat Beethoven nochmals auf seine erste Programm-Musik zurückgegriffen. Es gibt auch in diesem Werk eine musikalische Übernahme aus der Ballettkomposition. Außerdem nahm er dort die in seiner Prometheus-Musik erstmals verfolgte allegorische Konzeption von der Wirkung der Musik auf den Menschen (»La forza della musica«) wieder auf. Das äußert sich bereits in dem Untertitel »Erinnerung an das Landleben«, den dieses im Haupttitel als »Pastoral-Sinfonie« beziehungsweise »Sinfonia pastorella« bezeichnete Werk erhalten hat.

Doch zunächst zu Beethovens musikalischem Rückgriff.

Viganò eröffnet die Handlung mit der Flucht des von den Göttern wegen Feuerdiebstahls verfolgten Prometheus. In Anlehnung an die Regieanweisung komponierte Beethoven in der Ouvertüre einen Gewittersturm. Dieser Satz, in einem Klavierauszug als »Tempesta« überschrieben, erweist sich aus der Retrospektive der Pastoral-Sinfonie als die Vorwegnahme des vierten Satzes »Donner, Sturm«.

Der Prometheus-Sturm antizipiert nicht nur den Gebrauch tonmalerischer Mittel, des Tremolo zum Beispiel. Der Satz enthält auch bereits im Kleinen den gleichen Aufbau, insbesondere die Reihung einzelner Gewitterphasen, wie Aufziehen des Unwetters, vermeintliches Wiederabziehen und das donnernde Gewitter.

Das Aufziehen des Gewitters hat Beethoven in der Pastorale abrupt an die vorausgehende Tanzszene angeschlossen. Genau an dieser eigenwilligen Nahtstelle verfolgt er kompositorisch die beabsichtigte allegorische Wirkung. In einem Skizzenbuch hat er während der Vorarbeiten die zwei Ebenen der Pastoral-Sinfonie angedeutet. Die erste Ebene ist das Programm: »Szena Ankunft auf dem Lande«. Die zweite Ebene signalisiert das höhere Ziel: »Wirkung auf's Gemüth«.

Das gewaltsame Abreißen des als »Lustiges Zusammensein der Landleute« betitelten dritten Satzes soll den Hörer bewußt etwas schockieren. Denn wenn jemand beim Vergnügen durch eine Bedrohung überrascht wird, hat das eine stärkere Wirkung auf das Gemüt als in einer neutraleren Situation.

Ein Gewitter kann auch heute zweifellos lebensgefährlich sein, inbesondere auf dem Lande. Zu Beethovens Zeiten waren Gewitterstürme aber noch unvergleichlich bedrohlicher. Die Erfindung des Blitzableiters hatte Benjamin Franklin zwar schon gemacht, doch bis zur weltweiten Installierung auf dem Lande dauerte es natürlich noch einige Zeit. Die Angst vor dem Gewitter blieb weiterhin bestehen. Die Kapitel in alten Hausbüchern über Gebete bei Gewittern bezeugen es.

Beethoven konnte sich jedenfalls der psychologischen Wirkung seiner Dramaturgie in der Pastoral-Sinfonie sicher sein. Der abrupte Stimmungsumschwung verstärkt beim Zuhörer die Wirkung sowohl bei der Bedrohung vor dem Gewittersturm als auch bei dem musikalischen Dankgebet, gewissermaßen der Erleichterung, nachdem das Unwetter vorüber ist.

Den letzten Satz hat Beethoven in einer für den praktischen Gebrauch eingerichteten ersten Violinstimme ausführlicher als in der Partitur bezeichnet. Die erste Überschrift »Hirtengesang« ist das Programm. Eine zweite Überschrift deutet wieder auf die andere Ebene der Pastoral-Sinfonie, nämlich die beabsichtigte Wirkung: »Wohltätige, mit Dank an die Gottheit verbundene Gefühle nach dem Sturm.«

Doch noch einmal zurück zu dem abrupten Übergang von der gemütlichen Tanzszene zum bedrohlichen Gewittersturm. Es gibt für diese psychologisch raffinierte Dramaturgie ein literarisches Vorbild, das Beethoven mit Sicherheit gekannt hat, nämlich eine Szene aus Goethes Werther, in der auch diese Wirkung beschrieben ist:

»Der Tanz war noch nicht zu Ende, als die Blitze, die wir schon lange am Horizonte leuchten gesehen, und die ich immer für Wetterkühlen ausgegeben hatte, viel stärker zu werden anfingen und der Donner die Musik überstimmte. Es ist natürlich, wenn uns ein Unglück oder etwas Schreckliches im Vergnügen überrascht, daß es stärkere Eindrücke auf uns macht als sonst, teils wegen des Gegensatzes, der sich so lebhaft empfinden läßt, teils und noch mehr, weil unsere Sinne einmal der Fühlbarkeit geöffnet sind und also desto schneller einen Eindruck annehmen« (Brief vom 16. Junius [1771]).

Die Stelle aus Goethes empfindsamem Briefroman ist also das offensichtliche Muster für Beethovens auskomponierten Satzübergang vom »Lustigen Zusammensein der Landleute« zum Gewittersturm. Der Überraschungseffekt dient der Schilderung eines naturgebundenen Gefühlsumschwungs.

Die Schilderung der Gefühle und bloß keine Malerei, das war Beethovens geradezu verbissen erklärtes Ziel. Die Eintragungen in verschiedenen Skizzenbüchern drehen sich um dieses Problem wie im Kreis:

»Man überläßt es dem Zuhörer, sich selbst die situationen auszufinden.

auch ohne beschreibungen wird man das ganze, welches mehr Empfindungen als Tongemählde, erkennen!

sinfonia pastorella. wer auch nur je eine Idee vom Landleben erhalten, kann sich ohne viele Überschriften selbst denken, was der autor

Jede Malerei, nachdem sie in der Instrumentalmusik zu weit getrieben, verliert.

Idillenmäßig. ausdruck des Danks herr wir danken dir.

durchaus sanft.

Pastoral Sinfonie Worin keine Malerej sondern die Empfindungen ausgedrückt sind, welche der Genuß des Landes im Menschen hervorbringt Wobei einige Gefühle des Landlebens geschildert werden.«[87]

Man gewinnt angesichts dieser Gedankensplitter (oder Selbstgesprächsfetzen) den Eindruck, daß Beethoven geradezu gegen die Versuchung anzukämpfen hatte, musikalische Bilder zu komponieren. Er sträubt sich unwirsch gegen die programmatisch bildhaften Überschriften und ringt um den treffenden Ausdruck für die Empfindung. Aber warum eigentlich diese Probleme? Hatte er hier vielleicht eine historische Hürde zu überwinden, etwa eine in der Konzeption besonders starke musikalische Vorlage?

Beethoven ist selbst rezipiert worden. Brahms hat im Finale seiner ersten Sinfonie Beethovens Odenthema aus der Neunten Sinfonie anklingen lassen. Adaptationen sind in der Tat gang und gäbe, und als ein die Generationen überspannender Dialog von Komponist zu Komponist auch legitim. Dennoch möchte offensichtlich kein Komponist an diese Praxis unbedingt ausdrücklich erinnert werden.

Brahms soll sehr sarkastisch reagiert haben, als er auf die thematische Ähnlichkeit mit Beethoven angesprochen wurde. Ein anderes Beispiel ist sogar etwas grotesk. Igor Strawinsky beschreibt in seiner Autobiographie ausführlich, wie er sich bei der Komposition seines Violinkonzertes, zum Beispiel, Muster für Muster aus den verschiedensten Epochen zur Einstimmung heranzieht. Doch als ein Musikhistoriker – Leo Schrade – diese Technik des Parodieverfahrens in einer Fachzeitschrift erörtert hatte, fühlte sich der nämliche Strawinsky als Komponist beleidigt.

Zurück zu Beethovens Ringen um die programmatischen Überschriften der Pastoral-Sinfonie. Man wird bei näherer Kenntnis der gedanklichen Vorarbeit den Eindruck nicht los, daß Beethoven von einem starken Vorbild wegkommen wollte. Da er aber programmatische Überschriften vorgesehen hatte, wurde er offenbar immer wieder an das ausgewählte Vorbild erinnert. Daher vielleicht die zahlreichen Entwürfe, aus denen kaum Zufriedenheit über seine eigene Konzeption spricht. Seinen Kampf um die Überschriften hat er zwar zunächst mit sich allein geführt, wie die Skizzierungen zeigen. Etwas Unwirsches aus den Entwürfen ist mittelbar schließlich doch in die Endfassung eingegangen und somit auch an die Öffentlichkeit gedrungen: »Mehr Ausdruck der Empfindung als Malerei.« Allerdings gelangte dieser Untertitel (zu der alternativen Überschrift »Erinnerung an das Landleben«) nicht in die Partitur, sondern sollte in der Stimme der ersten Violine stehen. Die originalen Anweisungen Beethovens sind zwar in dem heute gebräuchlichen Aufführungsmaterial nicht enthalten, aber dafür in der Literatur zitiert.

Die besonders bezeichnete Violinstimme ist in gewisser Weise mit der Partitur vergleichbar. Sie war nämlich offensichtlich für den Konzertmeister zur Leitung des Orchesters gedacht. Die Überschriften gaben dem dirigierenden Konzertmeister anhand dieser Einträge eine wichtige Interpretationshilfe, gewissermaßen einen Schlüssel für die von Beethoven intendierte, sorgfältig konzipierte zweite Ebene der Musik. Außer den Titeln sind darin auch einige Satzüberschriften erweitert:

»Angenehme heitre Empfindungen, welche bei der Ankunft auf dem Lande im Menschen erwachen. Allegro ma non troppo./Szene am Bach. Andante molto moto quasi Allegretto./Lustiges Zusammensein der Landleute. Allegro./ Donner, Sturm. Allegro./Hirtengesang. Wohltätige, mit Dank an die Gottheit verbundene Gefühle nach dem Sturm. Allegretto.«

Beethovens doppelte Bezeichnungen in der Pastorale, also in der gedruckten Partitur und im Aufführungsmaterial, haben Antonio Vivaldis concerti op. 8 zum Vorbild. Der Venetianer stellte allen vier programmatischen Konzerten über die vier Jahreszeiten ein selbstverfaßtes »Erklärendes Sonett« (»Sonetto Dimostrativo«) voran. Außerdem schrieb er in das Aufführungsmaterial punktuell noch genauere Angaben als zusätzliche Interpretationshilfen. Betrachten wir einmal die Überschriften in den Orchesterstimmen des ersten Konzertes »Der Frühling« (»La Prima vera«):[88]

»Der Frühling ist gekommen. Allegro. Vogelsang/ Quellenmurmeln, Donner. Vogelsang/ Schlafender Hirt. Largo. Säuseln der Blätter und Gräser. Bellender Hund/ Hirtentanz. Allegro.« Vivaldi komponierte hier also folgende Szenen: Ankunft des Frühlings – Bewegung des Wassers – Vogelkonzert – Gewitter – Ländliche Idylle – Musik der Hirten (Dudelsackeffekte).

Wenn wir in Vivaldis Überschriften lediglich die Ankunft des Frühlings in die Ankunft (des Städters) auf dem Lande retuschieren, wird aus Vivaldis »Prima Vera« Beethovens »Sinfonia pastorella« mit dem grundsätzlich gleichen Programm: nämlich Ankunft, Szene am Bach mit Vogelkonzert, Ländliche Idylle (Dorfkapelle mit dösenden Musikanten), Gewittersturm und Musik der Hirten als Dankgesang an die Gottheit, stilisiert.

Von ferne tönt also Vivaldi her. Es sind aber nicht nur Anklänge an die Töne des Sonetts. Die bislang unbekannt gebliebene Ähnlichkeit besteht im selben Aufbau, der Dreistimmigkeit beim Vogelgezwitscher, der Strategie des Gewitters. Sie geht bis in die Intervalle (Quinten, Quarten) und die Versfüße (Daktylen).

Der Unterschied zwischen der Musik des Venetianers, der übrigens in Wien gestorben ist, und der des Wahlwieners liegt in der Einstellung zum Programm. Vivaldi schreibt naturalistisch konzipierte virtuose Konzerte. Beethoven komponierte eine Sinfonie in großer Besetzung, um durch ländliche Szenen Empfindungen hervorzurufen. Es ging ihm um die »Wirkung auf's Gemüth« seines Publikums.

Daher Beethovens Ringen mit dem naturalistischen Vorbild Vivaldis.

Eroica mit »Feedback«

Bevor Beethoven ein Instrumentalwerk in Druck gab, sah er sich gern nach einer Möglichkeit um, die Komposition erst einmal in einer Probe durchzuhören und kritisch zu überprüfen. Sein musikalischer Imperativ »Immer einfacher«, den er sich einmal in ein Skizzenbuch notierte, war eine große Anforderung an die innere Arbeitsdisziplin. Dieses Ziel war zweifellos nur unter größten Anstrengungen zu erreichen.

Es nimmt daher kaum wunder, daß Beethoven auch nach der Niederschrift der Partitur in den meisten Fällen mit dem Feilen, Verbessern und Verändern immer noch nicht fertig war. Da kamen ihm schon manchmal Zweifel, ob das mühsam erarbeitete Detail, ein Satzübergang etwa, den er in mehr als zwei Dutzend Entwürfen überarbeitet hatte, in der handschriftlichen Druckvorlage wirklich gelungen war. Die Endfassung seiner Werke hat Beethoven oft ziemlich lange vor sich her geschoben.

Joseph Haydn, seinem uneingestandenen Vorbild, waren die Kompositionsarbeiten offenbar ziemlich mühelos von der Hand gegangen. Doch ist Haydn die Kunst der musikalischen Niederschrift nicht in den Schoß gefallen. Dreißig Jahre hat er in Eisenstadt und auf Schloß Esterháza beim Neusiedler See als angestellter Kapellmeister daran gearbeitet. Die äußeren Bedingungen waren nahezu ideal. Er konnte abends in den Aufführungen überprüfen, was er morgens entworfen und nachmittags zu Papier gebracht hatte. Seine Kompositionsarbeit wurde auf diese Weise zu einen ständigen Lernprozeß. Sie gestattete ihm auch, ungehindert zu experimentieren, was die Hofgesellschaft anstandslos akzeptierte, zum Beispiel bei der »Abschiedssinfonie«, die er mit einem ganz ungewöhnlichen Finale ausklingen läßt.

Beethoven hingegen stand nur in seiner Jugend in einem Arbeitsverhältnis. Als freischaffender Komponist hatte er in Wien keine festen Ensembles zur Verfügung. Das war der Preis für seine Unabhängigkeit

Aber seine neuen Werke bedurften vor ihrem Erscheinen dringend einer kritischen Überprüfung. Seit der Prometheus-Musik wollte er seine Gedanken gewissermaßen anders sagen als bisher. Er wollte nämlich allegorische Konzeptionen verwirklichen. Allegorisch aber kommt von griechisch αλλεγοϱεῖν (deutsch etwa: »anders sagen«).

Bei seiner Klaviermusik, nämlich den Variationen op. 34 und op. 35, letztere mit dem Thema aus dem titanischen Prometheus-Finale, kündigte er den neuen Stil seinem Verleger ausdrücklich an: »Bejde sind auf einer wirklich gantz neuen Manier bearbeitet« (Juni 1803). Beide Werke konnte er natürlich am Instrument überprüfen, bevor er die Endfassung in den Notendruck gab. Doch jetzt schrieb er gewissermaßen seine »Prometheus«-Sinfonie für ein größer besetztes Orchester mit sogar drei Waldhörnern. Auch dieses Werk wollte er unbedingt erst einmal zur Probe durchhören.

Es war zweifellos ein Glücksfall, daß ihm in diesem Stadium seiner Produktion befreundete Adelige wiederholt zu Hilfe kamen. An erster Stelle stand hier Fürst Karl v. Lichnowsky, ein

Logenbruder und Schüler Mozarts, der ihn in Wien mit offenen Armen aufnahm. Im Jahre 1800 unterstützte ihn der Fürst monatlich mit 50 Gulden (umgerechnet etwa DM 750). Lichnowsky unterhielt ein eigenes Streichquartett-Ensemble mit Ignaz Schuppanzigh als Primarius. Die meisten frühen Streichquartette Beethovens wurden in privaten Aufführungen bei Lichnowsky zu Hause erprobt, bevor sie in den Druck gingen.

Bei der Eroica hatte Beethoven ganz besonders Glück. Nachdem er die ursprüngliche Zueignung an Napoleon Bonaparte aufgegeben hatte, widmete er sie dem Fürsten Joseph v. Lobkowitz, den er wohl schon in seinen frühen Wiener Jahren kennenlernte.

Lobkowitz stellte sich als geradezu besessener Kunstnarr in die Tradition seiner Familie. Seine Vorfahren hatten die Familie Gluck beschäftigt und den jungen Christoph Willibald unterstützt. Er selbst ging als Repräsentant der späten feudalistischen Epoche noch viel weiter. In Wien gründete er das seinen Namen tragende Palais und eine eigene Hauskapelle. Dabei verbrauchte er nach und nach sein aus den böhmischen Landsitzen stammendes großes Vermögen. In den Musiksälen auf seinen Herrschaftsgütern führte er wiederholt Orchesterwerke von Haydn und Beethoven auf. Bei der Eroica organisierte er in Wien sogar Probeaufführungen, wie durch Forschungen von Tomislav Volek und Jaroslav Macek aus Prag bekannt geworden ist.[89]

Diese großzügige Aktion wurde zum Höhepunkt eines bislang kaum praktizierten Mäzenatentums. Denn den Arbeitsphasen folgte damals nicht eine einzige Aufführung, auch nicht in einem privaten Kreis. Die Proben waren zu dem alleinigen Zweck angesetzt worden, daß Beethoven seine eben erst in Partitur fertiggestellte Dritte Sinfonie anhand der gehörten Klanggestalt überprüfen und retuschieren konnte.

Lobkowitz ließ sein Palais speziell für diese Proben kostspielig mit Notenpulten und Podesten einrichten. Denn die Sinfonie war, wie gesagt, größer besetzt. Seine Hauskapelle bestand lediglich aus sieben fest angestellten Spielern. Für die »Eroica«-Proben wurden, gemäß der aufwendigen Besetzung (verdoppelte Holzblasinstrumente, drei Hörner, zwei Trompeten, Pauken, chorisch besetztes Streichquintett), allein zweiundzwanzig Aushilfen engagiert. Dies machte die geradezu luxuriösen Durchspielproben natürlich erst recht kostspielig. Die Honorarforderungen der Musiker waren nach den damaligen Sätzen in Wien ziemlich hoch.

Das Orchester leitete Anton Wranitzky als Konzertmeister vom ersten Pult der Violinen aus. Wranitzky verpflichtete auch die Musiker und organisierte die Probenarbeit. Beethoven quittierte sämtliche anfallenden Rechnungen. Darunter waren auch die Honorare für eine ganze Reihe von Notenkopisten, die das umfangreiche Stimmaterial der viersätzigen Eroica handschriftlich angefertigt hatten.

Während der Informationsproben nahm Beethoven augenblicklich Korrekturen vor. Er ließ das Durchspiel durch Wranitzky unterbrechen und gab an, was er geändert haben wollte.

Wranitzky wurde von Beethoven sehr geschätzt. Er war der Koordinator und Ansprechpartner und notierte sich alle Korrekturen in seiner Violinstimme, welche die Stichnoten der übrigen Instrumente enthielt. Nach der Probe wurde das Notenmaterial eingesammelt und von Beethoven mit nach Hause genommen, wo er es handschriftlich revidierte.

Bei der nächsten Probe gab es das gleiche Vorgehen. Auf diese Weise konnte Beethoven die revidierte Fassung abermals durchhören und erneut retuschieren. Das Feedback-Verfahren war perfekt.

Das jahrelange Training, das Haydn zur Meisterschaft in der orchestralen Instrumentation führte, wurde durch das großzügige Mäzenatentum des Fürsten Lobkowitz für Beethoven sozusagen auf ein paar Tage verkürzt. Beethoven konnte dabei seine Vorstellungen hinlänglich überprüfen und die Übersetzung in die Sprache des Orchesters perfektionieren. Die Erfahrungen aus solchem »Feedback« kamen ihm natürlich auch bei der Komposition seiner späteren Orchesterwerke zugute, die er nicht mehr auf Kosten eines Fürsten empirisch überarbeiten konnte.

Die Eroica markiert in der Geschichte der Sinfonie einen

Wendepunkt. Aus der einstigen Introduktion zu einer Oper war endgültig eine eigenständige Gattung geworden. Früher ließ sich eine mehrsätzige Sinfonie innerhalb eines bunten Konzertprogramms aus Arien, Solokonzertsätzen und Tänzen suitenhaft als Versatzstück verwenden. Ihre einzelnen Sätze wurden dabei also nicht hintereinander, sondern im Wechsel mit anderen Werken gespielt. So wurde es in London zum Beispiel noch anläßlich des Besuchs von Haydn praktiziert, ohne daß es offenbar zu einem den inneren Zusammenhang störenden Bruch gekommen wäre.

Bei der Eroica ist dergleichen kaum noch möglich. Das hängt mit einer neuen Dimension dieser Musik zusammen. Sie wird durch die innere, die Sätze übergreifende Konzeption bestimmt. Beethoven hat dabei auch auf seine Prometheus-Allegorie zurückgegriffen.

Die besondere klangliche Brillanz dieser Sinfonie hängt aber eng mit der Entstehungeschichte zusammen, denn Beethoven konnte die Endfassung unter einzigartigen Bedingungen komponieren.

Aufgrund solchen Vorwissens können wir das Werk jetzt neu hören.

7. Stumme Gespräche

»Immer einfacher« oder sechshundert Skizzenblätter

Beethoven hat bei seinem ersten Kurzbesuch in Wien wahrscheinlich nicht nur Mozart, sondern vielleicht auch noch dem greisen Christoph Willibald Gluck vorgespielt. Diese Möglichkeit ist jedenfalls in Anton Schindlers Biographie angedeutet.

Es war Beethoven aber nicht vergönnt, als Sechzehnjähriger bei einem der beiden Meister zunächst das Handwerkliche der Satzkunst zu studieren und sich darüber hinaus auch mit dessen Konzeptionen und Maximen vertraut zu machen. Er mußte Wien nämlich wegen einer schweren Erkrankung seiner Mutter plötzlich verlassen. Nach dem Tod der Mutter kam er für die halbverwaiste Familie mit auf. Er blieb noch fünf Jahre in Bonn und somit auch bei seinem ersten Kompositionslehrer Neefe.

Was Beethoven dadurch handwerklich womöglich versäumte, hat Neefe auf andere Weise wettgemacht. Neefe konnte ihm Winckelmanns epochale Kunstparole von der Einfachheit und Tiefe des Gefühls vermitteln. Als Freund und Schüler Oesers in Leipzig wurde er unmittelbar mit den klassizistischen Reformgedanken Winckelmanns vertraut gemacht. Neefes Einfluß auf die geistige Entwicklung seines Schülers ist in der Beethoven-Literatur oft erwähnt. Beethoven selbst hat die Bedeutung seines Lehrers bereits geahnt, noch bevor er die übernommenen Maximen seines Mentors überhaupt verwirklichen konnte.

Gleich nach dem Antritt seiner Studien bei Jospeh Haydn schrieb er aus Wien einen Dankesbrief, den Neefe auszugsweise in einer Berliner Musikzeitung veröffentlichte:

»Ich danke Ihnen für Ihren Rath, den Sie mir sehr oft bei dem Weiterkommen in meiner göttlichen Kunst ertheilten. Werde ich einst ein großer Mann, so haben auch Sie Teil daran.«

Doch was hat er von Neefe im einzelnen konkret übernommen?

Da kommt zum Beispiel in Beethovens Briefen wiederholt die idealistische Einstellung zum Vorschein, daß Komponieren nicht in erster Linie dem Broterwerb, sondern vorrangig einem höheren Ziel dienen solle. »Ich wünschte nichts als gantz umsonst schreiben zu können!« bekennt Beethoven gegenüber Georg Friedrich Treitschke, seinem Opern-Librettisten (14. September 1815).

Solche Einstellung geht ohne Zweifel auf Neefe zurück. Es gibt sogar nahezu wörtliche Übereinstimmungen mit einigen Aussprüchen des Lehrers.

Neefes Maxime »Wende den Blick aufwärts« taucht bei Beethoven nur geringfügig variiert in Bittbriefen an Zelter und Cherubini auf, in denen er sich nachdrücklich um die Verbreitung seiner Missa solemnis bemüht. Cherubini erklärt er:

»Ma situation critique demande, que je ne fixe pas seulement comme ordinaire mes pensées au ciel, au contraire, il faut les fixer aussi en bas pour les nécessités de la vie.« (»Meine kritische Situation erfordert, daß ich meine Augen nicht nur wie gewöhnlich zum Himmel richte, vielmehr muß ich sie auch nach unten auf die Notwendigkeiten des Lebens fixieren«, 15. März 1823.)

Die Maxime, Komponieren sei im Grunde eine weltfremde, vom Broterwerb losgelöste Tätigkeit, war natürlich kein brauchbares Lebensrezept. Die Wirklichkeit erforderte eine ganz andere Einstellung. Wenn sich Beethovens wirtschaftliche Lage zuspitzte, mußte er seinen Beruf nämlich auch zum Geldverdienen ausüben, um existieren zu können. Beethoven war Realist genug, um dies als Notwendigkeit anzusehen.

Gegenüber Zelter bekannte er, er habe aus wirtschaftlichen Gründen gelegentlich zwar viel geschrieben, die schöpferische Ausbeute sei dabei allerdings beinahe gleich Null gewesen. Dennoch nennt er auch bei dieser Gelegenheit seine bekannte Maxime und gleichzeitig seine Kompromißbereitschaft:

»– – mehr gerichtet meinen Blick nach oben – – aber gezwungen wird der Mensch um sich und anderer willen, so muß er sich nach unten senken; jedoch auch dieses gehört zur Bestimmung des Menschen« (8. Februar 1823).

Beethovens Komponieren war also nicht ausschließlich auf das »Erhabene« gerichtet. Musik wurde auch im Alltag gebraucht. Und Gelegenheitswerke zu schreiben war ihm zwar manchmal lästig, aber er empfand es nicht als Schande, sondern eigentlich sogar als Verpflichtung.

Doch welcher Rat Neefes hat Beethoven künstlerisch weitergeholfen? Welcher Leitgedanke des Lehrers hat ihn denn so stark beeindruckt, daß er selbst schon früh an seinen zukünftigen Ruhm glauben mochte?

Es gibt da zwar keine konkreten Überlieferungen. Doch lassen Beethovens späte Werke hierüber einige Rückschlüsse zu. Die Missa solemnis zum Beispiel, um deren Verbreitung er so mühevoll kämpfen mußte, ist von ihm besonders hart erarbeitet worden. Das Werk sprengt allein schon durch seine zeitliche Überdimensionierung den liturgischen Rahmen. Es dauert ungefähr eineinhalb Stunden und kann kaum in die Liturgie eines Hochamtes integriert werden. Beethoven verband mit diesem Werk übrigens einen Wunsch, den er sich wie einen intimen Tagebucheintrag in die Partitur notierte: »Von Hertzen – möge es wieder – zu Hertzen gehen.«

Der innigen Schlichtheit dieses Satzes steht indes die kaum vorstellbare komplizierte Vielfalt seines hart erarbeiteten Studienmaterials gegenüber. Beethoven benötigte nämlich für die Messe, sein opus summum magnum, sechshundert zumeist engbeschriebene Seiten im Format 31 auf 22 cm musikalischer Skizzen und Entwürfe. Diese Vielfalt tritt allerdings in dem vollendeten Werk nicht in Erscheinung. Sie existiert lediglich verdeckt im Hintergrund.

Auch das ein Jahr vor seinem Tod fertiggestellte Streichquartett cis-Moll, op. 131, ging aus einer ähnlichen Materialschlacht hervor. Für dieses Werk brauchte Beethoven vierhundert Seiten. Doch weshalb unternahm Beethoven diese enormen Anstrengungen; weshalb dieser Aufwand und diese Materialfülle?[90]

Das schwer errungene Streichquartett widmete er, wie schon

erwähnt, jenem Regimentskommandeur, der dem unglücklichen Neffen nach dem Selbstmordversuch den Einstieg in eine Militär-Karierre ermöglicht hatte. Doch kann dieser Anlaß wohl kaum die Motivation für den gigantischen Arbeitsaufwand gewesen sein.

In der Beethoven-Literatur wird in diesem Zusammenhang oft bemerkt, daß das Skizzenmaterial Einblick in Beethovens eigentümliche Arbeitsweise gestatte. Der Komponist habe offensichtlich viel entworfen, gefeilt, verbessert, einiges auch wieder verworfen usw. Diese Erklärungen sind zunächst plausibel, erscheinen aber auf den zweiten Blick oberflächlich, weil sie die Motivation der Arbeitweise nicht begreifen. Sie klingen ein bißchen nach zweischneidigem Fleißlob: Beethoven, der fleißige aber nur mühselig vorankommende Komponist, der seine Stücke zum Teil über Jahre hinweg überarbeiten mußte.

Bei diesem Klischee wurde jedoch die Konzeption außer acht gelasssen, die den Komponisten zu dieser Arbeitsweise angetrieben hatte. Beethoven konnte nämlich auch anders, wenn er zum Beispiel aus Existenzgründen dazu gezwungen wurde. Dann vermochte er sogar in kurzer Zeit sehr viel zu produzieren. Doch das Ergebnis war für ihn gleich »Null«, wie er gegenüber Zelter bekannte. Denn diese Kompositionen entsprachen nicht seinem Kunstwillen.

In einem Fall geben Skizzen aber doch einen Einblick in seine Arbeitsweise. In den Blättern zu seiner letzten Klaviersonate in c-Moll, op. 111, findet sich inmitten einer gewissermaßen wüsten Laborlandschaft aus Entwürfen der lapidare Satz: »Immer einfacher«. Dieser Imperativ, den er sich sozusagen selbst zurief, stammt ohne Frage aus der gleichen geistesgeschichtlichen Quelle in Sachsen, aus der sie wohl alle geschöpft haben, die mit dem Ideenspender Oeser auf irgendeine Weise in Kontakt gekommen waren: Winckelmann, Goethe, Neefe oder mittelbar auch Gluck und Beethoven.

»Immer einfacher« geht fraglos auf das berühmte Schlüsselwort der Klassik zurück. »Immer einfacher« ist aber auch sicher immer das Schwerste bei jeder geistigen Beschäftigung. Und deshalb konnte Beethoven nicht wie die Mannheimer drauflosproduzieren und auch nicht wie sein Lehrer Haydn gelegentlich der Routine verfallen.

Aus der Maxime »Immer einfacher« erklärt sich wahrscheinlich die enorme Fülle des Materials, die notwendig war, um das »Einfache« herauszufiltern. Der lapidar gestraffte erste Satz der Fünften Sinfonie ging aus solcher Materialsichtung hervor. Das Skizzenwerk aber blieb als Vorarbeit hinter den Kulissen. Doch bei den letzten Streichquartetten verhält es sich anders. Selbstverständlich sind auch da, wie im Falle des cis-Moll Quartetts, die Hunderte von Seiten mit Skizzen im Hintergrund. Aber die Fülle des Materials ist als integraler Bestandteil der Komposition in das Werk miteingegangen.

Und dies ist zweifellos auch ein Kennzeichen von Beethovens Altersstil.

»Ringraziamento«

Czerny, einer der wenigen kontinuierlich in Beethovens Nähe gebliebenen Mitarbeiter, glaubt an einen Zusammenhang zwischen der Besonderheit der letzten Werke und der seinerzeit schon weit fortgeschrittenen Ertaubung. Czerny ist der Meinung, daß die Werke anders ausgefallen wären, wenn Beethoven sie innerhalb eines früheren Lebensabschnitts geschrieben hätte, als er seine Musik bei Proben und Aufführungen noch selbst hören konnte. Er war sich sicher, daß Beethoven unter diesen früher gegebenen Voraussetzungen in den letzten Kompositionen vieles geändert haben würde.

Auch in Grillparzers »Erinnerungen« ist von einem inneren Zusammenhang zwischen Beethovens Spätstil und der Ertaubung die Rede. Grillparzer bezweifelte, daß Beethoven damals überhaupt noch imstande war, eine Oper zu schreiben. Denn die letzten Werke des inzwischen völlig gehörlos gewordenen Komponisten seien von einer Herbheit geprägt, die der Behandlung von Singstimmen zu widersprechen scheine. Grillparzer, der sich anders als Czerny zeitweise von Beethoven zurückgezogen hatte, ließ aber seine Bedenken schließlich wieder fallen. Die Chance, einem großen Manne einen interessanten Stoff zuliefern zu können, wollte er denn doch nicht ungenutzt lassen.

Wie wir schon wissen, ist es zu der beabsichtigten Vertonung des Grillparzerschen Librettos nicht gekommen, obwohl die Sache bereits unter Vertrag genommen worden war. Es hat aber den Anschein, daß Grillparzers Mühen dennoch nicht ohne Nutzen gewesen sind, denn Beethoven war offenbar von dessen Konzeption beeindruckt.

Skizzen zufolge wollte Beethoven die Neunte Sinfonie ursprünglich mit einem stilisiertem schnellen Tanzsatz, also einem rein instrumentalen Finale, beenden. An seine Stelle trat aber die differenzierte dreiteilige Chor-Ode. Dadurch wurde dieses Finale durchaus so effektvoll, wie es sich Grillparzer für die entsprechend geplanten Teile seines Melusine-Librettos erhofft hatte.

Das urprünglich für die Neunte Sinfonie vorgesehene Finale verwandte Beethoven als Schlußsatz für sein a-moll-Streichquartett op. 132. Er hatte die Komposition nach einer durch Krankheit erzwungenen Pause mit einem »heiligen Dankgesang an die Gottheit« wieder aufgenommen und mit eben diesem Satz abgeschlossen. Das Streichquartett-Finale wird wie das Chor-Finale mit einem Instrumental-Rezitativ eröffnet. Dies erinnert an den konzeptionellen Zusammenhang mit der Neunten Sinfonie. Beide Schlußsätze sind natürlich integrale Bestandteile von Gesamtwerken, also der viersätzigen Chor-Oden-Sinfonie und des fünfsätzigen Streichquartetts a-Moll, op. 132. Beide Kompositionen werden nach mittlerweile mehr als anderthalb Jahrhunderten längst akzeptiert. Sie sind auch ohne weiteres aufzuführen.

Beethovens Zeitgenossen, wie auch der unmittelbar nachfolgenden Generation, erging es aber mit diesen Kompositionen ganz anders. Die Neunte Sinfonie wurde als das Werk eines durch Taubheit der musikalischen Realität entfremdeten »Halbwahnsinnigen« mißverstanden.

Hans von Bülow, der als Interpret nicht selten zu einer eigenartigen didaktischen Vernünftigkeit neigte, meinte einmal im Zusammenhang mit den letzten Streichquartetten, daß Beethoven dort ziemliche »akustische Scheußlichkeiten« unterlaufen seien.

Doch was ist von Czernys Bemerkung über den späten Beethoven zu halten? Er selbst hatte auch ein Urteil über Beethovens letzte Werke abgegeben, das ihre künstlerische Qualität relativiert. Sie seien in Berücksichtigung der Taubheit des Komponisten vielleicht die bewundernswertesten, aber keineswegs die nachahmungswürdigsten. Anders ausgedrückt, Beethovens letzte Werke, etwa die späten Streichquartette, seien Kompositionen eines musikalisch Benachteiligten, vor denen man zwar eine Verbeugung mache, die aber nicht mehr als klassisches Vorbild gelten könnten.

An der gleichen Stelle seiner »Erinnerungen« zitiert Czerny Beethovens behandelnden Arzt, Dr. Bertolini, Beethoven habe ihm gegenüber geäußert, er fühle sich infolge seiner Ertaubung nicht mehr in der Lage, wie in den früheren Werken, als er noch das Klavier benutzte, einen durchgehenden musikalischen Zusammenhang herzustellen. Mit anderen Worten, der unorthodoxe formale Aufbau in seinen späten Werken, zweifellos am stärksten ausgeprägt im cis-Moll-Quartett, op. 131, für dessen Vorarbeiten Beethoven vierhundert Seiten Skizzen verbrauchte, sei nicht konzeptuell erklärbar, sondern eine Folge seiner späten Gehörlosigkeit.

Wie gesagt, Czerny referiert hier nur. Doch ergibt die Summe seiner Mitteilungen ein Bild vom späten Komponisten Beethoven, das sehr wahrscheinlich verzerrt ist. Czernys Gewährsmann, Dr. Bertolini, zum Beispiel war von Beethoven in den Jahren 1809 bis 1815 konsultiert worden, als das Gehörleiden jedenfalls noch nicht das Endstadium erreicht hatte und demnach eine gravierende Beeinträchtigung beim Komponieren in diesem Lebensabschnitt wohl nicht anzunehmen ist. Czernys Darstellungen werden in der Literatur nicht zu Unrecht kritisiert. Dennoch hat er in einem Punkt höchstwahrscheinlich recht, indem er sich nämlich sicher zu sein glaubt, daß Beethoven vieles geändert hätte, wenn ihm sein Hörvermögen, wie schlecht auch immer es gewesen sein mag, zeitlebens erhalten geblieben wäre.

Das Resthörvermögen des späten Beethoven war aber tatsächlich so gering, daß er dadurch kein »Feedback« mehr haben konnte. Dennoch hat er weiter komponiert und unter großem Arbeitsaufwand eine neue Art der Stimmführung im klassischen vierstimmigen Satz entwickelt, und zwar ohne die Werke nach kritischem Anhören korrigieren zu können.

Dieses biographische Detail ist wichtig zum Verständnis des mittleren wie des späten Beethoven. Der mittlere Beethoven vollendete nämlich seine Werke in einem Korrekturverfahren mit »Feedback«. Der späte Beethoven vollendete seine Streichquartette in einem gleichsam stummen Dialog mit den vier Stimmen seines Metiers.

Bis einschließlich der Siebenten und Achten Sinfonie hat Beethoven seine Werke noch selbst hören können. Aber bei der Produktion der letzten Streichquartette lebte er künstlerisch gewissermaßen in einem Ghetto. Unter diesen Umständen konnte er nicht mehr verbessern wie bei der Eroica. Die Werke mußten also anders ausfallen. Die besagten Forschungsergebnisse der schon genannten Prager Historiker haben in diesem Punkt Czerny mittelbar bestätigt.

Eine Ghetto-Situation ist immer einengend und bedrückend. Aber die aufgezwungene Ausgrenzung hat auch eine positive Nebenwirkung. Sie zwingt zu Introversion und Konzentration. Den Menschen in der Isolierung bleibt in der Tat nichts anderes übrig, als sich ganz auf sich selbst zu besinnen.

Bei den Juden im »Schtetl« zum Beispiel führte dies zur Kultivierung der Sprache ihrer Väter. Das bekamen vor allem die Kinder zu spüren. Die Eltern hatten kein Geld. Dennoch kratzten sie ihre letzten paar Groschen zusammen, um damit einen Lehrer zu honorieren, der ihre Kinder im jüngsten Vorschulalter täglich mehrere Stunden ausschließlich im Lesen und Schreiben des hebräischen Alphabets unterrichtete. Diese jahrelange Beschäftigung mit den Elementen ihres uralten geistigen Besitzes führte bei den gesellschaftlich außenstehenden Schtetl-Kindern zu einer großen Wendigkeit im Umgang mit Sprachen.[91]

Noch ein Exempel für eine Ghettoisierung aus jüngerer Zeit, die gleichwohl als (unbeabsichtigte) Nebenwirkung die Entwicklung zu besonderer musikalischer Ausdrucksfähigkeit mit sich brachte. Wolf Bierman erhielt in den 70er Jahren als unbequemer Liedermacher von der damaligen Regierung in Ostdeutschland Berufsverbot. Zwölf Jahre konnte er nur in seiner Berliner Wohnung in den eigenen vier Wänden für sich selbst singen. Seine Karriere als Ensemblemusiker war dadurch unterbrochen. In der Ausgrenzung konzentrierte er sich indessen auf seine Lieder und sein Gitarrenspiel. Dabei entwickelte er einen eigenwillig kontrapunktierenden Stil. Singstimme und Gitarrenspiel waren bei dem eingesperrten Biermann nicht mehr in herkömmlicher Weise aufeinander abgestimmt, sondern entgegengesetzt, um schließlich eine widerspruchsvolle Einheit zu bilden. Als Biermann schließlich ausgebürgert wurde, hatte er sich inzwischen zu einem Liedersänger eigener Prägung entwickelt, der in Westdeutschland als einer der wenigen Solisten große Säle zu füllen vermochte. Wie er selbst seinen Freunden bekennt, war die Herausbildung seines persönlichen Stils nicht zuletzt durch seine gewaltsame Isolierung zustande gekommen.

Zurück zu Beethoven. In seiner durch die Ertaubung erzwungenen Isolierung konzentrierte er sich in den letzten Lebensjahren zunehmend auf die Komposition von Streichquartetten. Dabei besann er sich – ähnlich wie andere Isolierte – auf einzelne Elemente: das einzelne Intervall als künstlerisch lakonische Aussage, den choralartigen Satz in harmonisch einfachen Akkorden, die Wiederholung, den Kontrast, die Stimmführung, den Kontrapunkt, den Austausch der Stimmen.

1825 mußte Beethoven die Komposition seines vorletzten Streichquartetts wegen einer schweren Erkrankung (Darmentzündung mit Blutungen) unterbrechen. Er konnte sich noch einmal erholen.[92] Sein Körper war immer noch außerordentlich robust. Jetzt nahm Beethoven die Komposition dankbar wieder auf. Sie wurde gleichsam eine Votivgabe an die »Gottheit«. Dabei besann er sich auch auf seine Pastoral-Sinfonie. Im letzten Satz hatte er die mit Dank an die Gottheit verbundenen Gefühle der Hirten nach der Bedrohung durch den Gewittersturm geschildert. Mit diesem pastoralen Finale der Sechsten Sinfonie knüpfte er seinerzeit an die Konzeption der Prometheus-Musik wieder an. Der in der Ballettmusik als Pastorale bezeichnete Tanz war dramaturgisch der Wiedererweckung des Prometheus zugeordnet. Die Prometheus-Pastorale ist also eine musikalische Allegorie lebensspendender Kräfte.

In der durch Krankheit unterbrochenen Komposition des vorletzten Streichquartetts greift Beethoven auf die früher benutzten pastoralen Elemente zurück. Im zweiten Satz, einem musikalischen Dankgebet, variiert er die Überschrift aus dem Finale der Pastorale: »Heiliger Dankgesang eines Genesenden an die Gottheit, in der lydischen Tonart«. (»Canzona di ringraziamento offerta alla divinità da un guarito, in modo lidico«.) Die lebensspendende Kraft der Musik signalisiert eine weitere Satzüberschrift über dem anschließenden Andante: »Neue Kraft fühlend« (»sentendo nuova forza»).

Der Dankgesang der Hirten in der Pastoralsinfonie steht in der Tonart F-Dur. Beethovens persönlicher Dankgesang im Streichquartett ist auch in f gesetzt. Doch greift Beethoven in der klassizistischen Manier seines Zeitalters auf die Ethos-Lehre der alten Griechen zurück, indem er die Tonart in lydischer Fassung bringt. Dieser Modus mit dem Kennzeichen des Tritonus diente im historischen Hellas zur Danksagung an die Götter. In Beethovens Dankchoral in f fehlt daher der Ton b. Akkorde in F-Dur und G-Dur stehen in lydischer Manier gleichsam entspannt nebeneinander.

Die lydische Tonart hat übrigens auch in unserem Jahrhundert die Musiker inspiriert. Der Tritonus war in den 50er Jahren in der amerikanischen Popszene ein bevorzugtes Intervall. Es wurde aktualisiert und gewann in einem speziellen lydisch chromatischen Improvisationskonzept von George Russel an Bedeutung. Das war auch die Geburtsstunde des »Modal Jazz«, dem als erster der Trompeter Miles Davis zu Ansehen verhalf.

Auch Beethoven hat den lydischen Modus im Dankgesang des a-Moll-Streichquartetts seinerzeit aktualisiert. Das bevorzugte Intervall zur Musikalisierung einer emotionalen Situation war damals insbesondere die steigende große Sexte.

»Dies Bildnis ist bezaubernd schön«, ruft Tamino in Mozart-Schikaneders Zauberflöte aus, als er aus seiner Ohnmacht erwacht und beim Anblick des Amuletts mit dem Portrait der Pamina in Liebe entflammt. Mozart vertonte den emphatischen Ausruf Taminos durch die große Sexte, womit er ein Element der Folkore verwandte.

Aus der großen Sexte mit nachfolgender kleiner Septime ist musikalisch auch der Anfang der volkstümlichen Ballade von den zwei Königskindern gemacht, die nicht zueinander kommen konnten. Beethoven hatte genau diese Tonfolge auch dem Anfang seines lyrischen Klavierliedes »Zärtliche Liebe« (nach einem Text von K. F. W. Herrosse, 1797) zugrunde gelegt.

In der »Canzona di ringraziamento«, seinem persönlichen an die Gottheit gerichteten Dankgesang, macht Beethoven dieses also traditionell mit emotionalem Gehalt assoziierte Intervall zu einem wichtigen Baustein.

Der Dankgesang beginnt wie eine vierstimmige Motette. Imitatorisch wandert die Sexte als künstlerisch lakonischer Ausdruck der Innigkeit der Reihe nach durch die Stimmen der vier Streichinstrumente I. Violine, II. Violine, Viola und Violoncello. Sie klingen an dieser Stelle wie Stellvertreter der vier menschlichen Stimmen Sopran, Alt, Tenor und Baß. Aber die Ruhe des Dankgesangs ist nur von kurzer Dauer. Die wiedererlangte Vitalität seiner Rekonvaleszenz (»Neue Kraft fühlend«) übersetzt Beethoven musikalisch mit einer Radikalität, die das Ergebnis konzentrierter Besinnung auf die Elemente des vierstimmigen Satzes ist. Melodische Linie, Akkorde, Verzierungen, Haupt- und Gegenstimmen, Kontinuität und Diskontinuität, das alles wird in virtuos kompromißloser Manier zusammengebracht und als Glieder einer Kontrastharmonie unmittelbar aneinandergereiht.

Hier zeigt sich deutlich die von Boisserée und Goethe bemerkte »alles zersprengende, ins Unendliche sich verlierende Sehnsucht und Unruhe« in Beethovens Musik. Dem Dualismus der romantischen Formel »Sehnsucht und Unruhe« entspricht auch das fast unverbundene Nebeneinander schroffer musikalischer Gegenätze. Boisserée-Goethes Formel und Beethovens Spätstil sind darüberhinaus wohl auch Ausdruck der Übergangsepoche vom Klassizismus zur Romantik.

Beethoven hat diese Musik in Aufführungen zwar nicht mehr anhören können. Es waren ihm auch keine Korrekturen im Feedback-Verfahren mehr möglich. Er war sich aber des Neuartigen seines späten Personalstils bewußt, den er in der Ghetto-Situation als ertaubter Komponist hatte entwickeln müssen:

»Sie werden eine neue Art der Stimmführung bemerken«, sagte er im Hinblick auf sein allerletztes Streichquartett zu dem Geiger Carl Holz. Ein bißchen stolz fügt er noch hinzu: »Und an Phantasie fehlts, Gottlob, weniger als je zuvor.«[93]

Anläßlich eines pädagogischen Ratschlages zur Technik des Komponierens hatte Beethoven einmal – wie ein Gärtner beim Pflanzen – von der »Vereinzelung« der Stimmen gesprochen. Die Bemerkung verweist natürlich auch auf Beethovens eigenes Komponieren. In seinen letzten Quartetten tritt zu diesem Prinzip noch die Vereinzelung der Elemente hinzu, insbesondere des Rhythmus, der Dynamik und des Metrums. Beethoven hat diese Elemente radikal verselbständigt und sie gleichzeitig als Kontraste zu übergreifender künstlerischer Einheit wieder verbunden.

Beethovens letzte Streichquartette sind das Kompendium seines einsamen Gesprächs mit den Elementen seiner Kunst. In diesem »Nachschlagewerk« haben denn auch viele geblättert und sich anregen lassen. Andere sind darüber offenbar aus Ohnmachtsgefühlen zu Neidern von Beethovens Nachruhm geworden, namentlich Ravel und Janáček.

Doch Arnold Schönberg (1874–1951), Béla Bartók (1881–1945) und Charles Ives (1874–1954) haben sich Elemente aus Beethovens spätem Personalstil für das eigene Schaffen nutzbar gemacht.

Schönberg bekannte gegenüber seinem Schüler Anton Webern, daß der Weg zur Komposition mit zwölf Tönen unter anderem auch über Beethoven führe. Er hat daraufhin zusammengestellt, was er von Beethoven übernahm. Seine ziemlich lange Liste der verschiedensten Kompositionstechniken ist zugleich eine nüchterne Analyse von Beethovens Spätstil, nämlich die Kunst, Themen und Sätze zu entwickeln, Variationen und Variierung zu meistern, große Sätze mannigfaltig aufzubauen, je nach Konzeption einmal unbedenklich lang, ein andermal herzlos kurz zu schreiben, schließlich die Kunst einer besonderen rhythmischen Gestaltung, die mit der Verschiebung musikalischer Muster innerhalb des Taktes operiert.[94]

Schönbergs Aufzählung impliziert auch Beethovens Rolle als geschichtliches Vorbild. Die Analysen der verschiedenen Kompositionstechniken waren zunächst aus der Rückschau auf Beethoven entstanden. Als Schönberg dann Werke in der Reihentechnik, einem System aus zwölf nur aufeinander bezogenen Tönen, komponierte, hat er auch die beschriebenen Kompositions-Manieren benutzt und auf diese Weise Beethoven zu einem Paten seiner »Zwölftonmusik« gemacht.

8. Glücksstreben

Fehlender Adelsbrief – verlorenes Glück

Der späte Beethoven erreichte als Komponist eine einsame Höhe. Schon mit knapp dreißig Jahren hatte er dieses Ziel ins Auge gefaßt. Damals war er fest entschlossen, künstlerische Größe zu erlangen. Seine Bonner Freunde hatten ihm dieses Ziel sogar noch früher abgesteckt.

Beethoven dachte aber auch an das Menschliche. Eine isolierte Karriere als Künstler ohne persönliche Entwicklung konnte er sich nicht vorstellen. »Auch als Mensch sollt Ihr mich besser, vollkommener finden«, schrieb er an Wegeler, als er von einem Wiedersehen seiner heimatlichen Rheingegend träumte (29. Juni 1800).

Beethoven war als Komponist nahezu rastlos tätig. Er hatte die von Graf Waldstein beim Abschied aus Bonn ins Stammbuch geschriebene Mahnung zu kontinuierlicher Strebsamkeit beherzigt. Sein Arbeitseifer nahm nicht einmal in vorgerücktem Alter ab.

Nach einer Maxime emsiger Intellektueller im alten Rom nutzte er seine Zeit geradezu geizig aus. Nur wenige Monate vor seinem Tod bedeutete er Wegeler anhand eines beliebten lateinischen Zitats (von Gajus Plinius Major), daß bei ihm kein Tag ohne Schreiben sei: »Nulla dies sine linea, und lasse ich die Muse schlafen, so geschieht es nur, damit sie desto kräftiger erwache« (7. Oktober 1826).

Als Schüler Neefes zählt Beethoven mittelbar zum Leipziger Kreis des deutschen Klassizismus. Wie bei Oeser und Winckelmann war ihm die systematische Beschäftigung mit Wissenschaft und Kunst die erklärte Strategie zum Erreichen seines ideellen Lebensziels.

Aber neben seiner harten Kopfarbeit hatte er eigentlich kaum Zeit für ein bürgerliches Leben. Nacht für Nacht saß er an seinem Schreibtisch und arbeitete meistens bis um zwei, drei Uhr morgens. Um halb neun stand er gewöhnlich wieder auf und bereitete sich mit einer gläsernen Kaffeemaschine seinen Morgenkaffee, meistens viel zu stark, nämlich mit genau abgezählten sechzig Bohnen auf eine Tasse. Er mußte wieder munter werden, um weiterarbeiten zu können. Tagsüber nahm er Korrekturen vor und notierte sich neue Entwürfe. Abends saß er dann wieder am Schreibtisch. Diesen Arbeitsrhythmus behielt er meistens bis zur Erschöpfung bei. Dann versuchte er sich in diversen böhmischen Kurorten wieder zu erholen.

Mit Ende dreißig war er die Einsamkeit zum ersten Mal leid und dachte an Heirat. Doch die erwählte Schöne mochte ihn ganz offensichtlich nicht.

Dann wollte er die große Liebe seines Lebens ehelichen, Josephine Gräfin Deym, seine ehemalige Klavierschülerin, eine geborene Brunswick, später die verwitwete Mutter von vier Kindern. Dreizehn Liebesbriefe schrieb Beethoven ihr ab 1805. Doch 1807 zog sich Josephine von ihm zurück. Fünf Jahre danach kam das Paar erneut zusammen und traf sich wohl in Teplitz. Dort hat Beethoven am 6. und 7. Juli 1812 den Brief »An die unsterbliche Geliebte« geschrieben. Inzwischen ist er einer der berühmtesten deutschsprachigen Liebesbriefe geworden.

Die Liebe zwischen Beethoven und Josephine ging schließlich äußerlich in die Brüche. Ein Hauptgrund war ohne Zweifel das schier unüberwindbare Hindernis des Standesunterschiedes. Beethoven hat verzweifelt alles versucht, um an diesem Ehehindernis vorbeizukommen. Über mehrere Jahre quälte er sich mit der Frage seiner standesgemäßen Herkunft. Sie entschied sich an der Bedeutung des kleinen Wörtchens »van«. Dies hat ihn lange beschäftigt. Hier wurde er trotzig.

Josephine war von ihrem 1804 verstorbenen Gemahl, Joseph Graf Deym von Striteletzt, zum Vormund ihrer vier Kinder, der zwei Söhne und zwei Töchter, bestimmt worden. Einige Jahre später lernte sie in Yverdon im Hause Pestalozzis Christoph Freiherr von Stackelberg kennen, damals ein Mitarbeiter des Pädagogen. Er stammte aus einer begüterten Familie in Estland. 1810 schloß Josephine mit ihm die Ehe. Sie ging nach zwei Jahren auseinander. Stackelberg zog aus dem Haus und nahm sich in Wien ein Zimmer.

Josephine, inzwischen also abermals Alleinerzieherin ihrer Kinder – vier aus ihrer ersten und zwei aus ihrer zweiten Ehe –, schenkte nach dieser Trennung noch einer weiteren Tochter das Leben: »Minona« oder »Die sanfte Melodie«. Den keltischen, aus Ossians Bardengesängen entlehnten Namen übernahm sie wohl aus Goethes »Werther«, den sie wie Beethoven genau kannte.

Josephines letzte Tochter wurde am 8. April 1813 geboren. Dieses Geburtsdatum liegt exakt neun Monate nach der Niederschrift von Beethovens Brief an die »unsterbliche Geliebte«. Ein Treffen mit Josephine war diesem Brief höchstwahrscheinlich unmittelbar vorausgegangen.

Doch warum heiratete Josephine Beethoven nicht? Seine Liebe hat sie offenbar erwidert. Eigentlich scheinen sie doch zusammenzugehören. Die Frage beschäftigte auch Therese Gräfin Brunswick, die Schwester Josephines. Noch 1846, also drei Jahrzehnte nach dem Tod dieser beiden längst in die Geschichte eingegangenen Liebenden, notierte sich Therese ins Tagebuch:

»Beethoven! ist es doch wie ein Traum daß er der Freund, der Vertraute unseres Hauses war – ein herrlicher Geist! warum nahm ihn meine Schwester Josephine nicht zu ihrem Gemahl als Witwe Deym?« Und als Antwort auf diese selbst gestellte Frage fügt Therese noch hinzu: »Mutterliebe bestimmte sie – auf eigenes Glück zu verzichten.«[95]

Diese Mutterliebe hatte die Witwe Josephine von Deym in einen großen Gefühlskonflikt gebracht. Sie liebte natürlich ihre Kinder. Sie liebte andererseits – ihre ihr innerlich nahestehende Schwester bezeugt es ausdrücklich – auch Beethoven.

Aufgrund zeitgenössischen Rechtsdenkens kam ihre Wiederverheiratung aber nicht in Frage. Sie hätte dadurch nämlich die Vormundschaft verloren. Gleichzeitig wäre ihr auch der Adelstitel abgesprochen worden, denn Beethoven war bürgerlicher Herkunft. Damit wäre sie aber aus ihrer Familie ausgestoßen gewesen. Und das hätte für sie den inneren und äußeren Ruin bedeutet.

Wie aus einem ihrer letzten, kurz vor ihrem Tod geschriebenen Briefe an ihren ältesten Sohn hervorgeht, stand sie voll zu ihrer Aufgabe als Vormund. Aufopfernd setzte sie dabei das Wohl ihrer Kinder über ihr eigenes und versicherte: »Ich trete niemand die Rechte ab, die mich zu eurer Vormünderin, zu eurer Mutter, Freundin und Gefährtin machen.«[96]

Josephine Gräfin Deym war sich, wie gesagt, der Konsequenzen dieser Vormundschaft bewußt. Sie schlossen praktisch eine Wiederverheiratung aus, inbesondere mit einem Mann, der nicht vom Adelsstand war.

Die Härte solcher gesetzlicher Regelungen ruft aus heutiger Sicht vielleicht Kopfschütteln hervor. Doch sind solche gesellschaftlichen Zwänge heute keineswegs passé. Doch kehren wir noch einmal ins 19. Jahrhundert zurück.

Beethoven wußte ohne Zweifel um die vielfältigen Probleme im Zusammenhang mit Josephines Vormundschaft. Ihre Wiederverheiratung mit Stackelberg hatte ihn zunächst deprimiert und innerlich gelähmt. Aber nach einer Weile waren die beiden heimlichen Liebenden offenbar wieder zusammengekommen. Und jetzt versuchte Beethoven vermutlich, das Ehehindernis zu beseitigen. Es hat nämlich den Anschein, als habe er sich mit einigen engeren Freunden eingehend beraten, wie der fehlende Adelstitel eventuell beschafft werden könne. Dabei war er in dieser Sache eigentlich ein gebranntes Kind. Die bürgerliche Bedeutung des Wörtchens »van« ist ihm nämlich schon im Jahre 1818 klar geworden. Im Verlauf seines Prozesses um die Vormundschaft für den Neffen Karl mußte er vor dem K. K. niederösterreichischen Landrecht zu Protokoll geben, daß er keine Adelsurkunde besäße. Das Gericht war aber nur Adeligen vorbehalten. Nach seiner deklassierenden Erklärung konnte das Verfahren natürlich nicht mehr beim Landrecht verhandelt werden. Er wurde jetzt an den bürgerlichen Magistrat verwiesen. Damit war gleichzeitig auch die Frage seiner Adelszugehörigkeit, so sollte man meinen, im Grunde erledigt.

Doch nur ein Jahr später machte sich Beethoven in der Adelsfrage erneut sachkundig. Er notierte sich offenbar aus irgendeinem Nachschlagewerk, daß »van« nur dann eine Adelsbezeichnung sei, wenn es zwischen zwei Namen stehe:

»Bentink van Dieperheim. Hoof van Vrendland etc. etc.« ist da von seiner Hand zu lesen.

Aber eben diese Konstellation gab es bei seinem eigenen Namen nicht. Mißmutig kommentiert Beethoven diese Information mit einem Wortwitz: »Bey Niederländern würde man die beste Auskunft über diese Unbedeutende Bedeutenheit erhalten.«

Oliva hatte ihn früher schon einmal beraten und dabei vorgeschlagen, doch eine diplomatisch geschickte Teillösung des Problems anzustreben:

»... Sie könnten es einleiten, als ob sie blos den ältern Adel Ihrer Familie renoviren ließen.«

Hierauf notierte sich Beethoven: »Edler van«.

Aus diesen Gesprächsfetzen scheint hervorzugehen, daß in Beethovens Umkreis ganz konkrete Überlegungen angestellt wurden, wie der fehlende Adelsbeweis herbeigeschafft werden könnte. Oliva hatte offenbar eine tatsächliche Adelszugehörigkeit der Familie »van Beethoven« angenommen. Wenigstens konnte er sich ja auf die Abkürzung »v.« sowie das ausgeschriebene »von« im »Conversations=Lexikon« von Brockhaus beziehen, die dort, wie wir schon erfahren haben, in einigen Auflagen vor Beethovens Familiennamen erschienen war. Diese Schreibweise ist als Abkürzung für »van« allerdings nicht zutreffend. Denn das Kürzel »v.« ist auch heute noch dem älteren Adel vorbehalten, während der jüngere sogenannte Briefadel das Prädikat urkundlich vollständig ausgeschrieben führt, also »von«.

Doch was ist von Olivas und Beethovens Überlegungen im Hinblick auf die damalige Situation zu halten; waren ihre Planungen grundsätzlich realistisch oder phantastisch überheblich?

Das Nobilitationsrecht lag seit Jahrhunderten beim Kaiser. Franz II. hatte aber schon 1806 die römische Kaiserwürde abgelegt. Das bedeutete zwar das Ende des Römischen Reiches Deutscher Nation. Doch das »Establishment« existierte natürlich weiter. So war durch einen Erlaß von 1811 den österreichischen Offizieren die Erhebung in den Adelsstand ausdrücklich möglich, vorausgesetzt, daß sie lange genug gedient hatten. Es gab weiterhin sechs österreichische Adelsklassen, nämlich »Graf«, »Freiherr« oder »Baron«, »Bannerherr«, »Ritter«, »Edler von« und schließlich der einfache Adelige mit dem Prädikat »von«.

Einen Adelsbrief für eine Standeserhöhung hätte nach dem Abdanken des Kaisers auch einer der Erzherzöge ausstellen können, denen speziell in Österreich dieses Recht verliehen worden war. In Frage gekommen wäre zum Beispiel Erzherzog Rudolf, Beethovens Kompositionsschüler.

Beethovens eigenhändige Notiz im Konversationsheft »Edler van« deutet auf eine genaue Beschäftigung mit dem Adelsrecht. Offenbar hatte er ein einschlägiges Handbuch benutzt, das ihn über das Adelswesen seiner Zeit unterrichtete. Wenn er eine Standeserhöhung anstrebte, hätte er jedenfalls nicht auf das einfachste Prädikat »von« reflektieren können. Denn wegen seines Familiennamens hätte sich daraus die Häufung »van/von« ergeben, die aus sprachlichen Gründen natürlich kaum in Frage kam. Ausgeschlossen war auch wohl die Änderung des niederländischen »van« in das Adelsprädikat »von« (was drei Generationen später in München der schillernde Großneffe gleichen Namens in betrügerischer Absicht dann allerdings tatsächlich gemacht hat).

Beethoven hätte zur Vermeidung des Pleonasmus also einen anderen Titel anstreben müssen, etwa den nächst höheren. Und eben dies scheint er damals zumindest gesprächsweise erwogen zu haben. Denn in das Konversationsheft von 1819, zugleich auch seine Kladde, notierte er sich wie zur Probe: »Edler van«.

Hatte Beethoven demnach eine Adelsprätention im Sinne eines anmaßenden Anspruchs, wie es ihm in der jüngeren Literatur vorgeworfen wird?

Beethovens erneute Beschäftigung mit der Frage des Adelsnachweises deutet darauf hin, daß er sich auch nach Ablauf eines Jahres innerlich keineswegs damit abfinden konnte, offiziell als nicht adelig zu gelten. Doch aus welchem Grund? Seine Prozeßangelegenheiten durften seit dem Fiasko vor den

Schranken des K. K. Landrechts nur noch vor einem bürgerlichen Gericht verhandelt werden. Es ging also offenbar nicht um die Nutznießung eines Privilegs. Seine Bemühungen mußten einen anderen Grund haben.

Es gab jedenfalls ein existentielles Engagement Beethovens im Hintergrund, das in diesem Zusammenhang fast immer übersehen wurde. Hier ging es um die große Liebe seines Lebens. Und die scheiterte unter anderem daran, daß er keinen Adelstitel besaß. Beethoven wollte offenbar das Auseinanderreißen seiner jahrelangen inneren Verbindung mit der Gräfin verhindern. Dies erklärt womöglich seine wiederholten Nachforschungen über seine vermeintliche Adelszugehörigkeit und die Diskussionen über Nobilitätsmodalitäten.

Ob eine Standeserhebung nun alle Wege zu einer Ehe mit Gräfin Josephine Brunswick-Deym geebnet hätte, ist natürlich eine andere Frage. Wenigstens die Schwester hätte die Ehe sicherlich gutgeheißen. Beethovens Pläne erscheinen jedenfalls angesichts der zeitgenössischen, insbesondere den Offizieren offenstehenden Möglichkeiten, in den Adelsstand erhoben zu werden, kaum anmaßend.

Der mittlere Bruder Beethovens hat allerdings bei der Signierung seiner Bonner Klaviersonate zu vier Händen auf der Titelseite nicht einmal das »van« seines Familiennamens geführt. »Caspar Beethoven« war also zumindest als Jüngling in dieser Hinsicht anders eingestellt.

Aber Beethoven brauchte sich an ihm nicht unbedingt zu orientieren. Seine älteren, urprünglich bürgerlichen Zeitgenossen Dittersdorf, Gluck und Mozart waren in Italien zum Ritter (»Cavaliere«) vom goldenen Sporn ernannt worden. Außer Mozart hatten sie den Titel »Ritter von« auch stets geführt. Dittersdorf ließ sich später außerdem noch in den niederen Adelsstand mit dem Prädikat »von« erheben, wozu er übrigens ungeniert die Hilfe eines Agenten in Anspruch nahm.

Beethovens Probleme mit seiner vermeintlichen Adelszugehörigkeit und den Nobilitätsrechten sind in der Literatur zumeist aus Unkenntnis des engeren biographischen Zusammenhangs und des zeitgebundenen Standesdenkens von Grund auf mißverstanden worden. Nach österreichischem Verständnis waren seine Wünsche legitim. (Und im 20. Jahrhundert gäbe es für Beethovens Begehren zumindest in Großbritannien noch Verständnis. Denn hier adelt das englische Königshaus verdienstvolle Leute mit großer Selbstverständlichkeit, den Bergsteiger und den Gefängnisbeamten, den Soldaten wie den Instrumentalisten, den Dirigenten und den Komponisten.)

Bei Beethoven sind den privaten Diskussionen über die Standeserhöhung allerdings keine Aktionen gefolgt. Dafür war er zweifellos nicht weltgewandt genug. In jedem Fall wären Behördengänge erforderlich gewesen. Wenn nicht gar ein Agent, so hätte zumindest ein Notar hinzugezogen werden müssen.

Doch gerade vor solchen Dingen grauste ihm. »d.g. strengen mich mehr an, als die größte Composition. Es ist ein fremdes Feld, worin ich gar nicht ackern sollte«, schrieb er einmal an Joseph Kañka, den befreundeten Prager Rechtsanwalt, der ihn in einer Gehaltsforderung vertrat (24. Februar 1815).

Es blieb also bei Beethovens Bürgerlichkeit. Ihm fehlte der Adelsbrief. In der Liebe hatte er dadurch endgültig verloren.

Josephine wurde unglücklich. Ihr ungeliebter zweiter Ehemann Stackelberg versuchte ihr die Vormundschaft gerichtlich zu entziehen. Stackelberg war viel auf Reisen. Josephine kam ins Gerede der Wiener. Ein herabsetzender Spitzelbericht spricht von der angeblich heruntergekommenen Moral der Gräfin.

Infolge des österreichischen Staatsbankrotts nach den Franzosenkriegen und der damit verbundenen Geldentwertung im Jahre 1811 verarmte Josephine. Beethoven hat offenbar davon Kenntnis gehabt und ihr wohl durch einen Angestellten seines Verlegers Ataria etwas Geld zugeschickt. Sie starb sechs Jahre vor Beethovens Tod, krank und mittellos.

Beethoven hat die Enttäuschung über seine letzten Endes unglücklich verlaufene Liebe nie ganz verwunden. Offenbar hatte er sich damals auch eine Familie erhofft. Über dieses Thema wollte er aber kaum mit jemandem sprechen. Es hätte zu weit geführt. So liest es sich bei ihm selbst in einem in diesem

Zusammenhang bislang nicht beachteten Brief an Amenda. In resigniertem Tonfall ist dort nämlich von seinem unerfüllbaren Wunsch nach Familienglück die Rede:

»Dein Freund [Graf Keyserling] besuchte mich und erweckte das Andenken von Dir in mir, Du lebtest glücklich, Du habest Kinder; beides trifft wohl bei mir nicht ein, zu weitläufig wäre es darüber zu reden, ein andermal, wenn du mir wieder schreibst, hierüber mehr« (12. April 1815).

»Nach den Bergen zu – ein Haus bauen«

Noch ein anderer Wunsch Beethovens nach Geborgenheit blieb unerfüllt: das eigene Haus. Wie sich Haydn eines gekauft und nach fürstlichem Zuschnitt umgebaut hatte, oder eines mit Fernblick, wie es sein jüngerer, der Musik abtrünnig gewordener Bruder, der zu finanziellem Reichtum gekommene Apotheker, auf dem Lande inmitten von Weinbergen besaß.

Das lebenslange städtische Nomadentum mit den zwanghaften, manchmal zwei bis drei Umzügen im Jahr hatte Beethoven kaum glücklich gemacht. Das Landleben wurde für den bereits vorgealterten Komponisten nun unverzichtbar. Als Gehörloser war Beethoven jetzt ein Augenmensch. Er genoß eine schöne Aussicht, erfreute sich an einen Sonnenaufgang.

Bei einem Ausflug auf das Land schaut er gelegentlich nach einem Bauplatz aus. Anschließend notierte er sich genau den Ort und konzipierte bereits die nach Osten auszurichtende Lage seines Traumhauses: »beim Thor rechts nach den bergen zu – ein Haus bauen – Die aussicht ist schöner die Lage erwünscht gegen Morgen u. welcher Sonnenaufgang!«[97]

Beethoven hat sich kein Haus gebaut. Er hat zwar interessiert den Immobilienmarkt verfolgt und sich die Annoncen attraktiver Angebote in Mödling und Döbling notiert. Aber solche Pläne konnte er wohl kaum verwirklichen. Für organisatorische Angelegenheiten war nur wenig Platz in seinem Kopf.

Czerny meint, daß Beethoven es eigentlich auch zu Wohlstand hätte bringen können. Ihm fehlte der Ordnungssinn. Dieses Manko war Beethoven selbst bewußt gewesen. Gegenüber dem Leipziger Verleger Hoffmeister bekannte er offen seine Unordnung:

»das einzig Geniemäßige, was an mir ist, daß meine Sachen sich nicht immer in der besten Ordnung befinden und doch niemand im stande ist als ich selbst da zu helfen« (22. April 1801).

Hier zeigt sich Beethoven von einer menschlichen Seite, die kaum zu dem anscheinend auch im 20. Jahrhundert unkorrigierbaren Klischee vom arroganten Sonderling paßt. Beethoven war zwar ein kritischer, radikaler Künstler, blieb innerlich aber bescheiden. Dies war offensichtlich schon von Jugend an ein Charakterzug.

Nach einem Klavierabend des Zwanzigjährigen in Bad Mergentheim wurde in einem Bericht seine sympathische Zurückhaltung hervorgehoben. Von einem »lieben, leisegestimmten Mann« ist dort die Rede. Sein Spiel sei technisch bewundernswert und dabei sprechender und mehr für das Herz als bei anderen Virtuosen.[98]

Beethovens Bescheidenheit hing aber auch dialektisch mit seiner schöpferischen Potenz als innovatorischer Komponist zusammen. In seiner Jugend wagte er von künstlerischer Größe zu träumen. Als Mann fand er die Kraft, in unermüdlicher Detailarbeit darum zu ringen. Sein Platz auf dem Parnaß, den er als Tondichter erreichte, brachte ihm zwar das Bewußtsein künstlerischen Erfolges, vollkommene Werke geschrieben zu haben. Zugleich mußte er aber auch die persönliche Begrenzung erkennen, auf die ein vollendetes Kunstwerk weist: daß es nämlich weitergehen wird, daß ohne ihn noch vollkommenere Werke enstehen können, weil die Kunst keine Grenzen kennt.

Gedanken, in denen Beethoven die Kunstphilosophie Goethes variiert[99], finden sich in dem schon erwähnten Brief an ein Kind. In dankbarer Verbundenheit schrieb er an Emilie, die etwa zehnjährige Klavierspielerin:

»Deine Brieftasche wird aufgehoben unter andern Zeichen einer noch lange nicht verdienten Achtung von andern Menschen.

Der wahre Künstler hat keinen Stolz; leider sieht er, daß die Kunst keine Grenzen hat, er fühlt dunkel, wie weit er vom Ziele entfernt ist, und indes er vielleicht von andern bewundert wird, trauert er, noch nicht dahin gekommen zu sein, wohin ihm der bessere Genius nur wie eine ferne Sonne vorleuchtet« (17. Juli 1812).

ANHANG

Vier Fassungen der Ode An die Freude

Schillers Gedicht *An die Freude* existiert in den schon genannten zwei Fassungen sowie in der Umformung Beethovens. Schillers Urfassung aus je neun Strophen und »Chören« zu acht beziehungsweise vier Zeilen, entstanden 1785, veröffentlicht 1786, ist ziemlich in Vergessenheit geraten. Die zweite Fassung aus acht Strophen zu zwölf Zeilen, veröffentlicht 1803, wurde zwar bekannter, doch wohl kaum so weltweit verbreitet wie die Version Beethovens aus dem Jahre 1823. Zum Vergleich folgen hier alle drei Fassungen.

Vorangestellt ist das achtstrophige lyrische Gedicht *Die Freude* von Johann Peter Uz. Diese klassizistische Ode, entstanden in Goethes Geburtsjahr, 1749, veröffentlicht 1768, ist das historische Vorbild. Abgesehen von der unberücksichtigt gebliebenen didaktischen Vernünftigkeit dieser Lyrik (»lernt, ...verwöhnt die Seele nicht«) ist die dichterische Vorlage an einzelnen Wörtern (»Wollust«, »Tochter«) und insbesondere an jenem bacchantischen Schwung erkennbar (»Du Tochter wilder Trunkenheit«), der von Schiller und Beethoven verfeinert und gesteigert wurde.

Johann Peter Uz

Die Freude (1749)

Ergetzt euch, Freunde, weil ihr könnt!
Den Sterblichen ist nicht vergönnt,
Von Leiden immer frey zu bleiben.
Vernunft wird öfters ohne Frucht
Sich wider schwarzen Unmuth sträuben:
Lyäus weiß ihn zu betäuben,
Und singt ihn sieghaft in die Flucht.

Lernt, wie sich finstrer Unverstand,
Verhüllt in trauriges Gewand,
Von wahrer Weisheit unterscheide,
Die mit entwölkter Stirne glänzt,
Und in der Wollust leichtem Kleide,
Gleich ihr, im Schoose sanfter Freude,
Auch oft mit Rosen sich bekränzt.

O segnet jeden Augenblick,
Da ihr ein unvergälltes Glück
In süßer Freundschaft Armen schmecket:
Da Bacchus euch mit Epheu krönt,
Und Witz und attisch Lachen wecket;
Und muntrer Scherz, der Narren schrecket,
Die Narren und ihr Glück verhöhnt.

Doch hört ihr, was die Wahrheit spricht?
Verwöhnt, verwöhnt die Seele nicht
Zu rauschenden Ergetzlichkeiten,
Die, wenn der Geist sie lieb gewinnt,
Von Rosen unter Dornen leiten;
Und kein Vergnügen aller Zeiten,
Nur Augenblicke reizend sind.

Die Weisheit richtet meinen Sinn
Auf dauerndes Vergnügen hin,
Das aus der Seele selbst entspringet.
Geschmack und Wahrheit ihr entzückt,
Auch wann kein Saitenspiel erklinget:
Auch wann mein Mund nicht lacht und singet,
Bin ich in euerm Arm beglückt.

Die Anmuth prächtiger Natur
Vergnügt mich auf beblümter Flur,
Auf Hügeln und im dunkeln Haine.
Ich jauchz' an stiller Musen Brust
So fröhlich, als bey Cyperns Weine:
Ja wann ich Thoren einsam scheine,
Vertraut sich mir die reinste Lust.

So lockend jene Freude lacht,
Die nur die Sinne trunken macht,
So nah ist sie dem Ueberdrusse.
Die Wollust, vom Geschmack ernährt,
Stirbt unter dummen Ueberflusse:
Sie bleibt bei sparsamem Genusse
Weit länger schön und liebenswerth.

Du Tochter wilder Trunkenheit,
Fleuch ungestalte Fröhlichkeit,
Und rase nur bey blöden Reichen!
Sie mögen durch entweihten Wein
Die sanften Grazien verscheuchen!
O Freunde laßt sie Thieren gleichen:
Uns lasse Bacchus Menschen seyn!

FRIEDRICH SCHILLER

An die Freude (1785)

Freude, schöner Götterfunken,
Tochter aus Elisium,
Wir betreten feuertrunken
Himmlische, dein Heiligthum.
Deine Zauber binden wieder,
was der Mode Schwerd getheilt;
Bettler werden Fürstenbrüder,
wo dein sanfter Flügel weilt.

Chor

Seid umschlungen Millionen!
Diesen Kuß der ganzen Welt!
Brüder – überm Sternenzelt
muß ein lieber Vater wohnen.

Wem der große Wurf gelungen,
eines Freundes Freund zu seyn;
wer ein holdes Weib errungen,
mische seinen Jubel ein!
Ja – wer auch nur eine Seele
sein nennt auf dem Erdenrund!
Und wer's nie gekonnt, der stehle
weinend sich aus diesem Bund!

Chor

Was den großen Ring bewohnet
huldige der Simpathie!
Zu den Sternen leitet sie,
Wo der Unbekannte tronet.

Freude trinken alle Wesen
an den Brüsten der Natur,
Alle Guten, alle Bösen
folgen ihrer Rosenspur.
Küße gab sie uns und Reben,
einen Freund, geprüft im Tod.
Wollust ward den Wurm gegeben,
und der Cherub steht vor Gott.

Chor

Ihr stürzt nieder, Millionen?
Ahndest du den Schöpfer, Welt?
Such' ihn überm Sternenzelt,
über Sternen muß er wohnen.

Freude heißt die starke Feder
in der ewigen Natur.
Freude, Freude treibt die Räder
in der großen Weltenuhr.
Blumen lockt sie aus den Keimen,
Sonnen aus dem Firmament,
Sphären rollt sie in den Räumen,
die des Sehers Rohr nicht kennt!

Chor

Froh, wie seine Sonnen fliegen,
durch des Himmels prächtgen
Plan,
Laufet Brüder eure Bahn,
freudig wie ein Held zum siegen.

Aus der Wahrheit Feuerspiegel
lächelt sie den Forscher an.
Zu der Tugend steilem Hügel
leitet sie des Dulders Bahn.
Auf des Glaubens Sonnenberge
sieht man ihre Fahnen wehn,
Durch den Riß gesprengter Särge
sie im Chor der Engel stehn.

Chor

Duldet mutig Millionen!
Duldet für die beßre Welt!
Droben überm Sternenzelt
wird ein großer Gott belohnen.

Göttern kann man nicht vergelten,
schön ists ihnen gleich zu seyn.
Gram und Armut soll sich melden
mit den Frohen sich erfreun.
Groll und Rache sei vergessen,
unserm Todfeind sei verziehn
Keine Thräne soll ihn pressen,
keine Reue nage ihn.

Chor

Unser Schuldbuch sei vernichtet!
ausgesöhnt die ganze Welt!
Brüder – überm Sternenzelt
richtet Gott wie wir gerichtet.

Freude sprudelt in Pokalen,
in der Traube goldnem Blut
trinken Sanftmut Kannibalen,
Die Verzweiflung Heldenmut
Brüder fliegt von euren Sitzen,
wenn der volle Römer kraißt,
Laßt den Schaum zum Himmel
sprützen:
Dieses Glas dem guten Geist.

Chor

Den der Sterne Wirbel loben,
den des Seraphs Hymne preist,
Dieses Glas dem guten Geist,
überm Sternenzelt dort oben!

Festen Mut in schweren Leiden,
Hülfe, wo die Unschuld weint,
Ewigkeit geschwornen Eiden,
Wahrheit gegen Freund und Feind,
Männerstolz vor Königstronen, –
Brüder, gält' es Gut und Blut –
Dem Verdienste seine Kronen,
Untergang der Lügenbrut!

Chor

Schließt den heilgen Zirkel dichter,
schwört bei diesem goldnen
Wein:
Dem Gelübde treu zu sein,
schwört es bei dem Sternen-
richter!

Rettung von Tirannenketten,
Großmut auch dem Bösewicht,
Hoffnung auf den Sterbebetten,
Gnade auf dem Hochgericht!
Auch die Toden sollen leben!
Brüder trinkt und stimmet ein,
Allen Sündern soll vergeben,
und die Hölle nicht mehr seyn.

Chor

Eine heitre Abschiedsstunde!
süßen Schlaf im Leichentuch!
Brüder – einen sanften Spruch
aus des Todtenrichters Munde!

FRIEDRICH SCHILLER

An die Freude (1803)

Freude, schöner Götterfunken,
Tochter aus Elysium,
Wir betreten feuertrunken,
Himmlische, dein Heiligtum.
Deine Zauber binden wieder,
Was die Mode streng geteilt;
Alle Menschen werden Brüder,
Wo dein sanfter Flügel weilt.
Seid umschlungen, Millionen!
Diesen Kuß der ganzen Welt!
Brüder – überm Sternenzelt
Muß ein lieber Vater wohnen.

Wem der große Wurf gelungen,
Eines Freundes Freund zu sein,
Wer ein holdes Weib errungen,
Mische seinen Jubel ein!
Ja – wer auch nur eine Seele
Sein nennt auf dem Erdenrund!
Und wers nie gekonnt, der stehle
Weinend sich aus diesem Bund!
Was den großen Ring bewohnet,
Huldige der Sympathie!
Zu den Sternen leitet sie,
Wo der Unbekannte thronet.

Freude trinken alle Wesen
An den Brüsten der Natur,
Alle Guten, alle Bösen
Folgen ihrer Rosenspur.
Küsse gab sie uns und Reben,
Einen Freund, geprüft im Tod.
Wollust ward dem Wurm gegeben,
Und der Cherub steht vor Gott.
Ihr stürzt nieder, Millionen?
Ahnest du den Schöpfer, Welt?
Such ihn überm Sternenzelt!
Über Sternen muß er wohnen.

Freude heißt die starke Feder
In der ewigen Natur.
Freude, Freude treibt die Räder
In der großen Weltenuhr.
Blumen lockt sie aus den Keimen,
Sonnen aus dem Firmament,
Sphären rollt sie in den Räumen,
Die des Sehers Rohr nicht kennt.
Froh, wie seine Sonnen fliegen
Durch des Himmels prächtgen Plan,
Wandelt, Brüder, eure Bahn,
Freudig wie ein Held zum Siegen.

Aus der Wahrheit Feuerspiegel
Lächelt sie den Forscher an.
Zu der Tugend steilem Hügel
Leitet sie des Dulders Bahn.
Auf des Glaubens Sonnenberge
Sieht man ihre Fahnen wehn,
Durch den Riß gesprengter Särge
Sie im Chor der Engel stehn.
Duldet mutig, Millionen!
Duldet für die beßre Welt!
Droben überm Sternenzelt
Wird ein großer Gott belohnen.

Göttern kann man nicht vergelten,
Schön ists, ihnen gleich zu sein.
Gram und Armut soll sich melden,
Mit den Frohen sich erfreun.
Groll und Rache sei vergessen,
Unserm Todfeind sei verziehn,
Keine Träne soll ihn pressen,
Keine Reue nage ihn.
Unser Schuldbuch sei vernichtet!
Ausgesöhnt die ganze Welt!
Brüder – überm Sternenzelt
Richtet Gott, wie wir gerichtet.

Freude sprudelt in Pokalen,
In der Traube goldnem Blut
Trinken Sanftmut Kannibalen,
Die Verzweiflung Heldenmut,
Brüder, fliegt von euren Sitzen,
Wenn der volle Römer kreist,
Laßt den Schaum zum Himmel spritzen:
Dieses Glas dem guten Geist!
Den der Sterne Wirbel loben,
Den des Seraphs Hymne preist,
Dieses Glas dem guten Geist
Überm Sternenzelt dort oben!

Festen Mut in schweren Leiden,
Hilfe, wo die Unschuld weint,
Ewigkeit geschwornen Eiden,
Wahrheit gegen Freund und Feind,
Männerstolz vor Königsthronen –
Brüder, gält es Gut und Blut:
Dem Verdienste seine Kronen,
Untergang der Lügenbrut!
Schließt den heilgen Zirkel dichter,
Schwört bei diesem goldnen Wein,
Dem Gelübde treu zu sein,
Schwört es bei dem Sternenrichter!

BEETHOVEN – SCHILLER – PINDAR (1823)
»Anruf« (Teil I)

1. Strophe
(= 1. Strophe aus 1. Fassung (1785), teilweise [außer Zeile 6 u. 7],
bzw. aus 2. Fassung (1803), teilweise, Zeile 1–8)

Freude, schöner Götterfunken,
Tochter aus Elysium,
Wir betreten feuertrunken,
Himmlische, dein Heiligtum.
Deine Zauber binden wieder,
Was die Mode streng geteilt,
Alle Menschen werden Brüder,
Wo dein sanfter Flügel weilt.

2. Strophe
(= 2. Strophe aus 1. Fassung, ganz,
bzw. 2. Strophe aus 2. Fassung, teilweise, Zeile 1–8)

Wem der große Wurf gelungen,
Eines Freundes Freund zu sein,
Wer ein holdes Weib errungen,
Mische seinen Jubel ein!
Ja – wer auch nur eine Seele
Sein nennt auf dem Erdenrund!
Und wer's nie gekonnt, der stehle
weinend sich aus diesem Bund!

3. Strophe
(= 3. Strophe aus 1. Fassung, ganz,
bzw. 3. Strophe aus 2. Fassung, teilweise, Zeile 1–8)

Freude trinken alle Wesen
An den Brüsten der Natur,
Alle Guten, alle Bösen
Folgen ihrer Rosenspur.
Küsse gab sie uns und Reben,
Einen Freund, geprüft im Tod.
Wollust ward dem Wurm gegeben,
und der Cherub steht vor Gott.

»Mythos« (Teil II)
(= 4. Chor, aus 1. Fassung, ganz)
Froh, wie seine Sonnen fliegen,
durch des Himmels prächtgen Plan,
Laufet Brüder eure Bahn,
freudig wie ein Held zum siegen.

Refrain = »Anruf«, 1. Strophe (siehe oben)
Freude, schöner Götterfunken,
Tochter aus Elysium,
Wir betreten feuertrunken,
Himmlische, dein Heiligtum.
Deine Zauber binden wieder,
Was die Mode streng geteilt,
Alle Menschen werden Brüder,
Wo dein sanfter Flügel weilt.

»Gebet« (Teil III)
1. Strophe
(= 1. Chor aus 1. Fassung, ganz,
bzw. 1. Strophe aus 2. Fassung, teilweise, Zeile 9–12)
Seid umschlungen, Millionen!
Diesen Kuß der ganzen Welt!
Brüder – überm Sternenzelt
Muß ein lieber Vater wohnen.

2. Strophe
(= 3. Chor aus 1. Fassung, teilweise [außer: »Ahndest«],
bzw. 3. Strophe aus 2. Fassung, teilweise, Zeile 9–12)
Ihr stürzt nieder, Millionen?
Ahnest du den Schöpfer, Welt?
Such ihn überm Sternenzelt!
Über Sternen muß er wohnen.«

Refrain (Text für die Doppelfuge)
(= »Anruf«, 1. Strophe, teilweise, Zeile 1–4, und »Gebet«, 1. Strophe, teilweise, Zeile 1 u. 2, und 2. Strophe, ganz, und mit einer Hinzufügung Beethovens [aus der 1. Strophe, Zeile 3]: »Brüder!«, zweimal)

Freude, schöner Götterfunken,
Tochter aus Elysium,
Wir betreten feuertrunken,
Himmlische, dein Heiligtum.

Seid umschlungen, Millionen!
Diesen Kuß der ganzen Welt!

Ihr stürzt nieder, Millionen?
Ahnest du den Schöpfer, Welt?
Such ihn überm Sternenzelt!
»Brüder! Brüder!« (Beethoven!)
über Sternen muß er wohnen.

Coda
(= Refrain aus »Anruf«, 1. Strophe [Auswahl], und »Gebet«,
1. Strophe,
siehe oben, bzw. Variierung der 1. Strophe [teilweise] aus 2. Fassung)
Freude, Tochter aus Elysium,
Deine Zauber binden wieder,
Was die Mode streng geteilt,
alle Menschen werden Brüder,
Wo dein sanfter Flügel weilt.
Seid umschlungen, Millionen!
Diesen Kuß der ganzen Welt!
Brüder – überm Sternenzelt
Muß ein lieber Vater wohnen.
Freude, schöner Götterfunken.

Anmerkungen

1. Die Vorfahren

1 Joseph Schmidt-Görg, *Beethoven, Die Geschichte seiner Familie,* München 1964, Seite 39.

2 Campenhout gibt es übrigens in der Musikgeschichte auch als Eigennamen: *François van Campenhout,* ein Zeitgenosse Beethovens, war zunächst als Geiger in seiner Heimatstadt Brüssel tätig und später als Operntenor an verschiedenen belgischen, holländischen und französischen Bühnen verpflichtet. 1827 ließ sich der gefeierte Sänger in seiner Heimatstadt nieder und widmete sich fortan dem Komponieren. Er schrieb sechs Opern und schuf außerdem den belgischen Nationalgesang »*Brabançonne*«.

3 J. Nauwelares, *Les Beethoven en Brabant,* in: *Le Folklore Brabançon.* 18. Jahrgang Nr. 107, April 1939, Seite 366–370.

4 »Im Hexenhammer« werden die aberwitzigen Unterstellungen dieser Zeit zum Bestandteil einer christlichen Konfession und damit für wahr erklärt: »Aus allen Prämissen ist zu schließen, daß die Behauptung gut katholisch und sehr wahr ist, daß es Hexen gibt, welche mit Hilfe der Dämonen, kraft ihres mit diesen geschlossenen Paktes, mit Zulassung Gottes wirkliche Hexenkünste vollbringen können«, zitiert bei Albrecht Schöne, *Götterzeichen, Liebeszauber, Satanskult.* München 1982. Man vergleiche auch Hugo Zweetsloot, *Friedrich Spree und die Hexenprozesse. Die Stellung und Bedeutung der Cautio criminalis in der Geschichte der Hexenverfolgungen,* Trier, 1954; Wolfgang Krämer, *Kurtriersche Hexenprozesse im 16. und 17. Jahrhundert vornehmlich an der unteren Mosel,* München 1959; W. G. Goldab und H. Heppe, *Geschichte der Hexenprozesse.* Aus den Quellen neu bearbeitet und hrsg. von Max Brauer, Band I und Band II. München 1912.

5 Zitiert bei Ludwig Schiedermair, *Der junge Beethoven,* 2. Auflage Weimar 1939, Seite 335.

6 Joseph Schmidt-Görg, wie Anmerkung 1, Seite 222.

7 Zitiert bei Ludwig Schiedermair, wie Anmerkung 5, Seite 334.

8 Zitiert bei Joseph Schmidt-Görg, wie Anmerkung 1, Seite 58.

9 Zitiert bei Jospeh Schmidt-Görg, wie oben, Seite 92.

10 Zitiert bei Jospeh Schmidt-Görg, wie oben, Seite 224.

11 Shin Augustinus Kojima, *Kaspar Anton Karl van Beethoven – Leben und Werk,* in *Roma Annuario* XIV, 1977–78, Seite 80.

12 Anton Reicha (1770–1836) lehrte ab 1818 am Pariser Konservatorium, wo Hector Berlioz, Charles Gounod, César Franck und Franz Liszt zu seinen Schülern zählten.

2. Die Krone des Familienstammes

13 Unter den fünfzig eigenhändig unterstrichenen Stellen in Beethovens Exemplar von Homers Odyssee in der deutschen Übersetzung von Heinrich Voß finden sich auch aus dem Sechsten Gesang die Verse 182–184: »*... denn nichts ist besser und wünschenswerter auf Erden als wenn Mann und Weib, in herzlicher Liebe vereinigt, ruhig ihr Haus verwalten...*«.

14 Stefan Zweig, *Die Welt von gestern. Erinnerungen eines Europäers,* Zürich o. J., Seite 345 und 346, Erstausgabe Stockholm 1942.

15 Franz Grillparzer, *Erinnerungen an Beethoven,* Sämtliche Werke, Achter Band, Stuttgart 1872, Seite 116.

16 Willy Haas, *Die literarische Welt. Lebenserinnerungen.* München 1983, Seite 167–169.

17 George R. Marek, *Ludwig van Beethoven,* München 1970.

18 Man vergleiche hierzu Goethes Aufsatz *Winckelmann und sein Jahrhundert,* 1. Kapitel *Winckelmanns Briefe an Berendis,* Schriften zur Kunst, Erster Teil.

19 Es gab lediglich zwei außereheliche Kinder der Therese Obermayer, von denen die Tochter Amalie Waldmann das Kindesalter überlebte, das Vermögen ihres Stiefvaters Carl van Beethoven erbte und mit Karl Stölzle, einem Forstbeamten, eine Familie gründete, deren Nachfahren heute noch in Wien leben. Joseph Schmidt-Görg, wie Anmerkung 1.

20 Brief vom 23. Juni 1802, mitgeteilt bei Thayer, Band II, 3. Auflage 1922, Seite 613, zitiert bei Shin Augustinus Kojima, wie Anmerkung 11, Seite 82.

21 Hans Bankl/Hans Jesserer, *»Die Krankheiten Ludwig van Beethovens«,* Wien 1987, Seite 103.

22 Shin Augustinus Kojima, wie Anmerkung 11, Seite 83.

23 Alexander Wheelock Thayer, *Chronologisches Verzeichnis der Werke Ludwig van Beethoven's,* Berlin 1865, S. VII.

24 Signatur Mus.ms. 1239 = Artaria 224, vormals Mus.ms.autogr. L. v. Beethoven, Art. 224.

25 Diese drei bislang Ludwig van Beethoven zugeschriebenen Werke werden im Werkverzeichnis von Kinsky/Halm geführt im Anhang 3, Anhang 9 und unter WoO 12, Nr. 1–12.

26 Carl van Beethoven arrangierte neun Sätze aus den 12 Contretänzen WoO 14 seines Bruders für Klavier und von Kozeluch Tänze aus dem Ballett »*La rittrovata figlia di Ottone II*«, Shin Augustinus Kojima,wie Anmerkung 11, Seite 97.

27 Shin Augustinus Kojima, wie Anmerkung 11, Seite 95.

28 Dies geht aus dem Referat »*Stand, Probleme und Ergebnisse der neuen Briefausgabe*« hervor, gehalten am 29.09.1987 beim Beethoven-Symposion '87 von Martella Gutiérrez-Denhoff vom Beethoven-Archiv, Bonn.

29 Emily Anderson, *The Letters of Beethoven,* Band I–III, London 1961, Nr. 884, Fußnote 4.

30 Zitiert bei Paul Nettl, *Beethoven,* Frankfurt 1958, Seite 48.

31 Joseph Schmidt-Görg, wie Anmerkung 1, Seite 70.

32 Wiener Zentralfriedhof, Gruppe 84, Reihe 28, Nr. 21.

3. Die Schule

33 Karl Friedrich Zelter/Johann Wolfgang Goethe, *Briefwechsel*, herausgegeben von Hans-Günter Ottenberg, Leipzig 1987, Nr. 56.

34 Joseph Schmidt-Görg, wie Anmerkung 1, Seite 39.

35 So bei Georg R. Marek, *Ludwig van Beethoven*, München 1970.

36 Zitiert bei Ludwig Schiedermair, wie Anmerkung 5, Seite 153. Das Klavierlied »Feuerfarb«, op.52, Nr. 2, komponierte Beethoven 1792 nach einem Text von Sophie Mereau (1770–1806), geborene Schubart, nach ihrer Scheidung verheiratet in zweiter Ehe mit Clemens Brentano.

37 Rudolf Sühnel, *Make IT NEW*, Heidelberg 1987, Seite 91.

38 Christian von Stramberg, *Ludwig van Beethoven*, Rheinischer Antiquarius, III. Abtheilung, 14. Bd *Das Rheinufer von Coblenz bis Bonn*, historisch und topographisch dargestellt, Coblenz 1869, Seite 85–133.

39 Bachs ledige Tochter war allerdings völlig mittellos und auf private Unterstützung angewiesen. Ihr Vater hatte ihr kein Vermögen hinterlassen können, unter anderem weil seinerzeit niemand an eine kommerzielle Nutzung seiner Werke dachte. (Im 20. Jahrhundert wäre er durch Tantiemen wahrscheinlich sehr reich geworden.) Und einen Beruf hatte Regine Susanna Bach offenbar nicht erlernt. was ihr damals als Frau auch wohl kaum möglich gewesen wäre. Der Enkel Johann Samuel hingegen machte in Leipzig als Landschaftsmaler von sich reden. Sein Leh-

rer Adam Friedrich Oeser hielt große Stücke auf ihn und meinte, Johann Samuel Bach entwickele als einziger eigene Ideen. Gerhard Nestler, *Adam Friedrich Öser, Eine Monographie* (Dissertation), Leipzig ohne Jahr.

40 Johann Wolfgang Goethe, *Dichtung und Wahrheit*, Achtes Buch.

41 Zitiert nach Alfred Einstein, *Gluck. Seine Leben – seine Werke*, Kassel 1987, Seite 115. Der vollständige Originaltext lautet:

»Ho creduto poi che la mia maggior
fatica dovesse ridursi a cercare una bella semplicità; ... Il
successo ha giustificato le mie massime, e l' universale
approvazione in una Città cosi illuminata, ha fatto
chiaramente vedere, che la semplicità, la verità, e la
naturalezza sono in gran principj del bello in tutte
le produzioni dell'arte.«

42 zitiert bei Ludwig Schiedermair, wie Anmerkung 5, Seite 90.

43 Als »Nota Cambiata«, zu deutsch: vertauschte Note oder Wechselnote, bezeichnet Fux einen Dissonanzton (beipielsweise eine kleine Septime), der im strengen Tonsatz von oben eingeführt wird und auf einer unbetonten Taktzeit zur Unterterz sprunghaft weitergeführt wird.

44 Briefwechsel mit Kurfürst Maximilian Franz, in *Joseph Haydn. Gesammelte Briefe und Aufzeichnungen,* herausgegeben und erläutert von Dénes Bartha, Basel 1965, Nr. 202–203.

45 zitiert bei Paul Nettl, wie Anmerkung 30, Seite 28.

4. Beethoven-(Zerr-)Bilder

46 Karl Friedrich Zelter/Johann Wolfgang Goethe, *Briefwechsel*, wie Anmerkung 33, Nr. 71.

47 Zelter/Goethe, *Briefwechsel*, wie Anmerkung 33, Nr. 181.

48 So bei Christian Zacharias (* 1950), einem Schüler von Irene Slavin-Davidenkoff (* 1907) aus der Schule St. Petersburg (beziehungsweise Petrograd und Leningrad), die sich auf das Wirken des Czerny-Schülers Theodor Leschetizky (1830–1915) gründet.

49 *»Dictionnaire Historique Des Musiciens«* Band I, Paris 1810, von Alexandre Etienne Choron und François Joseph Maria Fayolle.

50 In Wahrheit kam Magdalena Keverich als Tochter eines Oberhofkochs aus einer zünftigen Handwerkerfamilie. Durch Heirat rückte sie standesmäßig auf. In erster Ehe war sie nämlich

mit einem Hofbeamten verheiratet, dem Leibkammerdiener Johann Leym. Joseph Schmidt-Görg, wie Anmerkung 1, Seite 85.

51 Maynard Solomon, *Beethoven*, Frankfurt 1987

52 Am Ende eines Briefes vom 8. Februar 1823 an Karl Friedrich Zelter in Berlin spielt Beethoven auf seine damals unter anderem auch krankheitsbedingte kritische finanzielle Situation an, die ihn bisweilen zu einer gewissen Vielschreiberei nötigte. Kalischer Nr. 870, Anderson Nr. 1135. Dergleichen liest man auch in einem Brief vom 15. März desselben Jahres an Luigi Cherubini in Paris. Kalischer Nr. 881, Anderson Nr. 1154. Man vergleiche hierzu auch Beethovens Entwurf eines Schreiben an die K. K. Theaterdirektion in Wien vom Dezember 1806, einer Bewerbung um die Position eines Opernkomponisten, die jedoch erfolglos war: »Unterzeichneter... war bisher nicht so glücklich, sich hier eine Lage zu begründen, die seinem Wunsche, ganz der Kunst zu leben, seine Talente zu noch höherem Grade der Vollkommenheit, die das Ziel eines jeden wahren Künstler sein muß, zu entwikkeln.... Da überhaupt dem Unterzeichneten von jeher nicht so sehr Broterwerb, als vielmehr Interesse der Kunst,.. zum Leitfaden seiner Bahn diente, so konnte es nicht fehlen, daß er oft den Gewinn und seine Vorteile der Muse zum Opfer brachte.«

53 Hans Bankl, Hans Jesserer, wie Anmerkung 21, Seite 81.

54 Sigmund Freud, *Der Mann Moses und die monotheistische Religion*, Frankfurt 1975, Seite 27.

55 Pinchas Lapide, *Am Scheitern hoffen lernen*, Gütersloh 1985, Seite 31.

56 Sigmund Freud, *Der Moses des Michelangelo*, Frankfurt am Main 1964, Seite 5.

57 Sigmund Freud, *Verdrängte Kinderwünsche* (Hamlet), Frankfurt 1980, Seite 199.

58 Dieser Meinung ist auch Carl Dahlhaus, *Beethoven und seine Zeit*, Laaber 1987, Seite 314.

59 Editha und Richard Sterba, *Ludwig van Beethoven und sein Neffe*. Tragödie eines Genies. München 1964, Seite 309.

60 Jacques Wildberger, *Versuch über Beethovens späte Streichquartette*, in: Beethoven '70, Frankfurt am Main 1970, Seite 31.

5. Schöpfen aus literarischen Quellen

61 Allgemeine Musikalische Zeitung, Juli 1810
62 Ludwig Nohl, *Neue Briefe Beethovens*, Stuttgart 1867, Seite 267.
63 Albert Leitzmann, *Ludwig van Beethoven. Berichte der Zeitgenossen*, Leipzig 1921.
64 Wie Anmerkung 31
65 William Shakespeare, *Hamlet*, Dritter Aufzug, zweite Szene.
66 *Athenaeum*, Darmstadt 1980, S. 206 (A. W. Schlegel, *Fragmente*).
67 Die Manuskripte werden in der Wiener Stadtbibliothek aufbewahrt, Signatur: MH 10265. Diese Information verdanke ich Professor Dieter Borchmeyer, Universität Heidelberg. Der von Grillparzer vertonte Text aus der Odyssee stammt aus dem XII. Gesang, Vers 184–191. Die Verse 1–2 des V. Gesangs wollte übrigens Beethoven als »Kanon aus der Odysse« vertonen, wie aus einem Entwurf hervorgeht, den Gustav Nottebohm veröffentlicht hat, *Zweite Beethoveniana*, Leipzig 1887, Seite 238.
68 Franz Grillparzer, wie Anmerkung 15, Seite 112.
69 Claude Debussy, *Die Neunte Symphonie*, La Revue blanche, 1. Mai 1901, S. 34 ff. Zitiert bei *Claude Debussy. Monsieur Croche*. Sämtliche Schriften und Interviews. Herausgegeben von Françoise Lesure. Aus dem Französischen übertragen von Joseph Häusler, Stuttgart 1974, Seite 35.
70 Wilhelm Furtwängler, *Gespräche über Musik*, Zürich [6]1955, Seite 54.
71 Man vergleiche hierzu Kurt Schlüter, Die englische Ode: Studien zu ihrer Entwicklung unter dem Einfluß der antiken Hymne, Bonn 1964.
72 Zitiert bei Rudolf Sühnel, wie Anmerkung 37, Seite 50.
73 Zitiert bei Ludwig Schiedermair, wie Anmerkung 5, Seite 83.
74 Richard Wagner, *Mein Leben,* München 1976, Seite 43.
75 Luigi Magnani, *Beethovens Konversationshefte*, München 1967, Seite 60, Anmerkung 76.

6. Eigenwillige Kunstmittel

76 Donald Francis Tovey, *»Essays in Musical Analysis«*, London 1944.
77 Claus Canisius, *»Quellenstudien und satztechnische Untersuchungen zum dritten Satz aus Beethovens c-Moll-Sinfonie«*, Heidelberg, 1966.

78 *Beethovens Konversationshefte,* herausgegeben von Georg Schünemann, Berlin 1941–1943, Band II, Seite 41.
79 Aus *»Dillettanterien«* (1785), zitiert bei Ludwig Schiedermair, wie Anmerkung 5, Seite 90.
80 Christian Gottlob Neefe, »Über die musikalische Wiederholung«, Deutsches Museum, 2. Band, Achtes Stück, Leipzig 1776, Seite 745 bis 751.
81 Zitiert bei Hedwig Walwei-Wiegelmann, Herausgeber, *Goethes Gedanken über Musik*, Frankfurt 1985, Seite 192.
82 Thayer-Deiters-Riemann, *Ludwig van Beethovens Leben*, Band II, Seite 219.
83 Constantin Floros, *»Beethovens Eroica und Prometheus-Musik«*, Wilhelmshaven 1978, Seite 49.
84 Johann Joachim Winckelmann. *Gedanken über die Nachahmung der griechischen Werke in der Malerei und Bildhauerkunst*, Stuttgart 1969, Seite 35 und Seite 39.
85 Johann Wolfgang Goethe, *»Maximen und Reflexionen«* 279/1112.
86 Joseph Schmidt-Görg, Ludwig van Beethoven 1770/1970, Seite 10, zitiert bei Constantin Floros, wie Anmerkung 83, Seite 114.
87 Zusammengestellt bei Rudolf Bockholdt, *Beethovens VI. Symphonie F-Dur op.68.* Pastorale, München 1981, Seite 77.
88 Nach einer Übersetzung aus der Werkmonographie von Werner Braun, *»Antonio Vivaldi, Concerti grossi op.8 Nr. 1-4«*, in *Meisterwerke der Musik*, Heft 9, abgedruckt bei Wilhelm Fink Verlag, München 1975. Zu den Überschriften der Orchesterstimmen gehört natürlich auch Vivaldis Sonett »Der Frühling«:
»Der Frühling ist gekommen, und festlich
begrüßen ihn die Vögel mit frohem Gesang.
Und die Quellen zum Säuseln der Zephiretten
fließen schon mit süßem Gemurmel.
Während der Himmel mit schwarzem Mantel bedeckt,
kommen einzelne Blitze und Donner, den Frühling anzukündigen.
Doch als sie schweigen, beginnen
die Vögel von neuem ihr tonreiches Lied.
Und dort, auf schöner, blühender Wiese
beim lieblichen Säuseln von Blättern und Gräsern
schläft der Hirt, den treuen Hund zur Seite.
Zum festlichen Ton des Dudelsacks
tanzen Nymphen und Schäfer in der geliebten Wohnung
des Frühlings zu seinem prachtvollen Erscheinen.«

89 Aus einem Referat »*Neues zur Geschichte der ›Eroica‹ und zur Förderung Beethovens durch Fürst Joseph v. Lobkowitz*«, gehalten von Tomislav Volek und Jaroslav Macek im September 1987, auf dem Beethoven-Symposion '87, in Baden bei Wien.

7. Stumme Gespräche

90 Über die eigentümliche Behandlung des musikalischen Materials sei hier verwiesen auf Theodor W. Adorno, *Spätstil Beethovens*, in: »*Moments musiceaux*«, Frankfurt am Main 1964, Seite 13.

91 Man vergleiche hierzu Manès Sperber, *Die Wasserträger Gottes*, Wien 1974. Erster Teil, Seite 58.

92 Ein Anzeichen von Beethovens Vitalität waren sicherlich seine offenbar sehr gesunden Zähne. Im Unterkiefer blieben ihm seine kräftigen Zähne zeitlebens fast vollständig erhalten. Wie mir freundlicherweise Professor Michael Heners, Akademie für Zahnärztliche Fortbildung Karlsruhe, anhand einer Aufnahme des Schädelskeletts erläuterte, waren auch im Oberkiefer, der zwar einige Zahnlücken aufweist, die knöchernen Alveolen noch vollständig ausgeprägt. Daraus ergibt sich mit großer Wahrscheinlichkeit, daß die im Schädelskelett sichtbaren Zahnverluste erst nach Beethovens Tod entstanden sind – womöglich bei der Exhumierung – und Beethoven zeitlebens, auch nach heutigen Maßstäben, keines Zahnersatzes bedurfte. Die besagte Abbildung findet sich bei Hans Bankl, Hans Jesserer, wie Anmerkung 21, Seite 93.

93 Thayer-Deiters-Riemann, Band V, Seite 318.

94 Arnold Schönberg, *Ausgewählte Briefe*, herausgegeben von Erwin Stein, Mainz 1958, Nr. 123, Seite 158; Willi Reich, *Arnold Schönberg oder der konservative Revolutionär*, München 1974, Seite 182 und 183.

8. Glücksstreben

95 Zitiert bei Marie-Elisabeth Tellenbach, *Die Rolle der Vormundschaftsgesetze in Beethovens Beziehung zu Josephine Gräfin Deym*, in: Vierteljahrschrift für Sozial- und Wirtschaftsgeschichte, 75. Band, Heft 2 (1988) Seite 253–263.

96 wie oben.

97 Georg Schünemann, *Ludwig van Beethovens Konversationshefte*, Berlin 1941–1943, Band II, Seite 148 und Seite 149.

98 In einem Bericht von Carl Ludwig Junker, einem Pfarrer, Musik-Schriftsteller und Liebhaber, in Boßlers Musicalische Correspondenz, 23. November 1791, zitiert bei *Ludwig Schiedermair, Der junge Beethoven*, Leipzig [1] 1925, Seite 88 bis 89.

99 Man vergleiche hierzu Goethes Aufsatz *»Die Preisaufgabe betreffend«*, Schriften zur Kunst, Erster Teil.

100 Ein solches Heft im Quartformat (Viertelbogengröße) wurde damals eigentlich als »wissenschaftliches Journal« bezeichnet. Es diente verschiedenen Zwecken, etwa zum Notieren von Buchtiteln, Adressen, Aphorismen, oder als Tagebuch. (Goethe nannte seine Tagebücher, in Anknüpfung an die Tradition der Antike, »Ephemerides«.) Beethoven benutzte die Hefte auch für musikalische Skizzen. Als er sich seit 1819 aufgrund seines fortgeschrittenen Gehörleidens nur noch schriftlich verständigen konnte, gebrauchte er sie überwiegend zur Kommunikation mit seinen Gesprächspartnern. Die Zeitgenossen nannten Beethovens Journale daraufhin »Konversationshefte«. Beethovens handschriftliche Auszüge aus dem Trauerspiel »Herostratos« von Franz Maria von Nell, vom März 1820 (s. Tafel 5), die auch noch auf die nächste Seite seines Konversationsheftes gehen (im Tafelteil nicht abgebildet), lauten vollständig: »*Die Welt* ist ein König, u. sie will geschmeichelt sejn, soll sie sich auch günstig zeigen – Doch wahre Kunst ist eigensinnig, läßt sich nicht in Schmeichelnde Formen zwängen – Berühmte Künstler sind befangen Stets, drum ihre ersten Werke auch *die Besten*: Obschon aus dunklem Schooße sie en[t]sproßen, ›Man sagt, die Kunst sej lang, kurz das Leben – Lang' ist das Leben nur, kurz die Kunst, soll unß ihr Hauch zu den Göttern heben – So ist er eines Augenblickes Gunst –‹«.

101 Der gesamte, auf die ärztliche Kunst bezogene erste Aphorismus des Hippokrates lautet: »ὁ βίος βραχύς ἡ δέ τέχνη μακρή ὁ δὲ καιρὸς ὀξύς, ἡ δὲ πεῖρα σφαλερή, ἡ δὲ κρίσις χαλεπή«, »Das Leben ist kurz, die Kunst lang, die Gelegenheit flüchtig, der Versuch gefährlich, die Entscheidung schwer.« Goethe hat in dem Roman »Wilhelm Meisters Lehrjahre« – den Beethoven genau kannte und einmal zur Lektüre weiterempfahl –, vier Fünftel des Aphorismus, unter Umstellung des Anfangs, für den Beginn des Lehrbriefes benutzt: »Die Kunst ist lang, das Leben kurz, das Urteil schwierig, die Gelegenheit flüchtig« (Siebzehntes Buch, neuntes Kapitel, *Lehrbrief*).

102 Beethoven komponierte den Text »Ars longa, vita brevis« zum ersten Mal am 4. April 1816, als zweistimmigen Kanon, mit dem

er seinem befreundeten Kollegen Nepomuk Hummel »Glückliche Reise« nach Stuttgart, anläßlich dessen Berufung zum Kapellmeister des Königs von Württemberg, wünschte; zum zweiten Mal am 6. September 1825, um sich damit bei Sir James Smart, dem Dirigenten der Philharmonischen Konzerte in London, in Erinnerung zu bringen.

103 Das Hippokratische Gesicht (Facies Hippocratica) bei Sterbenden ist nach den Beobachtungen des griechischen Arztes Hippokrates (* um 460 v. Chr., † 377), dem Vater der Medizin, benannt. Die Merkmale sind unter anderem: »Die Schläfen sinken ein, die Nase wird spitz und erscheint verlängert. Das ganze Gesicht erscheint länger, das Kinn spitzer und hervorragender« (*Prognostikon* 2).

Auswahl-Bibliographie

I. Quellenwerke, Briefe, Eigenschriften

Franz Grillparzer, *Erinnerungen an Beethoven*, Sämtliche Werke, Achter Band, Stuttgart 1872

Grillparzers Verhältnis zu Beethoven war durch Distanz und Affinität bestimmt. Seine einschließlich der berühmten Grabrede dreizehn Seiten umfassenden »Erinnerungen« sind wichtige Mitteilungen eines jüngeren Zeitzeugen über biographische Episoden und ein gemeinsames Opernprojekt.

Anton Schindler, *Biographie von Ludwig van Beethoven*, Leipzig 1988, nach der dritten neu bearbeiteten und vermehrten Auflage Münster 1860

Mit zwei Neudrucken im zwanzigsten Jahrhundert (Berlin, Leipzig 1909; Münster 1927) und einer englischen Übersetzung von Anton Felix Schindler, Beethoven as I knew him, herausgegeben von Donald W. Mac Ardle, London 1966, ist diese Biographie eines der langlebigsten Beethovenbücher. Als ungeliebter Vertrauter, freier Mitarbeiter und unbezahlter Bediensteter, insbesondere in Beethovens letzten Lebensjahren, schrieb Schindler eigentlich ein Erinnerungsbuch, das trotz idealisierender Darstellung gleichwohl ein Quellenwerk ist. Schindler hatte unter anderem auch die Konversationshefte als Dokumente mit herangezogen. 1977 wurde seine Glaubwürdigkeit jedoch auf dem Beethoven-Kongreß in Berlin durch die Forschungsergebnisse von Dagmar Beck und Grita Herre erschüttert. Ein eingehender Handschriftenvergleich in Beethovens Konversationsheften ergab, daß Schindler zahlreiche Stellen gefälscht hatte. So stammt das bislang für authentisch gehaltene, von Arnold Schmitz 1923 in einer Schrift behandelte Wort der »zwei Principen« als Formel des Themen-Dualismus nicht von Beethoven, sondern von Schindler, der sich durch mehrfache Manipulationen dieser Art als unverzichtbare historische Figur profilieren wollte. Nach diesen Erkenntnissen erscheinen Schindlers Angaben über die angebliche Vernichtung von etwa zweihundertsechzig (!) Konversationsheften wegen kompromittierenden Inhalts in gänzlich anderem Licht. Schindler hat – das muß jetzt aufgrund des neuen Wissensstandes geschlossen werden – diesen scheinbar feigen »Quellen-Mord« in Wirklichkeit gar nicht begangen. Dazu war er zweifellos viel zu redlich, und vierhundert Hefte hat er wohl nie besessen. Tatsächlich beabsichtigte er wohl eher, seine prätentiösen Hinzufügungen zu vertuschen, indem er sozusagen das Gegenteil behauptete, nämlich den größten Teil dieser biographischen Quellen heimlich beseitigt zu haben. Natürlich konnte er sich anhaltender Empörung der Beethoven-Freunde in aller Welt sicher sein. Und tatsächlich war es ihm durch dieses Ablenkungsmanöver nahezu einhundertvierzig Jahre gelungen, sogar die Fachleute zu täuschen.

Franz Gerhard Wegeler/Ferdinand Ries, *Biographische Notizen über L. v. Beethoven*, Koblenz 1838, Nachtrag von Wegeler allein, Koblenz 1845

Beide Gewährsmänner, Wegeler, der Mediziner und Jugendfreund, wie Ries, der Klavier- und Kompositionsschüler, haben ihre Erinnerungen nur episodenhaft und oft genug mit Irrtümern behaftet mitgeteilt. Dennoch fußen auf diesem Quellenwerk alle späteren Biographen. Auch Schindler ist ihm weitgehend in der Darstellung von Beethovens Jugendzeit gefolgt.

Karl Friedrich Zelter/Johann Wolfgang Goethe, *Briefwechsel*, herausgegeben von Hans-Günter Ottenberg, Leipzig 1987

In dieser Auswahl von 192 Briefen, die sich Goethe aus Weimar und Zelter aus Berlin geschrieben haben, nimmt das Thema Beethoven einen beachtlichen Raum ein. Zur Sprache kommen Beethovens Eigenheiten, die Betrachtung und Aufnahme seiner Werke. Goethes persönliche scharfsinnige Beobachtungen, die in der biographischen Literatur meistens nur verkürzt wiedergegeben sind, können hier natürlich vollständig, vor allem im Zusammenhang des Dialoges mit Zelter neu gelesen werden. Zelter, in der Musik im Grunde ein Konservativer, setzte sich eingehend mit Beethoven auseinander und ließ auch Goethe an seiner im Laufe der Jahre zunehmenden Begeisterung teilnehmen.

Ernst Theodor Amadeus Hoffmann, *Schriften zur Musik*, nach dem Text der Erstdrucke und Handschriften, München 1977

Hoffmann rezensierte für die *Allgemeine Musikalische Zeitung* eine ganze Reihe von Beethovens Werken, darunter die Sinfonien Nr. 5 und 6, die Musik zu Goethes Egmont, die Messe C-Dur und das Oratorium Christus am Ölberg. In dieser Fachzeitschrift erschienen auch musikalische Dichtungen Hoffmanns, *Der Dichter und der Komponist* zum Beispiel. Als Leser der AMZ erkannte Beethoven in E. T. A. Hoffmann einen Kongenialen, dessen künstlerische Anteilnahme an seinem Schaffen ihm wohltat. Er fand offenbar auch Gefallen an Hoffmanns romantischer Hochschätzung der Inspiration und gleichzeitiger Geringschätzung der Schule.

Ludwig van Beethovens Konversationshefte, herausgegeben von Karl-Heinz Köhler und Grita Herre, unter Mitarbeit von Dagmar Beck, Ignaz Weinmann, Leipzig 1972ff.

Nach den fragmentarisch gebliebenen Ansätzen von Walter Nohl (1922), Georg Schünemann (1941–1934) und Jacques-Gabriel Prod'homme (1946) setzt diese auf zwölf Bände und ein Register geplante Ausgabe in nahezu diplomatischer Abschrift die Übertragung von Beethovens »Stummen Gesprächen« fort. Seit seiner ab 1818 sich abzeichnenden nahezu völligen Ertaubung benutzte er zur Konversation gebundene Hefte im Quartformat, in die nicht nur die Fragen und Antworten seiner Gesprächspartner kamen, sondern gelegentlich auch seine eigene Rede, wenn er etwa nicht wollte, daß in einem Cafehaus andere Gäste mithörten, insbesondere aber Polizeispitzel. Aus Vorsicht schrieb er manchmal in französisch. Beethoven kommentierte die Aussagen seiner Gesprächspartner nachträglich, benutzte die Hefte zu musikalischen Skizzierungen oder als Notizbuch für Auszüge aus der Inseraten-Beilage *Alllgemeines Intelligenzblatt*. Anhand dieser Quellen können biographische und werkgeschichtliche Daten genauer bestimmt werden. Die Herausgeber haben auch österreichische Wissenschaftler hinzugezogen, da manche Textstelle nur aus der Kenntnis des Sprachgebrauchs sowie der Topographie Wiens verständlich ist.

Luigi Magnani, *Beethovens Konversationshefte*, München 1967

Luigi Magnani, in der Musik wie in der griechischen und römischen Literatur bewandert, hat nach dem seinerzeit verfügbaren Wissensstand eine erste analytische Auswertung der Konversationshefte unternommen. Die unter Benutzung auch anderer Quellen entstandene Interpretation der thematisch sehr verschiedenartigen Gesprächsfragmente ist mit wissenschaftlicher Akribie in lesbare Kapitel gruppiert.

Albert Leitzmann, *Ludwig van Beethoven. Berichte der Zeitgenossen,* Leipzig 1921

Leitzmann hat aus etwa sechzig verschiedenen Quellen subjektive Mitteilungen von Zeitgenossen über Beethovens Persönlichkeit zusammengetragen.

The Letters of Beethoven, edited and translated by Emile Anderson, 3 volumes, London 1961

Nach mehreren Ausgaben im 19. und 20. Jahrhundert rangiert aufgrund von Vollständigkeit und Zuverlässigkeit die englische Übersetzung von Emile Anderson vorerst noch an erster Stelle. Anhand der deutschen Ausgaben ist der allmähliche Wandel in der Einstellung zu diesen Quellen erkennbar. Anfänglich redigierten nämlich die Herausgeber stellenweise die Texte, offenbar aus Rücksichtnahme auf das seit Schindler idealisierte Beethovenbild. So wurden in aggressiv abgefaßten Abschnitten Namen von Zeitgenossen gestrichen oder andererseits auf die Wiedergabe anscheinender Belanglosigkeiten verzichtet. Einen ersten Schritt in Richtung wissenschaftlicher Exaktheit hat Ludwig Nohl gemacht, *Neue Briefe Beethovens*, Stuttgart 1867, wobei er sich noch rechtfertigen zu müssen glaubte, daß er in Beethovens Briefen Unwesentliches wie Anstoßerregendes habe stehenlassen. Nohl hat dort auch einige Gelegenheitskompositionen veröffentlicht, so das Klavierstück »Für Elise« (richtig wahrscheinlich: »Für Therese«), übrigens in Takt 21 und den folgenden Parallelstellen mit der kleinen Septe, die in den meisten späteren Ausgaben irrtümlich in die kleine Sexte geändert ist.

Ludwig van Beethoven, *Klaviersonate As-Dur, opus 110*, Faksimile nach dem Autograph, herausgegeben von Karl Michael Komma, Stuttgart 1967

Die in einem Beiheft erläuterte Faksimilierung der Originalhandschrift ist eine Hilfe zum Verständnis der Komposition, indem das nuancenreiche Notenbild Charakter und Ausdrucksvarianten dieser vorletzten Klaviersonate Beethovens ungleich differenzierter als der Notendruck widerspiegelt. So teilt sich eben nur im Autograph anhand des unterschiedlichen Richtungsverlaufs der Notenbalken eine verdeckte melodische Gliederung mit. Die räumliche Nutzung der Notenzeilen suggeriert agogische Abstufungen, die besondere Größe eines Crescendo-Zeichens, die Intensität der Dynamik und der schwungvolle, die Noten nicht mehr berührende Ligaturbogen die Bedeutung des Orgelpunkts. Neben der letzten Klaviersonate op. 111 (München 1922), der Fünften Sinfonie (Berlin 1943) und der sogenannten Waldsteinsonate, C-Dur, op. 53 (Bonn 1956) sind inzwischen noch weitere Originalhandschriften faksimiliert worden, darunter die Neunte Sinfonie, die Klaviersonate op. 57 (»Appasionata«) und der Liederkreis »An die entfernte (!) Geliebte«.

Hans Bankl/Hans Jesserer, *Die Krankheiten Ludwig van Beethovens. Pathographie seines Lebens und Pathologie seiner Leiden*, Wien 1987

Durch die Auffindung des lateinisch abgefaßten, lange verschollenen Obduktionsprotokolls und die Untersuchung einiger wiederaufgetauchter Knochenfragmente aus dem Schädel Beethovens haben die Autoren Hans Bankl, Pathologe, und Hans Jesserer, Internist, Wien, die Krankheitsgeschichte rekonstruiert und unter Auswertung zeitgenössischer Berichte neu gedeutet.

Paul Bekker, *Beethoven*, Berlin und Leipzig 1911

Unter Benutzung historischer Quellenwerke (Thayer, Nottebohm) deutet Bekker Beethovens Werke einzig mit den Mitteln einer idealisierenden Sprache. Das Buch enthält Tabellen zu Beethovens Leben und seinen Werken, verzichtet aber auf jedwede Notenbeispiele.

Carl Dahlhaus, *Ludwig van Beethoven und seine Zeit*, Laaber 1987

Aus Werkinterpretationen und Analysen ideengeschichtlicher Voraussetzungen filtert Carl Dahlhaus behutsam Beethovens »musikalisches Denken« heraus. Ein biographisches Datengerüst ist durch historischen Kontext ergänzt. Es dient aber keineswegs der »biographischen Methode«, die Dahlhaus kritisch beurteilt. Bildtafeln und Bibliographie dieses Beethoven-Buches, das zu den letzten Arbeiten von Carl Dahlhaus zählt, sind ausführlich kommentiert.

Wolfgang A. Thomas-San-Galli, *Ludwig van Beethoven*, München 1911

Thomas-San-Galli, zehn Jahre aktives Mitglied eines Streichquartetts, suchte noch vor Paul Bekker – der ihm aber um ein Jahr zuvorkam –, eine künstlerische Biographie in einem Band zu schreiben. Thomas-San-Galli brachte auch neue Forschungsergebnisse in sein Buch ein, das Leben und Werk als Einheit begreift. In einem gesonderten Band wollte er die wissenschaftlichen Belege noch vorlegen, was ihm aber nicht vergönnt war – er fiel als Soldat am Ende des Ersten Weltkriegs.

Georg Kinsky/Hans Halm. *Das Werk Beethovens. Thematisch-bibliographisches Verzeichnis sämtlicher vollendeten Kompositionen*, München und Duisburg 1955

Dieses – wie Köchels Mozart-Verzeichnis angelegte – unverzichtbare bibliographische Standardwerk ist ausführlich und lesbar. Es wurde ergänzt durch:

Studien und Materialien zum Werkverzeichnis von Kinsky-Halm. Herausgegeben von Kurt Dorfmüller, München 1978

Adolph Bernhard Marx, *Ludwig van Beethoven. Leben und Schaffen*, Band I und II, Berlin 1859
Adolph Bernhard Marx, ein Schüler von Friedrich Zelter, ist wohl der einzige Biograph, der sich einer wirklichen Hochschätzung Beethovens sicher sein durfte. Beethoven nannte ihn einen »geistreichen Redakteur« (der von Marx gegründeten Berliner Allgemeinen Musikalischen Zeitung) und wünschte, »daß er fortfahre das Höhere und wahre Gebiet der Kunst immer aufzudecken, welches Gewinn für dieselbe sein wird, u. das bloße Silbenzählen etwas Abnahme bringen dürfte« (15. Juli 1825). Marx verstand sich denn auch als Mittler zwischen dem Komponisten und dessen Publikum. Sein an der biographischen Methode orientiertes Credo lautet: »den Künstler aus seinen Werken zu erkennen und diese aus seinem Wesen und Leben zu begreifen« (Vorwort zur zweiten Auflage 1862).

Bernhard Paumgartner, *Das kleine Beethoven-Buch*, Salzburg 1968, Hamburg 1979
Paumgartner gibt einen biographischen Überblick, untersucht kritisch das überkommene Beethovenbild des »heroischen Künstlers« und erläutert Beethovens künstlerische Entwicklung. Eine umfangreiche Bilddokumentation ergänzt die acht Kapitel des Buches.

Walter Riezler, *Beethoven*, Zürich, 1944
Die mit einem Vorwort von Wilhelm Furtwängler versehene sechste Auflage ist in drei Teile gegliedert (Leben, absolute Musik, Werk) und durch einen ausführlichen Anhang (Glossar, Werkverzeichnis, Bibliographie) erweitert. Riezlers Beethoven-Buch zeichnet sich immer noch durch Originalität und Zuverlässigkeit in unvermindert lesbarer Darstellung aus.

Maynard Solomon, *Beethoven*, New York 1977, deutsch: München 1979
Solomon faßt in seiner Biographie zahlreiche Forschungsergebnisse

zusammen. Mit Hilfe der psychohistorischen Methode versucht er sich Beethovens Persönlichkeit zu nähern.

Maynard Solomon, *Beethovens Tagebuch*. Herausgegeben von Sieghard Brandenburg, Bonn 1990

Das biographisch unschätzbar bedeutsame Zeugnis aus den Jahren 1812–1818 wurde durch Textverbesserungen und die Wiedergabe der Wiener Abschrift von Anton Gräff (1827) sowie einiger originaler Seiten aus Beethovens eigenhändigen Aufzeichnungen auf den neuen Erkenntnisstand gebracht.

Alexander Wheelock Thayer, *Ludwig van Beethovens Leben*, Band I–III herausgegeben von Hermann Deiters, Band IV–V bearbeitet von Hermann Deiters und Hugo Riemann (= TDR), 5 Bände Leipzig 1901–1917

Thayers Lebensgeschichte verzichtet zwar auf die Interpretation der Werke. Sie ist als umfassende Dokumentensammlung dennoch ein Standardwerk. Korrekturen und Ergänzungen hat Elliot Forbes vorgenommen (*Thayers life of Beethoven*, Princeton 1964).

III. Szenische Dokumentationen, Romane

Glauco Mauri, *Die Konversationshefte Ludwig van Beethovens*, Szenische Dokumentation für drei Personen und einen Sprecher, Mailand 1974

Glauco Mauri, italienischer Schauspieler, der auch die Titelrolle bei Aufführungen in Rom, Mailand und Florenz verkörperte, konzentrierte sich in seiner Zusammenstellung auf Gesprächsfragmente aus Beethovens letzten Lebensjahren in der »Bärenhöhle«, wie Cherubini die Wohnung im Schwarzspanierhaus in der Alservorstadt nannte. Das Stück dokumentiert eindrucksvoll bislang nur wenig bekannte Ausschnitte aus Beethovens Alltagsleben.

Claus Canisius, *Beethovens »Stumme Gespräche«*, eine Dokumentation mit Musik, zusammengestellt nach den Konversationsheften, Karlsruhe 1977 und 1984 (Ms des SDR)

Die hier unter einem besonderen Thema (Wohnungssuche, Gehörleiden, Philosophie, Aktiengeschäfte, Zimmerheizung) zusammengefaßten, ursprünglich schriftlich geführten Gespräche für drei Personen, Kommentator und einen Pianisten vermitteln als gesprochene Szenen einen Einblick in Beethovens Privatleben. Die Musik, die innerhalb dieser Szenen erklingt, ist eine Realisation der Skizzen, die zwischen den Gesprächen notiert sind. Auf diese Weise werden Beethovens Bewältigung der mühsamen privaten Existenz und der gleichzeitig einhergehende Entstehungsprozeß seiner Werke veranschaulicht.

Peter Ustinov, *Beethovens Zehnte*, Theaterstück für neun Personen, in zwei Akten (1987)

Peter Ustinov, motiviert durch das *»Gefühl, daß nämlich Unsterbliche für uns lediglich außer Sicht- und Hörweite sind«*, läßt in diesem – nicht unumstrittenen – Theaterstück (deutsche Erstaufführung 31.12.1987, Schiller-Theater Berlin), in dem er selbst die Hauptrolle spielte, Beethoven als hohen Besuch aus geschichtlicher Vergangenheit in der Familie eines heutigen Musikkritikers auftreten. Ustinov zeigt Momente eingebildeter und wirklicher Seelennot und läßt am Ende »Menschlichkeit, Ehrlichkeit und Humor« siegen.

Luigi Magnani, *»Il nipote di Beethoven«*, Turin 1972, deutsch: *Beethovens Neffe*, Hamburg 1986, Roman; verfilmt, unter demselben Titel, von Paul Morrissey (mit Wolfgang Reichmann und Dietmar Prinz)

Magnani zeichnet mit dieser fiktiven, treffend im Ton der Zeit (Wertherstil) gehaltenen »Lebensbeichte« ein spannendes Psychogramm seiner beiden »Romanfiguren«. Die konsequent eingehaltene Vermischung von Authentischem (alle Äußerungen Beethovens) und Erdichtetem ist gleichwohl nicht ganz unbedenklich. Magnanis Prämisse, Schindler habe in verbrecherischer Absicht mehr als die Hälfte der Konversationshefte vernichtet, weil er Beethovens »ungezähmtes und rebellisches Wesen« nicht begriffen habe, beruht jedenfalls auf einem Irrtum (s. oben, Anton Schindler, *Biographie von Ludwig van Beethoven*).

Dieter Kühn, *Beethoven und der schwarze Geiger*, Roman, Frankfurt 1990

Dieter Kühn schreibt in diesem musikalischen Reiseroman eine persönliche Hommage an Beethoven, indem er dessen Kompositionstechnik, die sogenannte motivische Arbeit, gewissermaßen literarisch verwertet. Einzelne, häufig wiederkehrende Motive spielen eine Rolle in diesem »Schiffsroman«, der technisch eine Rahmenerzählung ist: Kühn läßt in seinem Buch die Geschichte von einer Hauptfigur, nämlich dem »schwarzen Geiger«, erzählen. Der Autor schildert unterhaltsam eine Schiffsreise von Genua nach Afrika, die zu einer inneren Entdeckungsreise auf der Suche nach der wahren Herkunft seiner beiden Helden, Beethoven und Bridgetower, gerät. An Bord sind als weitere Passagiere ein maskierter Mann, dessen Identität dem Leser lange verborgen bleibt, und eine schwermütige schöne Frau, die Beethovens Zuneigung erfährt und sie erwidert.

Abbildungsverzeichnis

Tafel 4 Titelblatt von »Wellingtons Sieg oder die Schlacht bei Vittoria«, op. 91, Wien 1816, bei S. A. Steiner. (Photo: Beethoven-Haus Bonn, Sammlung H. C. Bodmer)

Tafel 5 Seite aus Beethovens Konversationsheft vom März 1820, Heft 9, Bl. 11r. (Photo: Deutsche Staatsbibliothek Berlin, in der Stiftung Preußischer Kulturbesitz)

Tafel 6 »Abend«, aus dem graphischen Zyklus »Tageszeiten« von Otto Philipp Runge, Kupferstich, 1807. (Photo: Elke Walford, Hamburger Kunsthalle)

Tafel 7 »Nacht«, aus dem graphischen Zyklus »Tageszeiten« von Otto Philipp Runge, Kupferstich, 1807. (Photo: Elke Walford, Hamburger Kunsthalle)

Tafel 8 Studie nach der Lebendmaske, abgenommen 1812, von Franz Klein, und der Totenmaske, abgenommen 1827, zwei Tage nach Beethovens Tod, von Joseph Danhauser. (Photo: Armin Guthmann, Ettlingen)

Personenverzeichnis

Hans Heinrich Eggebrecht

Musik im Abendland

Prozesse und Stationen vom Mittelalter bis zur Gegenwart
838 Seiten mit 16 Seiten teils farbigen Abbildungen. Leinen

»Musik im Abendland« – das ist die seit langem erwartete Musikgeschichte in einem Band des international renommierten Musikwissenschaftlers Hans Heinrich Eggebrecht. Sein großes Werk beschreibt und erzählt die Geschichte der Musik von der Entstehung der Mehrstimmigkeit im 9. Jahrhundert bis in unsere Zeit. Der Leser soll hier Musikgeschichte erleben, im Sinn existentieller Berührung. Dies erfordert und rechtfertigt die subjektive Auswahl und Gewichtung der Themen und zugleich, daß der Stoff nicht – wie heute meist üblich – auf viele Spezialisten verteilt, sondern von einem Autor dargeboten wird. Integrierende Musikgeschichtsschreibung nennt Eggebrecht sein Verfahren, die zeitgeschichtlichen und biographischen, die ästhetischen, musiktheoretischen und kompositionsgeschichtlichen Ereignisse konkret aufeinander zu beziehen, wobei immer die Musik selbst die Mitte bildet. So fragt er in den Kapiteln über Guillaume de Machaut, Schütz, Bach, Haydn, Mozart, Beethoven, Schubert, Bruckner, Mahler und Schönberg o. a. immer nach dem zentralen Punkt dieser Persönlichkeiten und stellt zugleich die Epochen, zu denen sie gehören, einprägsam vor Augen. In vorbildlicher Weise ist es dem Autor gelungen, die Ansprüche, die sein Thema stellt, und die Verständlichkeit des Schreibens durch seine Art des Erzählens zu vermitteln, wobei er sich als Interpreten der Ereignisse bewußt in die Erzählung einbezieht.

Literatur
NEUERSCHEINUNGEN
C.H.BECK
WWW.CHBECK.DE

192 S., 33 Zeichnungen v. Erasmus Scheuer Geb.
€ 22,–[D] | € 22,70[A]
ISBN 978-3-406-78152-0

Norbert Scheuers großer neuer Roman

Die junge, elternlose Nina Plisson weiß nicht, was aus ihrer Mutter geworden ist, auch nicht, wer ihr Vater war. Wissen andere in ihrer kleinen Heimatstadt Kall mehr? Was wird ihr vorenthalten? Einfühlsam und spannend erzählt Norbert Scheuer in seinem neuen Roman mit dem ihm eigenen poetischen Ton von der Suche einer einsamen jungen Frau nach ihrer Geschichte, nach Zugehörigkeit und Glück.

«Immer weiter malt Scheuer sein zeitkoloriertes Geschichts- und Geschichten-Panorama aus.»
Marcus Clauer, DIE ZEIT

Aus d. Englischen v.
Claudia Wenner
359 S. Geb.
€ 25,–[D] | € 25,70[A]
ISBN 978-3-406-79131-4

«Ein atemberaubender Debütroman.» *Publishers Weekly*

Was bedeutet es, in den letzten Jahren der Sowjetunion erwachsen zu werden? In einem Staat, der kurz vor dem Zerfall steht – in dem die Bevölkerung seit Jahrzehnten Spielball unberechenbarer Politik ist? Die russisch-armenische Autorin Kristina Gorcheva-Newberry verwebt auf beeindruckende Weise die turbulente Geschichte eines Landes mit dem Schicksal einer verlorenen Jugend und der Erzählung von einer unerschütterlichen Freundschaft.

«Ein Meisterwerk über die unauslöschlichen Spuren, die eine Jugend in gesellschaftlich aufgewühlten Zeiten hinterlässt.
Chicago Review of Books

Aus d. Englischen v. Hanna Hesse
256 S. Geb. € 24,–[D] | € 24,70[A]
ISBN 978-3-406-79101-7

Sie ist die große Chronistin emotionaler Extremzustände: Lily King beherrscht den ungeschönten Blick auf harte Schicksale und zwischenmenschliche Krisensituationen. Gleichzeitig hilft sie ihren Figuren immer wieder zurück auf Pfade der Euphorie und Zuversicht, lässt sie Neuanfänge wagen, sich noch einmal verlieben oder unmoralische Abenteuer eingehen.

Aus d. Französischen v. Michaela Meßner
463 S. Geb. € 26,–[D] | € 26,80[A]
ISBN 978-3-406-79126-0

Er hat es geschafft, so glaubt er: Einst in einem Pariser Problemviertel aufgewachsen, kehrt Benjamin Grossmann als Europachef eines amerikanischen Streaming-Anbieters in die Stadt zurück. Dann verliert er sein kostbares Handy – oder wurde es ihm gestohlen? Der Junge, den er als Dieb verdächtigt und angegriffen hat, wird am nächsten Morgen tot aufgefunden.

DIE AUTORINNEN UND AUTOREN:
Susanne Baer, Patrick Bahners, Lars Brandt, Max Czollek, Udo Di Fabio, Philipp Felsch, Julia Franck, Lena Gorelik, Dana Grigorcea, Anna Katharina Hahn, Friedemann Karig, Andrian Kreye, Michael Krüger, Benjamin Lahusen, Thomas Lehr, Sibylle Lewitscharoff, Jonas Lüscher, Ijoma Mangold, Wolfgang Matz, Florian Meinel, Eva Menasse, Terézia Mora, Martin Mosebach, Herta Müller, Angelika Nußberger, Karl-Heinz Ott, Annette Pehnt, Hans Pleschinski, Grit Poppe, Peter Richter, Jochen Schmidt, Sophie Schönberger, Hilal Sezgin, Ronen Steinke, Andreas Voßkuhle, Lucy Wagner, Tristan Wißgott, Ulrich Woelk, Feridun Zaimoglu

© pa | dpa | M. Skolimowska

© pa | dpa | Bernd Weissbrod

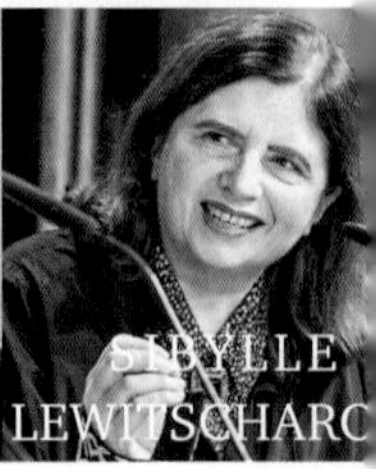

© IMAGO | gezett

© pa | dpa | Arne Dedert

© pa | Karl Schöndorfer

© pa | Erwin Elsner

© mauritius | D. Baranauskas

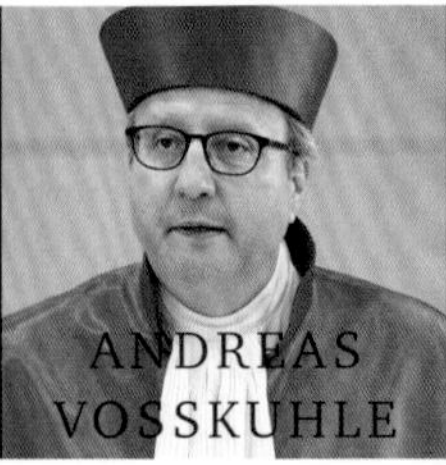

© pa | dpa | Uli Deck

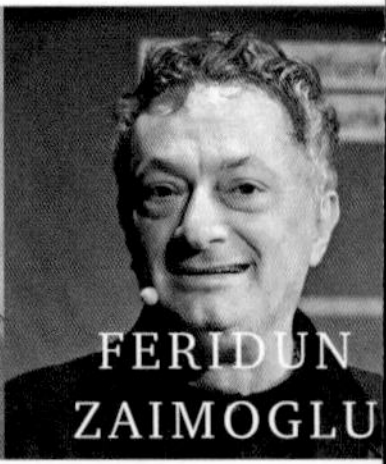

© IMAGO | Future Imag

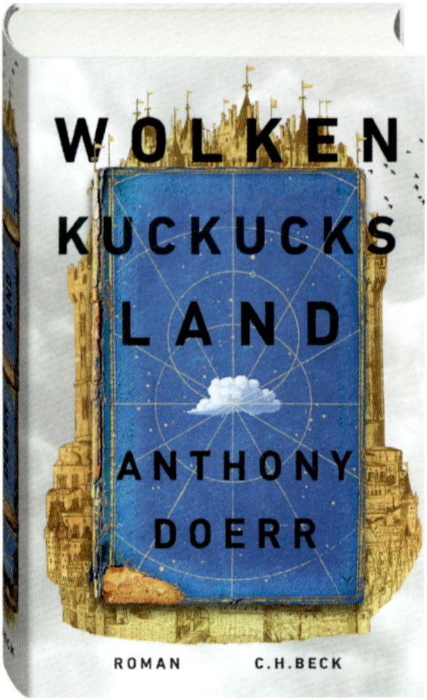

Aus dem Englischen v.
Werner Löcher-Lawrence
560 S. Geb.
€ 25,–[D] | € 25,70[A]
ISBN 978-3-406-77431-7

Konstantinopel 1453, Idaho 2020, ein Raumschiff in der Zukunft – fünf junge Menschen im Bann derselben Geschichte

Der neue, lang erwartete Roman des Pulitzer-Preisträgers Anthony Doerr ist eine faszinierende Geschichte über ein jahrhundertealtes Manuskript, das die Grenzen von Raum und Zeit überspringt. Fünf junge Menschen entdecken den unschätzbaren Wert, die Macht, und die alles überdauernde Überlebensfähigkeit von Büchern, Geschichten und Träumen.

«Tiefe Verneigung – den aktuellen Beweis, dass Jahrhunderte und Kontinente, ja, das Universum, zwischen zwei Buchdeckel passen, hat Anthony Doerr mit seinem ‹Wolkenkuckucksland› geliefert. … Es ist ein Fest.»
Barbara Weitzel, WELT am Sonntag

Diese Ausgabe versammelt die orientalischen Märchen Wilhelm Hauffs, zu denen so wirkmächtige Geschichten gehören wie «Kalif Storch» oder «Die Geschichte von dem kleinen Muck» in einer sorgfältigen Textedition, versehen mit einem Nachwort von Anna Katharina Hahn und Jan Bürger.

Mit einem Nachwort v. Jan Bürger u.
Anna Katharina Hahn
176 S. Geb. € 18,–[D] | € 18,50[A]
ISBN 978-3-406-79310-3

Format 28,5 x 21,2 cm
Drei Druckfarben
24 Blätter + Titelei
Drahtschlaufenbindung
€ 18,–[D] | € 18,50[A]
ISBN 978-3-406-78591-7

Hrsg. v. Dirk von Petersdorff

Mit Illustrationen v. Chris Campe

Herausgegeben v. Oliver Lubrich. Aus d. Englischen v. Johanna von Koppenfels
144 S., 5 Abb. Geb.
€ 16,–[D] | € 16,50[A]
ISBN 978-3-406-79154-3

1936 – der afroamerikanische Bürgerrechtler W. E. B. Du Bois reist durch das nationalsozialistische Deutschland

Im Jahr 1936 reist der afroamerikanische Soziologe W. E. B. Du Bois zu einem mehrmonatigen Forschungsaufenthalt ins nationalsozialistische Deutschland. Als scharfer Kritiker des Rassismus in seinem eigenen Land beobachtet er den Antisemitismus und die Entrechtung der Juden im «Dritten Reich». Seine wöchentlichen Reportagen aus diesen Monaten erscheinen hier zum ersten Mal vollständig in deutscher Sprache.

128 S., 20 Abb.
€ 18,–[D] | € 18,50[A]
ISBN 978-3-406-78433-0

Wer sitzt wo? Wer protokolliert? Wer ha die Allianzen und Seilschaften im Vorfeld am besten getarn Und wie schmeckt de Keks in der Pause? Diese TOPs stellen sich für den Kaninchenzüchterverein wie für den DAX-Aufsichtsrat oder die Unterhändler im Krieg. Von der Prähistorie bis zu Zoom – die Herbstausgabe der ZIG beleuchtet eine signifkante soziale Form.

128 S., 20 Abb.
€ 18,–[D] | € 18,50[A]
ISBN 978-3-406-78434-7

Dem Westen ist das Lachen vergangen, seitdem der Krieg nach Europa zurückgekehrt ist. *Irony* ist erst einmal wieder *over*. Der 250. Geburtstag der ironischen Frühromantiker Novalis und Schlegel – die Stunde der Ironie fällt in der Winterausgabe der ZIG in die ironiefreie Zone.

358 S. Geb.
€ 25,–[D] | € 25,70[A]
ISBN 978-3-406-78148-3

«Bukarest in bunten Farben, als rätselhafte Schönheit des Ostens. Und als blutgierige Bestie unter der Herrschaft des Schlächters Nicolae Ceausescu.»
Frank Pommer, Die Rheinpfalz

«Ein Glücksfall für die Literatur.»
Pia Reinacher

238 S., 2 Ktn. Geb.
€ 23,–[D] | € 23,60[A]
ISBN 978-3-406-78150-6

Am Ufer der Themse finden Kinder beim Spielen die Leichenteile des größten Verbrechers im britischen Königreich. Nur einer weiß, wie sie dorthin gelangt sind: Daniel de Foe.

«Eine atemlose Geschichte um Verbrechen und Fake-News. … Ein politischer Krimi, ein Zeitgemälde, ein historischer Abenteuerroman nach wahren Begebenheiten.»
Sandra Ölz, ORF 2

Diese Anthologie der spanischsprachigen Lyrik leistet Pionierarbeit: In vier Bänden stellt sie die Glanz- und Höhepunkte einer Tradition vor, die vom mittelalterlichen Al-Andalus bis heute und von Spanien über Mexiko bis nach Argentinien reicht – in exzellenten Übersetzungen und mit knappen, hilfreichen Kommentaren. Eine Einladung zum Entdecken!

Zweisprachig | 4 Bde. im Schuber 2.448 S. Geb. € 148,–[D] | € 152,10[A]
ISBN 978-3-406-78350-0

Das C.H.Beck Gewinnspiel: Jetzt mitmachen!
Teilnahme nur online unter folgendem Link:
www.chbeck.de/gewinnspiel14 | Teilnahmeschluss: 31.01.2023

Der C.H.Beck Newsletter: Die Welt im Buch
Mit unserem Newsletter erfahren Sie als erste von unseren Neuerscheinungen und Preisreduzierungen, können regelmäßig an Gewinnspielen teilnehmen und werden über ausgewählte Autor:innen-Veranstaltungen, auch über Livestream, informiert.
Registrieren Sie sich unter: chbeck.de/nl5

Besuchen Sie uns auch auf
Facebook, Twitter und Instagram

Die bibliographischen Angaben in diesem Prospekt sind ca.-Angaben.
Preisänderungen u. Irrtümer vorbehalten • Stand: 09.05.2022 • Bestellnr. 258255